Fred Ohenhen

Ein Leben – zwei Welten

Fred Ohenhen

Ein Leben.
Zwei Welten.

CLIO Graz 2015

Für Lizzy

(Elisabeth Ohenhen, 1962–2011)

meine Schwester, die, obwohl selber noch sehr jung,
wie eine Mutter fürs uns alle war.
Danke für alles, du warst viel zu jung, um zu sterben!
But God knows best – Man proposes, God disposes!

INHALT

Vorwort Robert Reithofer .. **7**
Einleitung .. **11**
Wie ich dazu kam, dieses Buch zu schreiben .. **13**
Integrationswilligkeit und ihre Grenzen .. **18**

KINDHEIT UND JUGEND
Meine „Heimat" Nigeria .. **24**
Meine Kindheit und Jugend in Nigeria .. **34**
N.I.F.O.R. .. **34**

EUROPA
Aufbruch nach Europa .. **51**
Ungarn .. **53**
Budapest – Wien .. **61**
Traiskirchen .. **63**
Begrüßungen bei den verschiedenen Stämmen der EDOs .. **70**
Gertrude Hennefeld .. **73**
Altenmarkt .. **78**
Die ersten Weihnachten in Österreich .. **92**
Ulla .. **97**

GRAZ
Graz in Sicht .. **102**
Graz – ein neues Zuhause, eine neue Familie .. **112**
Ingrid: Glück widerfährt dir nicht –
  Glück findet der, der danach sucht! .. **123**
Neubaugasse .. **129**
Schwarz = illegal? .. **133**
Schwarzfahren .. **134**
George .. **137**
Post aus Nigeria .. **139**
Familie Ofner, meine vierte Familie .. **150**
Afrikabilder im Kopf .. **156**

Neue Arbeit, neuer Aufenthaltsstatus .. **160**
Lizzy „in Austria" .. **164**
Ich werde entdeckt – oder der Beginn meiner Arbeit
   mit Kindern in Österreich .. **169**
Familiengründung – good bye, America .. **172**
Ausländerbeirat und österreichische Staatsbürgerschaft .. **176**

IKU UND ISOP
IKU – aus einem Strohhalm wird ein Vogelnest .. **179**
Alltag mit IKU – Erfahrungen aus der Praxis .. **195**
„NEGER" ist ja nicht schlecht gemeint … .. **205**
Trommeln .. **210**
Ein schwarzer Referent? .. **214**
Drogendealer .. **220**
Die Afro-Nacht und der Fischkopf .. **223**
Lebenslang lernen .. **228**
Eine Geschichte mit zwei Enden .. **230**

ZWEI WELTEN
Mother is supreme .. **233**
Respekt .. **237**
Das erste Gehalt .. **239**
Weihnachten und Igue .. **240**
Die Ahnen .. **246**
So laut! .. **247**
Das Wiedersehen .. **250**

Conclusio .. **253**
Danksagung .. **256**
Nachwort Friedrich und Heidemarie Neuhold .. **259**

Anhang
  ISOP .. **264**
  IKU – Spielend erleben .. **265**
  Sponsoren .. **271**

VORWORT
ROBERT REITHOFER

Rund 60 Millionen Menschen befinden sich derzeit weltweit auf der Flucht. Politische Repression, ethnisch motivierte Genozide, Hunger oder auch Umweltbedingungen, die die Befriedigung menschlicher Grundbedürfnisse verunmöglichen, sind Gründe dafür. Durch immer schärfere Grenzkontrollen und den Bau von Grenzzäunen versucht sich Europa abzuschotten. Das Mittelmeer wurde für tausende Menschen zum Massengrab. Unter immer gefährlicheren Umständen gelingt es einer Minderheit trotzdem, Österreich zu erreichen und um Asyl anzusuchen. Flüchtlinge menschenwürdig aufzunehmen, das aber schafft Österreich heute nicht, wie die Unterbringung in Zelten zeigt oder auch das Lager in Traiskirchen, wo AsylwerberInnen ohne Dach über dem Kopf im Freien übernachten.

Seit den 1960er-Jahren werden Menschen nach Österreich geholt, weil dringend Arbeitskräfte gebraucht werden. Die österreichische Wirtschaft ist längst nicht mehr ohne den Beitrag von zugewanderten Menschen und ihren Kindern, die bereits in Österreich geboren wurden, denkbar. Der Soziologe August Gächter verweist darauf, dass Migration keine historische Ausnahmesituation, sondern vielmehr die gesellschaftliche Normalität darstellt. Man braucht nur fünf Generationen zurückzugehen und kommt zum Ergebnis, dass lediglich ein sehr kleiner Teil der österreichischen Bevölkerung keine zugewanderten Vorfahren hat.

Weltweite Flucht- und Migrationsbewegungen spiegeln sich auch in Graz und in der Steiermark wider, wo Menschen aus mehr als 150 Ländern leben. Ein nicht diskriminierender Umgang mit gesellschaftlicher Vielfalt ist nach wie vor keineswegs gelebte Realität. Unter anderem werden die Kompetenzen, die zugewanderte Menschen mitbringen, oft nicht anerkannt. Bei der Arbeitssuche werden sie besonders häufig diskriminiert. Die Hautfarbe, das Tragen eines Kopftuchs, ein leichter Akzent oder auch nur ein Name, der keinen als „einheimisch" wahrgenommenen Klang hat, sind Gründe dafür, um gar nicht erst zu einem Bewerbungsgespräch eingeladen zu werden. In der Arbeitswelt sind Menschen mit Migrationshintergrund in Branchen überrepräsentiert, die schlecht entlohnt, gesundheitsgefährdend und insgesamt durch Prekarität charakterisiert sind. Insbesondere in Wahlkampfzeiten werden Vorurteile geschürt und offener Rassismus kultiviert.

Auch politisch Verantwortliche, die für ein Zusammenleben in Vielfalt eintreten, beziehen in Diskussionen um Fragen der Integration immer wieder problematische Positionen, wenn sie auf sich rassistisch äußernde Ängste in der Bevölkerung Bezug nehmen. Aus Angst vor diesen Ängsten werden diese immer wieder reproduziert und verstärkt, statt zu versuchen, sachlich reale gesellschaftliche Probleme zu diskutieren, die meist nichts mit Migration, sondern vielmehr mit der Furcht vor Arbeitslosigkeit und sozialen Problemen im transnationalen Kontext zu tun haben. Der kürzlich verstorbene Soziologe Ulrich Beck kritisiert in der Auseinandersetzung mit sozialer Ungleichheit vehement einen nationalen Blick, der „‚befreit' vom Blick auf das Elend der Welt". Dieser muss, so Beck, durch einen kosmopolitischen Blick abgelöst werden.

Mit der Erzählung seines Lebens löst Fred Ohenhen den von Ulrich Beck formulierten Anspruch nach der Notwendigkeit eines kosmopolitischen Blicks ein, der auch im Titel „Ein Leben – zwei Welten" zum Ausdruck kommt. Gleichzeitig leistet dieses Buch viel mehr, weil es nicht im Abstrakten verbleibt, sondern uns ganz konkret auf eine Reise mitnimmt. Eine Reise, die von der ersten Heimat in Nigeria erzählt, von der Familie und all den Menschen, die für das Leben von Fred Ohenhen wichtig waren und sind. Die Geschichte vom Verlassen des afrikanischen Kontinents und einer langen und oft schwierigen Reise nach Europa mündet in den Prozess des Ankommens in Österreich. Von bürokratischen Hürden, von Vorurteilen und Rassismen wird erzählt, insbesondere aber auch davon, sich nicht entmutigen zu lassen.

Dieses Ankommen in Graz, der neuen Heimat, scheint in all seiner Fragilität dann geglückt, wenn die erste Heimat nicht vergangen ist und zurückgelassen wird, sondern in lebendiger Beziehung zur neuen steht, erweitert um ein Netz an Menschen, das in Österreich entstanden ist und Voraussetzung für eben dieses Ankommen-Können ist. Damit wird ein Spannungsfeld angesprochen, das verdeutlicht, dass interkulturelle Beziehungen harte Arbeit erfordern, und – so können wir von Fred Ohenhen lernen – diese Arbeit muss insbesondere auch von der Aufnahmegesellschaft geleistet werden. Schlagworte wie Multikulti, Integration oder in letzter Zeit Proklamationen zu Vielfalt und Inklusion, wie sie vermehrt auch von politisch Verantwortlichen verwendet werden, sind da wenig hilfreich, zumeist sogar kontraproduktiv, wenn diese abgehoben und jenseits von Lebens- und Alltagsrealitäten formuliert werden.

Seit mehr als einem Vierteljahrhundert engagiert sich ISOP dafür, dass alle Menschen unabhängig von Herkunft und Geschlecht gleichen Zugang zu Bildung, Arbeit und sozialen Dienstleistungen haben. Projekte, in denen dieses Engagement seinen Ausdruck findet, reichen von der Unterstützung beim Nachholen des Pflichtschulabschlusses über Basisbildungs- und Deutschkurse bis hin zu Angeboten der offenen Jugendarbeit und der Begleitung von arbeitslosen Menschen etwa im Rahmen von Beschäftigungsprogrammen. Unsere Arbeit verstehen wir als antidiskriminatorische Praxis. Im Fokus müssen die Bedürfnisse von Menschen und ihre daraus resultierenden Rechte auf gesellschaftliche und politische Teilhabe stehen. Längst leben wir in einer Migrationsgesellschaft, wovon alle Mitglieder der Gesellschaft in unterschiedlicher Form betroffen sind. Vor diesem Hintergrund organisieren wir Lehrgänge zur interkulturellen Kompetenzbildung, in denen das Anliegen verfolgt wird, Fähigkeiten im Umgang mit gesellschaftlicher Diversität zu erlernen. Einen Schwerpunkt stellt in diesem Zusammenhang der migrationspolitische Kontext dar, der häufig emotional hoch aufgeladen, diskriminierend und von wenig Sachkenntnis getragen abgehandelt wird. Fragen der sozialen Gerechtigkeit aber dürfen in einer globalisierten Welt nicht auf den nationalen Kontext eingeschränkt werden.

Vor inzwischen mehr als fünfzehn Jahren hat sich mein Weg mit dem von Fred Ohenhen gekreuzt. In Erinnerung wird mir immer unser erstes Gespräch bleiben: Fred, längst nicht mehr nur ein Kollege bei ISOP, sondern ein

Freund, von dem ich viel gelernt habe, erzählte von seiner Betroffenheit, dass AsylwerberInnen im Wahlkampf als Feindbilder instrumentalisiert und Menschen schwarzer Hautfarbe mit Drogendealern gleichgesetzt werden, denen in manchen Grazer Lokalen der Zugang verwehrt wird. Möglichst präventives Engagement gegen Rassismus und Diskriminierung sei deswegen notwendig. Damit war das ISOP-Projekt IKU geboren, das seither in Graz und vielen steirischen Gemeinden interkulturelle Begegnung erlebbar macht und einen wichtigen Beitrag im Kampf gegen Rassismus und Diskriminierung leistet. Wie dringlich dies nach wie vor ist, illustriert ein Gespräch mit einem steirischen Politiker, der Fred nachdrücklich darauf hingewiesen hat, dass alle gesellschaftlichen Probleme darauf zurückzuführen sind, dass Österreich Zuwanderung zugelassen hat. Die Aufgabe von Politik bestünde nunmehr darin, den daraus resultierenden Schaden so weit wie möglich zu begrenzen. Fred antwortete, dass er ihm also als personifiziertes Problem gegenübersitze und fragte diesen Politiker, wie es zu verstehen sei, dass er, wie sein Name nahelegt, doch vermutlich auch das Kind aus einer zugewanderten Familie ist. Das, so die lapidare Antwort des Spitzenpolitikers, sei etwas ganz anderes und überhaupt nicht vergleichbar ...

Ein Vorwort zur Lebensgeschichte meines Kollegen und Brothers Fred zu schreiben, ist mir nicht möglich, ohne auf persönliche Erinnerungen einzugehen. Nicht vergessen werde ich die Reise nach Nigeria, die unsere Familien vor einigen Jahren unternommen haben. Wir haben den heiligen Hain in Oshogbo besucht, den die in Graz geborene Künstlerin und Yoruba-Priesterin Susanne Wenger gemeinsam mit nigerianischen KollegInnen gestaltet hat, und in Lagos einen Abend mit Femi Kuti, dem ältesten Sohn des legendären Musikers Fela Kuti, im Shrine verbracht. Vor allem aber habe ich die Gastfreundschaft von Freds Verwandten und Freunden erfahren dürfen. Anlässlich einer Hochzeit, zu der wir eingeladen waren, wurden uns eigens nigerianische Trachten genäht. Uns wurde vermittelt, dass wir dazugehören und aufgenommen wurden. Thank you, my Brother!

EINLEITUNG

Vieles, was ich auf den folgenden Seiten aus meiner Lebensgeschichte festgehalten habe, mag vielleicht nicht spektakulär sein. Es gibt sicher Menschen, die Ähnliches erlebt haben, Menschen, deren Leben noch turbulenter verlaufen sein mag, Menschen, die unter Einsatz ihres Lebens die Flucht aus ihrem Heimatland wagten oder die unter noch schwierigeren Lebensumständen ihre Kindheit und Jugend gemeistert haben, ganz zu schweigen von jenen, die aktuell, im Jahr 2015, der Bürgerkriegshölle in Syrien zu entkommen versuchen. Auch in Europa gibt es Lebensläufe, die nicht geradlinig und unkompliziert sind – nicht nur die älteren Leserinnen und Leser haben vielleicht auch Krieg und Entbehrungen miterlebt (man denke an die Weltkriege oder die Krisen nach dem Zerfall Jugoslawiens).

Trotzdem war es mir wichtig, dieses Buch zu schreiben, einerseits um selbst einiges in meinem Leben zu verarbeiten, andererseits um mich bei vielen Menschen zu bedanken, die mir auf meinem Weg in Österreich helfend zur Seite gestanden sind.

Ich möchte mit diesem Buch aber auch anderen Menschen Mut machen, die vielleicht heute in derselben Lage sind, in der ich mich vor mehr als 25 Jahren befand. Ich möchte ihnen Mut geben, daran zu glauben, dass man in der Fremde Fuß fassen kann, trotz Einsamkeit, Kulturschock, Sprachproblemen oder anderer Hürden, weil es immer wieder Menschen gibt, die einem beistehen und ohne Vorurteile begegnen. Natürlich muss auch „der Fremde" selbst bereit sein, sich zu öffnen und seinen Teil zu einem gelungenen Miteinander beitragen.

Ich möchte in diesem Buch über meine *Integration* in Österreich und die Stolpersteine dabei berichten, auch kleine Begebenheiten und Geschichten erzählen, die zeigen, wie Traditionen und Gewohnheiten, mit denen wir aufgewachsen sind, unser Tun und Denken beeinflussen und unsere Wahrnehmung der Welt und des „anderen" filtern. Durch diese ständige Begegnung mit Neuem und das Wechselspiel von Vertrautem und Unbekanntem haben sich in meinem Leben viele überraschende Situationen ergeben, manchmal recht unangenehme, manchmal aber auch komische, über die ich heute herzlich lachen kann und die ich den LeserInnen nicht vorenthalten möchte.

In einem anderen Kontinent, in einem völlig anderen Kulturkreis Fuß zu fassen, hier in Österreich Wurzeln zu schlagen, war nicht immer einfach, aber ich habe immer fest daran geglaubt, dass es gelingen kann. Und Glauben bedeutet, über den Horizont, über das Sichtbare hinauszublicken. – **Das Auge sieht, aber das Herz versteht.**

Den endgültigen Anstoß dazu, dieses Buch zu schreiben, gaben aber schließlich meine beiden Töchter, Idia und Alice. (Aus tiefstem Herzen widme ich dieses Buch auch euch!)

Idia und Alice

WIE ICH DAZU KAM, DIESES BUCH ZU SCHREIBEN

Es war Dezember 2013 und kurz vor Weihnachten. Ich saß in meinem Büro und dachte nach, womit ich meiner Familie eine Freude bereiten könnte: *„Ich bin seit vielen Jahren ständig in Schulen und Kindergärten unterwegs, halte Seminare und versuche, andere Kinder und Menschen zu begeistern und glücklich zu machen! Nur meine eigenen Kinder scheinen auf der Strecke zu bleiben und sich mehr und mehr von mir zu entfernen. Wie kann ich sie glücklich machen, was kann ich ändern, damit ich mehr zu Hause sein und etwas mit ihnen unternehmen kann?"*

Weihnachten ist eine Zeit, in der die Menschen zusammenrücken, in der man Freunden und Menschen, die einem nahestehen, etwas schenkt. Für die Familie, vor allem für die Kinder, möchte man etwas Besonderes tun … Man möchte zwar etwas ausgeben, aber es sollte auch nicht allzu viel kosten, denn schöner ist doch, wenn alle zusammenkommen und Zeit für einander haben …

Zusammenkommen ist auch in Nigeria sehr wichtig, aber dass man zu Weihnachten so viel Geld für Geschenke ausgibt, wie ich es hier kennengelernt habe, das war in meiner alten Heimat nicht üblich – zumindest nicht in meiner Familie. Aber wie heißt es doch: **„When in Rome, do as the Romans do!"**

Und plötzlich hatte ich die zündende Idee: *„Ach ja! Birgit, die Freundin meines Bruders Godwin, lebt doch in der Schweiz und arbeitet bei der österreichischen Botschaft! Sie hat uns schon sehr oft eingeladen, sie zu besuchen. Die *vier Jahre, die sie in der Schweiz verbringen soll, sind bald vorüber! Ja! Silvester in Genf, das wäre schön, und ich bin mir ganz sicher, dass die Kinder sich sehr freuen würden, wenn wir gemeinsam in die Schweiz fahren und fünf Tage zusammen verbringen könnten – ohne Termine, ohne Handy und ohne Arbeit!"* Voller Freude eilte ich an den PC, denn es war wirklich eine geniale Idee (so dachte ich zumindest) und buchte eine Reise nach Genf! Diese Reise sollte ein Geheimnis sein, eingepackt und unter den Christbaum gelegt – so wie es sich gehört und wie ich es im Laufe der Jahre hier gelernt hatte!

Allerdings vergaß ich dabei, weil mein Kopf (leider oder Gott sei Dank?) noch immer hin und wieder sehr „nigerianisch" denkt, dass Familienzusammenhalt und auch die Hierarchie innerhalb einer Familie (sofern man in Österreich überhaupt von Hierarchie sprechen kann) hier in Österreich anders gelebt werden als in meiner ersten Heimat Nigeria. Es kam mir also nicht in den Sinn, dass unsere ältere Tochter Idia, die zu diesem Zeitpunkt kurz vor ihrem 18. Geburtstag stand, ihre eigenen Ideen und Pläne für Silvester haben könnte, dass sie vielleicht schon etwas mit Freunden ausgemacht oder gar keine Lust haben könnte, mit uns mitzufahren. Auch dass unsere jüngere Tochter Alice mit ihren 15 Jahren schon ihre eigenen Ideen verfolgte und vielleicht nicht mehr so gern mit den Eltern feiern wollte, zog ich gar nicht in Betracht. Ich dachte, dass meine Kinder mir nicht widersprechen würden, denn ich habe meinen Eltern, solange ich zu Hause gelebt und gewohnt habe, kaum oder eigentlich gar nicht widersprechen dürfen ... Und ich war damals schon 23 oder 24 Jahre alt!

„Sie werden sich sicher freuen!", dachte ich mir. Mit großer, heimlicher Vorfreude auf die überraschten Gesichter am 24. Dezember machte ich mich auf den Heimweg. Als ich zu Hause ankam, saß Idia auf der Wohnzimmercouch, wie immer mit dem Laptop auf ihren Knien. *„Papa!"*, rief sie. *„Ich bin so aufgeregt, denn ich versuche gerade eine Party für Angi zu organisieren, sie wird demnächst 18, und wir planen eine große Überraschungsparty für sie! Und ihre Mama ist so nett und hilft uns auch dabei!"* *„Aha"*, dachte ich. *„Immer das Gleiche: Alle wussten von irgendeiner Party, nur ich wusste wieder nichts davon!"* Ich wurde etwas sauer. *„Wann bitte ist diese Party, liebe Idia?"* *„Am 2. Jänner, Papa, und ich bin sooo aufgeregt!"* Ich schluckte, denn wir sollten erst am 3. Jänner aus der Schweiz zurückkommen. *„Das geht aber leider nicht"*, sagte

ich. „*Und warum nicht?*", wollte sie wissen. „*Ja, weil ich eine Überraschung für uns alle geplant habe*", sagte ich. „Aber Papa, ich kann unmöglich weg, weil ich das Fest zusammen mit Angis Schwester und ihrer Mutter organisiere! Außerdem soll ich mit ihr in die Therme fahren, damit ihre Mutter und Schwester die Hütte inzwischen vorbereiten können, wo die Party stattfinden wird." Ich wurde langsam ungeduldig. „*Das geht nicht Idia, denn wir vier fliegen ins Ausland und sind erst am 3. Januar wieder da!!*" Idia fing an zu weinen: „Papa, wir sind mitten in den Vorbereitungen, und ich habe alles mit Angis Mutter und Schwester schon abgesprochen! Wie soll ich jetzt eine Woche vorher alles wieder absagen?" „Außerdem", sagte sie weiter, „die Mama ist auch Teil des Plans – sie soll uns in die Therme fahren und wieder abholen! Und mit meinen Freunden vom Sportverein habe ich bereits ausgemacht, dass wir am Silvesterabend gemeinsam feiern."

Da platzte mir der Kragen! „*Das geht nicht!*", sagte ich verärgert. „*Wenn du es wissen willst, ich habe für uns alle eine Reise in die Schweiz gebucht! Wir fliegen am 27. Dezember weg und sind erst am 3. Jänner wieder zu Hause!*" „Aber Papa, ich organisiere und plane dieses Fest seit Wochen!" „*Und was mache ich jetzt?*", wollte ich von ihr wissen. „*Das Ticket ist gebucht, und ich bekomme mein Geld nicht wieder zurück. ... Okay*", sagte ich schließlich, schon langsam mit den Nerven am Ende. „*Es gibt zwei Möglichkeiten: Entweder du fliegst nicht mit oder du fährst früher nach Hause.*"

Meine Überraschung, mein Geheimnis, war leider kein Geheimnis mehr, denn wir mussten eine Familiensitzung abhalten, Tränen wurden vergossen, bis wir uns schließlich darauf einigten, doch zu viert zu fliegen. Idia sagte die Silvesterparty in Graz ab und fuhr am Neujahrstag alleine in der Früh mit dem Zug von Genf nach Graz, um am 2. Jänner mit ihrer Freundin Angi in die Therme zu fahren und anschließend zur Party zu gehen.

Dieses Erlebnis war für mich sehr lehrreich und führte mir wieder einmal vor Augen, dass meine Erziehung, die Traditionen und Werte, die ich von meinen Eltern mitbekommen habe, sehr tief in mir sitzen. Ich glaubte, nach Jahren in Österreich mittlerweile hier angekommen und „angepasst" zu sein, und doch muss ich akzeptieren, dass es oft mehr als schwierig ist, zwei unterschiedliche Kulturkreise „unter einen Hut" zu bringen. Es mag sicherlich auch gebürtigen österreichischen Eltern so ergehen, dass ihnen ihre Kinder – gerade in der Pubertät – „fremd" werden, aber durch meine doch sehr „andere" Kindheit und Jugend scheinen mir meine eigenen Töchter manchmal noch ferner zu sein.

An diesem Tag wurde mir aber auch bewusst, dass meine Töchter eigentlich sehr wenig von meiner Kindheit und Jugend wussten und mich vielleicht auch deshalb oft nicht verstehen konnten. *„Warum habe ich eigentlich Schwierigkeiten damit, mit meinen eigenen Kindern über meine Kindheit, meine Schulzeit und Erziehung und über meine Reise nach Europa zu reden? Habe ich vielleicht eine Blockade oder sogar Angst, darüber zu reden? Was ist da passiert?"*, fragte ich mich. *„Seit Jahren arbeite ich in der Erwachsenenbildung – mit PädagogInnen, PolizistInnen, RichterInnen und anderen Menschen. Ich spreche über Werte und Traditionen, Erziehung, Missverständnisse und Kulturunterschiede. Ich begegne in meiner Arbeit jährlich mindestens 6.000 Menschen, denen ich unter anderem meine nigerianische Kultur näherbringen möchte, um Vorurteilen entgegenzuwirken, und meine Kinder beklagen sich oft, dass sie nichts über mich und mein früheres Leben in Nigeria wissen."*

Und plötzlich erschien mir alles unsicher und fragwürdig: Wer war ich? Wo war ich zu Hause? Was leitete mein Tun und Handeln? Nigeria? Afrika? Österreich? Europa? Ich hatte zu diesem Zeitpunkt etwa die Hälfte meiner Lebensjahre in Nigeria, die andere Hälfte in Österreich verbracht.

Heute ist es so, dass, wenn ich auf Besuch in Nigeria bin, alle zu mir sagen: *„Du bist ganz anders geworden, seit du in Österreich/Europa lebst, und du denkst auch anders."* Spätestens nach zwei Wochen in Nigeria vermisse ich Österreich. Komme ich zurück nach Österreich, brauche ich drei bis vier Wochen, bis ich wieder ganz hier angekommen bin, und dann vermisse ich Nigeria und fühle mich, obwohl bestens integriert, wie der ewige Fremdling unter den Menschen hier. Es ist wie ein Teufelskreis – und vielleicht das Problem vieler MigrantInnen.

Mein jetziger Chef und Freund, Robert Reithofer, sagte mir einmal, als wir im Jahr 2011 gemeinsam mit unseren Familien in Nigeria waren: *„Fred, ich habe dich in Nigeria neu kennengelernt – du bist dort ganz anders als du in Graz bist bzw. wie ich dich in Graz erlebe – so frei und gelassen ..."* Ich verstand nicht sofort, was er meinte, denn für mich war ich eigentlich ganz „normal", aber Robert war aufgefallen, dass ich in Nigeria entspannter wirkte als in Graz, und auch meine Frau Ingrid hatte dies schon mehrmals zu mir gesagt, wenn wir nach Nigeria geflogen waren. Vielleicht scheint die Sonne in Nigeria anders für mich als in Österreich?

Auf jeden Fall gab mir diese Auseinandersetzung mit meinen Kindern, mit meinem Lebensweg, meinen zwei Lebenswelten, den entscheidenden Anstoß, dieses Buch zu schreiben.

- Es ist ein Buch für meine Kinder, damit sie mehr über mich und meine Jugend erfahren und besser verstehen können, warum ich bin, wie ich bin.
- Es ist auch eine Chance für mich, die Erlebnisse meiner Kindheit und meines späteren Lebens zu verarbeiten.
- Es ist ein Versuch, andere Menschen, die wie ich „zwischen Kulturen wandern", auf ihrem Weg zu motivieren und zu ermutigen.
- Es ist der Versuch, an eigenen, erlebten Beispielen aufzuzeigen, auf welche Weise sich unterschiedliche kulturelle Sozialisation bemerkbar macht und welche „kommunikativen Unschärfen" daraus entstehen können.
- Dieses Buch ist nicht zuletzt Ausdruck meines Dankes an die vielen Freunde und Menschen, die mir auf meinem Weg weitergeholfen und mir viel Freude bereitet haben.

Wenn man echte Freunde im Leben findet und echte Freude verspürt, so ist es, als wasche man sein Gesicht in Glück und Gesundheit.

Wir reden in Nigeria oft in Sprichwörtern – „we speak in parables." Sprichwörter sind wie Salz oder Wasser, also lebensnotwendig in der nigerianischen Kultur. In diesem Buch kommen – orange und fett gedruckt – immer wieder Sprichwörter vor, die man in Nigeria häufig verwendet. Vor allem ältere Menschen reden gerne „in parables". Für Kinder oft rätselhaft und unverständlich, sind diese Sprichwörter für die Erwachsenen Ausdruck von Weisheit und Lebenserfahrung. Da ich mich zum Zeitpunkt dieser Niederschrift (wie ich vermute) auch schon in meiner zweiten Lebenshälfte befinde, werde ich versuchen, an diese Tradition anzuknüpfen und mich, soweit ich kann, immer wieder dieser Sprache der Älteren zu bedienen.

INTEGRATIONSWILLIGKEIT UND IHRE GRENZEN

—

Als ich in Österreich ankam, war ich 24 Jahre alt. Ich hatte die Volksschule, das Gymnasium und eine Lehrerausbildung in Nigeria absolviert, hatte bereits ein oder zwei Freundinnen gehabt, war als Lehrer beschäftigt gewesen, und meine Eltern hatten mich mit den besten Absichten streng erzogen und mir vieles, das mich im Leben begleiten sollte, beigebracht, eingeschärft oder sogar „eingebläut", wie man es auf Deutsch so treffend ausdrückt.

Ich sollte stets freundlich grüßen – ältere Menschen und Autoritätspersonen immer zuerst und mit beiden Händen – in Österreich reicht man einer Person die rechte Hand zum Gruß, das wäre für einen älteren Menschen in Nigeria, egal ob Frau oder Mann, eine Respektlosigkeit, da man, gleichzeitig mit einer leichten Verbeugung oder einem angedeuteten Knicks, beide Hände reichen muss. Ich sollte also ältere Menschen, egal, ob sie zur Familie gehören oder nicht, immer respektieren, ihnen Hilfe anbieten und sie unterstützen, mich immer vor ihnen verbeugen und, und, und …

Diese Erziehung wurde ein Teil von mir, denn, wie man in Nigeria sagt: **„Alles, was wir tun, wird ein Teil von uns."** In Österreich, so dachte ich, würde mir diese strenge Erziehung zum Vorteil gereichen und mir helfen, Kontakte herzustellen und Sympathien zu gewinnen, sie würde mir Wege öffnen und ebnen.

So erging es mir, wie es vielen MigrantInnen geht: Man bekommt die Erziehung, die Werteorientierung und Einstellungen von seinem Herkunftsland mit, man kommt in einer fremden Umgebung an, kann die Sprache nicht und hat zunächst gar keine oder nur sehr wenige Kontakte. Also benimmt man sich, in Ermangelung anderer Rollenvorbilder, wie es im Heimatland angemessen und üblich ist, was aber im „Gastland" häufig zu Missverständnissen führen kann. Ein schroffes, finsteres: *„Wieso schauen Sie mich nicht an, wenn Sie mit mir reden?!"*, hörte ich in meiner ersten Zeit in Österreich immer wieder. Auch beim Weintrinken hieß es oft: *„Hallo, Fred! Hier bin ich! Wieso schaust du immer weg?"* Ich konnte anfangs nicht verstehen, was das Problem war. Denn dort, wo ich geboren bin, ist es normal und sogar höflich und ehrerbietig, dass man Respektspersonen nicht in die Augen sieht!

Andere Länder, andere Sitten, heißt es bekanntlich. So sind eben viele Missverständnisse oft gewissermaßen schon vorprogrammiert. In der kommunikativen Interaktion sind Irrtümer und Fehldeutungen wohl oft unvermeidlich, besteht aber jeder auf seinem *„Bei uns ist das so"*, können schnell Konflikte daraus erwachsen. Offenheit, Neugier und ein wenig Nachgeben, „über den eigenen Schatten springen", sind gefragt. Das ist von Anfang an wichtig, doch auch noch nach vielen Jahren in der neuen Heimat liegen oft Werte aus der Herkunftskultur im Wettstreit mit denen, die man neu kennengelernt und sich angeeignet hat.

Um solche Missverständnisse, zu denen es im Alltagsleben kommen kann, zu verdeutlichen, möchte ich zwei heitere Begebenheiten aus meiner Anfangszeit in Graz erzählen: Meine damalige Freundin und heutige Frau Ingrid war eines Morgens noch bei mir zum Frühstück. Es war gegen acht Uhr und ich hatte keine Milch für den Kaffee. Schnell wollte ich auf den Lendplatz hinunterhuschen, um welche zu besorgen. *„Bin gleich wieder da!"*, rief ich, und da ich noch im Pyjama war, zog ich kurzerhand meinen bunt gestreiften Bademantel über, ging die Keplerstraße entlang bis zur Kreuzung am Lendplatz, betrat das Geschäft und kaufte Milch. Es war mir, als würden mich alle Autofahrer auf der Straße anstarren, und auch die seltsamen Blicke der Leute im Geschäft konnte ich nicht wirklich deuten. Ich kaufte meine Milch, bezahlte bei einer netten Dame, die mich anlächelte, und eilte wieder nach Hause. Im Zimmer erzählte ich Ingrid, dass ich es komisch fand, wie mich alle angeschaut hätten! Sie lachte laut und sagte: *„Ja, wenn du so gegangen bist! Bei uns geht man im Pyjama und Bademantel nicht hinaus auf die Straße oder ins Geschäft!"* Mir blieb der Mund offen, denn in Nigeria spaziert man am Samstag – zwar nicht immer, aber oft – im Pyjama von zu Hause zum nächsten Zeitungsstand, bleibt dort ein oder zwei Stunden, liest die Zeitungen und redet mit anderen, die sich ebenfalls eingefunden haben. Oder man geht im Pyjama einfach ein paar Straßen weiter, um Freunde zu besuchen, oder man steigt sogar mit dem Pyjama ins Auto und fährt zu Freunden oder Verwandten! Dieses Einkaufserlebnis war mir eine Lehre, und es war das erste Mal, dass ich bewusst über diese verschiedenen „Dresscodes" nachdachte, denn in meinem ersten Jahr in Österreich hatte ich kaum Gelegenheit gehabt, mit Einheimischen in Kontakt zu kommen und mir Gedanken über solche „kleinen kulturellen Unterschiede" zu machen. Ich würde in Zukunft also genauer darauf achten, wie man sich in welcher Situation kleidet.

Ein Jahr später flog Ingrid für zwei Wochen auf Urlaub nach Kuba, und weil ich inzwischen viel Zeit hatte, besuchte ich ihre Eltern in der Obersteiermark. Meine zukünftigen Schwiegereltern – damals hatten sie mir der Einfachheit halber angeboten, sie Oma und Opa zu nennen – bemühten sich sehr, mir die Vielfalt und Schönheit der österreichischen Kultur und Landschaft näherzubringen. Eines Tages wollten sie mit mir einen Ausflug auf die Burg Hochosterwitz in Kärnten machen. Ich bin zwar weder ein Berggeher noch ein Wanderer – immerhin steht die Burg auf einem hohen Hügel –, aber ich freute mich. Und diesmal beobachtete ich genau, was die anderen anzogen! Oma trug eine Hose, die bis zu den Knien reichte, Opa trug Shorts und Sandalen mit Socken! Sandalen mit Socken wollte ich zwar nicht tragen, aber in Jeans und T-Shirt fühlte ich mich doch irgendwie fehl am Platz. Ich war nie ein Träger kurzer Hosen gewesen, und dementsprechend besaß ich ein derartiges Kleidungsstück auch gar nicht, aber ich hatte eine gemusterte Boxershort mit, und die zog ich an. Nun, die war zwar kurz, aber sie schien mir in diesem Fall passend. Da Ingrids Eltern und ich uns noch nicht sehr gut kannten, wurde meine Kleiderwahl gar nicht thematisiert. Wohl aus Höflichkeit und aus Angst mich zu kränken, sagte niemand etwas zu meinem „Outfit", aber wieder fragte ich mich auf dem Weg zur Burg, warum mich die Leute so anstarrten. Ich führte es darauf zurück, dass viele von ihnen vielleicht noch keinen dunkelhäutigen Menschen auf Hochosterwitz erblickt hatten. Erst Monate später, als wir auf unseren Ausflug zu sprechen kamen, redeten wir auch darüber, und die Großeltern amüsierten sich sehr über meine Kleiderwahl. Da wusste ich, dass meine Boxershorts – eigentlich eine Unterhose! – doch zu kurz gewesen waren und dies für Aufregung und vielleicht Gelächter gesorgt hatte. Und das alles im Namen der Anpassung!

Doch nicht nur der fremde Dresscode brachte mich anfangs in so manch missliche Lage, auch die Freizeitvergnügungen der Österreicher waren mir nicht immer ganz geheuer. Natürlich hatte ich in meinem ganzen Leben keinen Wintersport ausgeübt, doch Ingrid und ihre Mutter überredeten mich, es doch einmal mit Eislaufen zu versuchen. Das sei lustig, nicht schwer zu erlernen. Ich sei doch ein sportlicher Mensch, und es würde mir sicherlich auch Spaß machen. Es sah auch wirklich ganz leicht aus – Kinder wie Eltern tummelten sich auf dem zugefrorenen kleinen Teich und wirkten sehr vergnügt. Also ließ ich mich überreden und zog die Eislaufschuhe an. Doch kaum stand ich, wäre ich auch schon beinah auf dem Rücken gelegen, hätten Ingrid und ihre Mutter mich nicht gehalten. Ich konnte weder stehen noch einen einzigen Schritt allein gehen und alle, meine Freundin und ihre Eltern eingeschlossen, amüsierten sich bestens auf meine Kosten! Da verging mir jegliche Lust auf Wintersport und ich schwor, weder Schifahren noch Eislaufen jemals (wieder) zu versuchen!

Erste Gehversuche auf dem Eis

Natürlich sind die Erfahrungen, die man als Migrant macht, nicht immer so lustig, wie ich sie hier darstelle, auch mir war nicht immer zum Lachen zumute, aber ich möchte mich mit meinen Geschichten dem schwierigen Thema Integration auch mit ein bisschen Humor annähern, denn davon könnten wir alle eine Prise mehr vertragen.

Ich will mit meinen Geschichten allen Mut machen – InländerInnen wie AusländerInnen – und zeigen, dass die sogenannte multikulturelle Gesellschaft funktionieren kann. Wir müssen gemeinsam Wege finden, damit das Zusammenleben funktioniert. Wir sollten in Offenheit aufeinander zugehen, einander kennenlernen, miteinander reden, unsere Scheu und unsere Ängste nicht leugnen, aber versuchen, sie abzubauen. Gegenseitiger Respekt und Anerkennung, manchmal auch Mut und Zivilcourage sind erforderlich, damit es funktioniert (und manchmal eben auch ein Quäntchen Humor).

Dass es in einem fremden Land zu schaffen ist, sich zu etablieren, haben viele Menschen zum Beispiel in den USA oder in Kanada bewiesen – wie die „Steirische Eiche" oder „Uncle Frank", um nur zwei berühmte Beispiele zu nennen. Es ist aber auch in Österreich möglich, wenn man uns MigrantInnen die Chance dazu gibt und uns nicht nur toleriert, sondern auch akzeptiert, und wir unseren Teil dazu leisten.

Natürlich hat Österreich nicht dieselbe Einwanderertradition wie Kanada oder die USA, ist aber mittlerweile längst ein Einwanderungsland geworden. Was die Integration oder gar Inklusion von Einwanderern betrifft, steht Österreich allerdings noch eher am Anfang des Entwicklungsprozesses. So ist vielen Menschen hier noch der Begriff „Gastarbeiter" geläufig, obwohl viele dieser „Gastarbeiter" nun schon in der zweiten und dritten Generation hier leben. Heute hat man sich auf den Begriff „MigrantInnen" verständigt, aber so sehr man sich auch um eine wertfreie Sprache bemüht, schon bald schwingen abwertende Nebenbedeutungen mit, und MigrantInnen werden etwa als Sozialschmarotzer und Sozialhilfeempfänger diskreditiert. Viel zu wenig wird anerkannt, dass MigrantInnen auch einiges leisten und zum Wohlstand des Landes und zur Aufrechterhaltung des sozialen Systems ebenso ihren Teil beitragen. Zu wenig wird in der Öffentlichkeit wahrgenommen, dass auch ÖsterreicherInnen selbst „migrieren" und Einwanderer in anderen Ländern waren oder sind. Es wäre wünschenswert, dass Medien und PolitikerInnen noch mehr auf positive Beispiele für gelungene Integration hinweisen und den Menschen in diesem Land deutlich machen, dass Migration heute wie gestern eine selbstverständliche Tatsache ist und dass es in Österreich nicht nur ImmigrantInnen gibt, sondern dass auch viele ÖsterreicherInnen auswandern oder im Ausland leben. Es reicht beispielsweise nicht, nur darauf hinzuweisen, dass die größte Anzahl an MigrantInnen in Österreich aus Deutschland stammt oder dass es hier viele Studierende aus Deutschland gibt, die vor allem zum Medizinstudium kommen. Man sollte gleichermaßen darüber informieren, dass noch mehr ÖsterreicherInnen in Deutschland leben als Deutsche in Österreich.

Unser Schicksal liegt zum Teil auch in unseren eigenen Händen. Vor allem liegt es in unseren Händen, was wir aus den Chancen machen, die sich uns bieten. Es ist nicht immer leicht, aber wenn man Freunde und ein ermutigendes soziales Umfeld hat, wenn man selber offen und lernfähig ist, ist einiges möglich. Ich möchte meinen Optimismus, meine Erfahrungen und Erlebnisse weitergeben und berichten, wie es für mich in Österreich war und ist, denn ich bin froh, dass ich in diesem Land geblieben und nicht, wie ich ursprünglich vorhatte, in die USA ausgewandert bin. Das Land Österreich und seine Menschen haben mir sehr viel gegeben, und ich hoffe, ich kann und bin in der Lage, etwas – egal wie wenig – zurückzugeben.

KINDHEIT UND JUGEND

MEINE „HEIMAT" NIGERIA

Geboren wurde ich in Edo State – einem Bundesland in Nigeria. Nigeria ist ein Bundesstaat in Westafrika und grenzt an die Republiken Benin, Niger, Tschad und Kamerun. Es ist mit Abstand das bevölkerungsreichste Land Afrikas und kämpft seit der Unabhängigkeit von der Kolonialmacht England nach Jahren der Militärdiktatur heute nach wie vor für Demokratisierung und wirtschaftliche Entwicklung.

Nigeria ist ein riesiges Land – ungefähr so groß wie Deutschland, Frankreich und Luxemburg zusammen. Es ist ein Land mit weit mehr als 170 Millionen Einwohnern und einer Fläche von 923.768 km², in dem mehr als 400 „Sprachen" gesprochen werden. Es ist ein Land mit vielen Gesichtern, reich an Ethnien, Sprachen, Religionen und Bodenschätzen.

Die größten und politisch einflussreichsten Völker in Nigeria sind die Hausa und Fulani im Norden, die Yoruba im Westen und die Ibos im Osten. Hinzu kommen noch etwa 400 kleine ethnische Minderheiten, wie zum Beispiel die Edos, zu denen ich gehöre.

Die Amtssprache ist Englisch. Die Sprache wurde nach der Unabhängigkeit im Jahr 1960 von der englischen Kolonialherrschaft übernommen, und obwohl man sehr oft versucht hat, eine eigene überregionale Sprache aus den drei Hauptsprachen – Hausa, Ibo und Yoruba (Wazobia) – zu bilden, ist Englisch nach wie vor die Hauptamts- und Bildungssprache Nigerias, was für viele noch immer ein Problem darstellt, da sie Englisch als Kolonialsprache empfinden.

Die Karte Nigerias

An dieser Stelle sei auch Boko Haram erwähnt, eine islamistische Terrorgruppe, die zunehmend Einfluss auf die politische Situation in Nord-Nigeria gewinnt. Seit 1999, dem Beginn der „neuen" Demokratisierung in Nigeria, haben die Tendenzen zur Islamisierung zugenommen. Auf Druck islamistischer Gruppen wurde in einigen Bundesländern des Nordens bereits die Scharia eingeführt. Seither wurden tausende Menschen – Christen wie Muslime – durch zahlreiche Anschläge getötet.

Es gab in Nigeria immer schon viele verschiedene religiöse Gruppierungen, aber seit Anfang des Jahres 2000 ist die Terrorgruppe Boko Haram in Nigeria besonders aktiv. Boko Haram lehnt alles ab, was aus dem Westen kommt. Ihre Anhänger terrorisieren seit Jahren die Bevölkerung im Nordosten Nigerias. Sie entführen und ermorden Menschen, überfallen Dörfer, stecken Häuser in Brand, zünden Autobomben. Sie rekrutieren bewusst junge Männer, in denen sich schon viel Wut gegen Ausbeutung und Korruption in Nigeria aufgestaut hat, um für eine islamische Gesellschaftsordnung im Land zu kämpfen.

Erstmals international bekannt wurde Boko Haram durch die Einrichtung eines eigenen Trainingslagers an den Grenzen zum nördlichen Nachbarland Niger. Weltweite Schlagzeilen machte sie zuletzt im Mai 2014, als sie mehr als 200 junge Mädchen aus einem Internat entführte und sie zwang, zum Islam zu konvertieren. Am stärksten von den Überfällen der Boko-Haram-Terroristen betroffen sind die nördlichen Bundesländer Bauchi, Yobe und Borno beziehungsweise die Stadt Maiduguri und die Hauptstadt Abuja, wo im Juli 2014 beim Public Viewing der Fußball-WM in Brasilien eine Bombe gezündet und viele Menschen getötet oder verletzt wurden.

Obwohl die Schulpflicht in Nigeria 12 Jahre beträgt (6 Jahre Grundschule, 3 Jahre Unterstufe und 3 Jahre Oberstufe im Gymnasium), ist die Analphabetismusrate ziemlich hoch, weil vor allem auf dem Land die Kinder bei der Arbeit helfen müssen oder weil es nicht in allen Dörfern Schulen gibt und viele Kinder kein Interesse daran haben, für die Schule bis ins Nachbardorf zu gehen. Oft fehlen den Familien aber auch die finanziellen Mittel, um das Schulgeld für ihre Kinder zu bezahlen. Die Kinder sind nach wie vor eine Art Lebensversicherung oder Altersversorgung für die Eltern, weil viele selbstständig und nicht versichert sind und die Frauen, die nie berufstätig waren, keine Chance auf eine Pension haben. Der familiäre Zusammenhalt in Nigeria wird daher sehr groß geschrieben und ist sehr ausgeprägt. Es ist für uns bzw. Menschen aus und in Nigeria ganz normal, für die Eltern oder Geschwister aufzukommen, wenn man in der Lage dazu ist oder wenn jemand aus der engeren, aber auch erweiterten Familie in Not geraten ist – nach dem Motto:
Jeder für jeden und Gott für uns alle.

Die Kolonialisierung Nigerias begann 1861 durch Großbritannien. Vor dieser Zeit existierten im heutigen Nigeria verschiedene staatenähnliche Gebilde, wie zum Beispiel die Yoruba- Königreiche Oyo und Ife, das Sokoto-Kalifat, die Emirate der Hausa, das Königreich Benin (= Edo), aber auch Gesellschaften ohne eine zentrale politische Autorität wie bei den Ibos.

1960 erhielt Nigeria mit einer föderalen Verfassung die Unabhängigkeit, vieles blieb trotzdem weiterhin von der englischen Krone bestimmt. 1963 wurde Nigeria eine Republik und konnte die gesamten Regierungsgeschäfte in eigenen Händen halten, blieb aber ein Mitglied des Commonwealth of Nations mit dem Hauptsitz in England. Bis zum Jahre 1966 regierte Premierminister Tafawa Balewa das Land, während der Unabhängigkeitspräsident Nnamdi Azikiwe nur repräsentative Funktionen ausübte. Nach zahlreichen inneren Unruhen, Wahlmanipulationen und Gewaltausbrüchen übernahm das Militär die Macht und beendete die erste Republik. Nachdem man vor allem im Osten Nigerias auf reiche Erdölvorkommen gestoßen war, hatten sich Kämpfe um die Rechte an diesen Ressourcen entzündet. Im Jahr 1967 wurde im Südosten Nigerias die Republik Biafra ausgerufen, was einen mörderischen Bürgerkrieg, den Biafra-Krieg auslöste, der 30 Monate andauerte und 1970 mit der Kapitulation Biafras endete. Das Gebiet wurde wieder in den Staat Nigeria eingegliedert. Nigeria verlor mehr als eine Million Menschen, vor allem im Osten des Landes, die aufsässige Bevölkerung Biafras wurde regelrecht ausgehungert. Der Begriff „Biafra-Kind" ist aus dieser Zeit geblieben – viele hier in Österreich wissen zwar heute nicht mehr, woher er kommt, aber er wird nach wie vor mit mager, dünn oder unterernährt assoziiert.

1975 wurde der militärische Machthaber, Oberstleutnant Yakubu Gowon, unblutig gestürzt, und in den darauf folgenden Jahren setzte unter Generalleutnant Obasanjo ein vorsichtiger Demokratisierungsprozess ein, der schließlich in allgemeine Wahlen und in die zweite Republik mündete.

Die 70er-Jahre waren ökonomisch gesehen die besten Jahre Nigerias, denn Nigeria wurde der größte Erdölexporteur Afrikas. Die Kaufkraft der Menschen stieg, kurzfristig entwickelte sich eine neue Mittelschicht, viele neue Arbeitsplätze wurden geschaffen, und SchülerInnen hatten, noch bevor sie mit dem Gymnasium fertig waren, einen Arbeitsplatz in Aussicht. Emigration war zu diesem Zeitpunkt kein großes Thema. Öl wurde fast das einzige Exportgut, und man vergaß auf andere Wirtschaftsgüter wie etwa Agrarprodukte: Palmöl, Gummi, Maniok, Erdnuss, Kakao und anderes mehr. Die gesamte Wirtschaft und somit das Wohlergehen der Bürger hing nun von den Ölpreisen ab!

Ende 1983 wurde die zweite Republik gestürzt – das Militär putschte erneut (ich war gerade im letzten Jahr im Gymnasium), und nach einer kurzen Regierungszeit von Generalmajor Buhari (seit den Wahlen Ende März 2015 wieder neuer Präsident Nigerias) übernahm Ibrahim Babangida die Macht und regierte als Staatspräsident bis 1993. Während seiner Regierungszeit waren

Korruption und Repressionen gestiegen, es kam immer wieder zu Demonstrationen, und ein neuerlicher Demokratisierungsprozess zur Gründung einer dritten Republik war gescheitert.

Unter General Sani Abacha folgte schließlich ab dem Jahr 1993 eine der brutalsten Militärdiktaturen in der nigerianischen Geschichte. In diese Zeit fällt etwa die Hinrichtung des Schriftstellers und Bürgerrechtlers Ken Saro-Wiwa aus Ogoniland, der gegen die ökologische Zerstörung des Nigerdeltas und für ein menschenwürdiges Leben der Bevölkerung in den Ölgebieten kämpfte. Er wurde von einem Militärtribunal mit acht anderen seiner Mitstreiter im Jahr 1995 zum Tod verurteilt und hingerichtet. In Nigeria (vor allem im Osten) verliefen viele Pipelines quer durch Dörfer und über Äcker und verursachten schwerste Umweltschäden. Das Trinkwasser wurde verseucht, die Straßen wurden teilweise unbefahrbar. Die Umwelt wurde brutal zerstört, und den Menschen im Nigerdelta wurden die Lebensgrundlagen entzogen. Auf der anderen Seite gab es natürlich jährliche Erdöleinkünfte von Milliarden US-Dollar, die aber im Großen und Ganzen in die Taschen internationaler Ölunternehmen wie Total, Agip, Chevron, Shell – um nur ein paar zu nennen – aber auch NNPC (Nigerian National Petroleum Corporation), die einzige Ölfirma in Nigeria, und korrupter Politiker wanderten, die zahlreiche Geheimkonten in vielen Ländern des Westens hatten. General Sani Abacha etwa hatte nachweislich Konten in Deutschland, Frankreich und der Schweiz.

Weil die Menschen – u. a. auch organisierte Banden – nicht mehr länger zusehen wollten, wie Ölfirmen und Politiker das ganze Geld in ihre eigenen Taschen steckten und sie ihrer Meinung nach auch etwas vom Öl-Kuchen abbekommen wollten, begannen sie, illegal die Pipelines anzuzapfen, um das Öl auf dem Schwarzmarkt zu verkaufen. Das passierte unter Billigung der Bevölkerung, und immer wieder kam es dabei zur Bildung von Menschenschlangen, darunter viele Kinder, die in Dosen und Flaschen Öl für ihre Familien holen wollten. Dabei gab und gibt es bis heute eine Vielzahl an Explosionen, die schon mehrere hundert Menschenleben gefordert haben.

General Abacha, the Devil of Nigeria – wie man ihn nannte oder nennt – starb im Jahre 1998, sein Nachfolger Abdusalami Abubakar zog innerhalb eines

Jahres, wie er es versprochen hatte, ein vielleicht zu eilig zusammengestelltes Demokratisierungsprogramm durch, das vor allem darauf abzielte, Nigeria wieder als gleichberechtigtes Mitglied in die internationale Staatengemeinschaft zurückzuholen. 1999 wurde der ehemalige Militärpräsident Olusegun Obasanjo als erster Präsident der vierten Republik vereidigt und 2003 in umstrittenen Wahlen für eine zweite Amtszeit (was es in Nigeria seit der Unabhängigkeit im Jahr 1960 noch nie gegeben hatte) bestätigt.

Die vierte Republik war durch eine aktive Außenpolitik in der Lage, die Schäden der Abacha-Diktatur zu beseitigen, hatte durch viele Krisen jedoch starke innenpolitische Unruhen zu meistern, die bis in die Amtszeit von Präsident Goodluck Jonathan (2011–2015) heraufreichten. Eine hohe Arbeitslosigkeit, viele Demonstrationen und unzählige Streiks an den Universitäten zeugten und zeugen davon. Heute leidet ein Großteil der Bevölkerung durch Arbeitslosigkeit und fehlende Bildungschancen an einer eklatanten Perspektivenlosigkeit. Zudem kann nicht einmal die grundlegende Versorgung der Haushalte mit Strom oder Fließwasser gewährleistet werden.

In den 60er- und 70er-Jahren war kaum jemand aus Nigeria ausgewandert, und wenn, dann nur, um zu studieren. Viele junge Leute waren von ihren Eltern oder Firmen nach Europa und in die USA geschickt worden, um dort zu studieren und anschließend wieder nach Nigeria zurückzukehren. Ihre Arbeitsplätze waren zum Teil schon gesichert, bevor sie überhaupt das Land verließen. Entweder weil sie bereits in der Firma tätig waren oder weil die Firma Stipendien vergab, da bestimmte Qualifikationen gebraucht wurden. Es gab Arbeit in Hülle und Fülle, es gab kaum Arbeitsmigration. Aber diese wunderbaren Jahre, die wir durch den „Öl-Boom" erleben durften, waren wegen der schlechten Politik, des Biafra-Kriegs und der religiösen und ethnischen Probleme sehr schnell vorbei. Es begann mit der inneren Migration, niemand wollte mehr auf dem Land wohnen, alle wollten in die Großstädte, vor allem nach Lagos oder Portharcourt, um dort einen der lukrativen Jobs zu ergattern.

Ende der 70er-, Anfang der 80er-Jahre begann die Rezession, die bis heute andauert. Seither fliehen viele Menschen aus Nigeria, einerseits wegen der religiösen Spannungen zwischen Muslimen und Christen, vor allem im Norden, andererseits aus politischen Gründen, da während der Phasen der Militärdiktaturen Menschenrechte missachtet und politische Gegner verhaftet oder umgebracht wurden. Es kam immer wieder vor, dass Ausgangssperren nach zwanzig Uhr verhängt wurden oder dass zum Beispiel Frauen auf der Straße schikaniert (ausgezogen!) wurden, wenn sie Hosen trugen ... Menschen wurden verfolgt, wenn sie ihre Bürgerrechte wahrnehmen wollten und an Demonstrationen teilnahmen. Aber natürlich war und ist auch die aussichtslose wirtschaftliche Lage einer der Fluchtgründe.

Viele Schlepper erkannten und sehen ihre Chance, an der Not der Menschen zu verdienen. Sie reisen durchs Land, versprechen den Leuten Jobs und Unterkunft in Europa und in den USA, verlangen sehr viel Geld für ihre „Leistungen", doch was dann in Europa oder noch vor den Toren Europas passiert, ist ohnehin kein Geheimnis. Manchmal sind die Schlepper Leute, die selbst vor nicht einmal zwei oder drei Jahren das Land verlassen haben. Bis heute gibt es in vielen Großstädten Nigerias Häuser mit der Aufschrift „Dieses Haus ist nicht zu verkaufen!" Das sind Botschaften an potenzielle Schlepper, dass es in diesem Haus keine Ausreisewilligen gibt, die ihr gesamtes Hab und Gut verkaufen würden. Aber die Schlepper, teils Nigerianer, teils Europäer (Oyibos, wie man die Weißen in Pidgin-Englisch nennt), sind schlau: Sie kommen, zeigen viel Geld her und machen sich wichtig. Sie besuchen Lokale, verschenken Geld, laden die Leute ein und versuchen, ihre Neugier oder ihren Neid zu wecken. Und dann kommt es zu einer Art „Werbegespräch", das in etwa so abläuft:

„Wow, woher hast du so viel Geld? Wie kommt es, dass du nach so kurzer Zeit im Ausland so viel Geld ausgeben kannst?"
„Ich mache drei, vier Jobs in Europa, denn es gibt Arbeit im Überfluss, man muss nur stark sein und den Willen zum Arbeiten haben – no food for a lazy man, das weißt du ja!"
„Echt? Könnte ich dort auch arbeiten?"
„Es liegt an dir, ob du fleißig bist oder nicht ... Wie gesagt, es gibt so viel Arbeit."
„Wie kommt man zu einem Visum, könntest du mir helfen, oder hast du vielleicht Kontakte?"
„Ich kann das für dich erledigen, wenn du willst, und ich bin sogar mit einem Oyibo da. Er hat eine Firma in seinem Land und ist bereit, dich sofort einzustellen!"

„Was?! Ich bin noch nicht da und hätte schon einen Job? Was würde so was kosten?"
„Natürlich hängt das Ganze vom jeweiligen Land ab, denn du musst verstehen, du brauchst einen Pass, ein Visum, und das Flugticket ist auch nicht billig. Man muss bis zu vier Mal zur Botschaft gehen, aber du brauchst selber gar nicht zu erscheinen. Das wird alles für dich gemacht. Aber, wie du weißt: ‚No money, no friend'." (Ohne Geld ka Musi.)
„Wie viel denn?"
„Westeuropa, Osteuropa, Asien, Südamerika, Kanada oder die USA ... das kommt darauf an."
(Die Preise betrugen damals, als ich noch in Nigeria lebte, also Ende der achtziger, Anfang der neunziger Jahre zwischen 2.000 und 3.500 US Dollar! Ich verdiente zum Beispiel um die 150 Dollar monatlich. Ich selbst habe, als ich Nigeria verließ, Gott sei Dank keinen Schlepper bezahlt – ich habe nur für das Visum bezahlt. Nachdem ich mich aus Gründen, die ich später erklären werde, in der Öffentlichkeit nicht unbedingt mehr zeigen wollte und durfte, bekam ich den Kontakt zu einem Mann, der mir helfen konnte, den Pass samt Visum zu organisieren, damit ich das Land schnell verlassen konnte.)
„Was?! So viel Geld?! Woher soll ich so viel Geld auftreiben?"
„Das liegt jetzt bei dir. Du musst dich aber beeilen, denn der Oyibo-Mann bleibt nicht ewig in Nigeria, außerdem kann er nicht mehr als zehn Personen mitnehmen."
„Kann ich dir meine Entscheidung morgen mitteilen?"
„Kein Problem, der ganze Prozess dauert zwei bis drei Monate, aber du weißt, ‚first come, first serve' du musst dich beeilen. Ich meine es gut mit dir – ich kenne dich jetzt ja schon gut und würde dir sehr gerne helfen."

Er oder sie eilt dann nach Hause, setzt die Eltern und Verwandten unter Druck, bis diese einen Weg gefunden haben, das benötigte Bargeld aufzutreiben. Wenn sie Land besitzen, werden mehrere Hektar verkauft, und wenn es kein Grundstück, aber ein Haus gibt, so wird das Haus verkauft oder damit ein Kredit bei der Bank aufgenommen. Man geht ja sowieso nach Europa oder Amerika, verdient angeblich fünf bis zehn Dollar die Stunde für eine ganz einfache Arbeit wie Klos putzen, Fenster putzen oder in der Küche arbeiten, und man denkt sich: „Ich bin nicht faul und bin mir für keine Arbeit zu schade. Ich werde alle Jobs, die ich finde, annehmen, bis wir dieses Haus wieder zurück-

gekauft haben." Die Ausgaben, die im „neuen" Land auf einen zukommen, wie zum Beispiel Unterkunft, Strom, Versicherungen, werden nie angesprochen. Man rechnet also hoch: 5 bis 10 Dollar pro Stunde mal 8 bis 12 Stunden pro Tag mal mindestens 24 bis 26 Tage im Monat ergibt rund 1600 Dollar. Also die Chance, das verkaufte Land oder Haus innerhalb von einem halben Jahr wieder zurückzubekommen bzw. das ausgeborgte Geld zurückzahlen zu können, ist sehr hoch, denken dann viele!

Die Eltern lassen sich überreden, ziehen aus dem Haus aus, das sie mit ihren gesamten Ersparnissen gebaut und für das sie ihr ganzes Leben lang gearbeitet haben. Die Eltern haben dieses Kind vielleicht sogar zur Uni geschickt und seine Ausbildung finanziert – nun ist es allerdings mit dem Studium fertig und sitzt seit ein paar Jahren, ohne einen Arbeitsplatz gefunden zu haben, zu Hause. Kein Job, keine eigene Wohnung und muss von den Eltern sogar noch mit Taschengeld versorgt werden. Die Eltern müssen dann oft innerhalb eines Monats ihr Haus verlassen und mit vielleicht fünf bis sieben jüngeren Kindern in eine Ein- oder Zwei-Zimmer-Wohnung ziehen, in der Hoffnung, dass das älteste Kind in spätestens drei Jahren das alte Haus wieder zurückkaufen kann und sie dann sogar in ein noch schöneres Haus ziehen können.

Bei den Mädchen und jungen Frauen läuft es häufig anders: Die Anwerbung geht überall ähnlich vor sich, aber die Mädchen werden oft als Babysitter aus Nigeria mitgenommen, zahlen nur einen Teil des Schlepper-Honorars und müssen dann ihre Schulden in Europa „abarbeiten". Dort werden sie oft auf den Strich geschickt.

Dass diese Menschen in Europa vielleicht keine Zukunft haben, weil es strenge Einreisebestimmungen und nur schwer Zugang zum Arbeitsmarkt gibt, sagen die Schlepper nicht. Von Arbeitsgenehmigung oder Arbeitserlaubnis kein Wort. Dass die Sprache schwer zu erlernen ist und dass man in Europa sehr einsam sein kann, sagen die Schlepper natürlich auch nicht. Und noch weniger geben sie Tipps, wie man sich in der Fremde an völlig andere soziale Umgangsformen, an ungewohntes Essen oder an das kalte Klima gewöhnen kann.

Nachdem die Schlepper mit ihrer „Fracht" in Europa oder Amerika angekommen sind, verschwinden sie in der Regel sofort, oft sogar mit den Dokumenten ihrer „Schützlinge", wie es den drei jungen Männern ergangen ist, für die ich einmal bei einem Aufnahmegespräch für ein Asylverfahren übersetzen musste. Einer der drei erzählte mir seine Geschichte – die ungefähr so war wie die, die ich eben geschildert habe. Er weinte vor dem Beamten und bat mich, ihm zu sagen, dass er, bitte, nach Hause gehen wolle. Er hatte keine Papiere mehr, denn der Schlepper hatte alles an sich genommen. *„Ich habe in Nigeria einen Job gehabt, und wenn ich Glück habe, bekomme ich den Job wieder. Ich habe zwar alles verkauft und dem Schlepper das ganze Geld gegeben, aber es ist mir alles egal, denn ich sitze hier schon seit zwei Wochen im Gefängnis und möchte nur noch nach Hause geschickt werden. Bitte, mein Bruder!"*, sagte er. *„Hilf mir! Sag ihm, dass man mich angelogen und mir falsche Informationen gegeben hat und dass ich nur mehr nach Nigeria möchte!"*

MEINE KINDHEIT UND JUGEND IN NIGERIA

N.I.F.O.R.

Ich bin in einer Familie mit 17 Mitgliedern aufgewachsen. Mein Vater, obwohl später zum Christentum konvertiert, hatte zwei Frauen geheiratet, so wie das zu seiner Zeit üblich und erlaubt war, sofern die Ehen nicht kirchlich oder standesamtlich geschlossen wurden, sondern auf tradionelle Weise in einer Art mündlichem Vertrag. Wir mussten in einer Zweieinhalb-Zimmer-Wohnung Platz finden: meine Mutter mit ihren zehn Kindern, die Stiefmutter mit vier Kindern und mein Vater, der oft nicht mehr ein und aus wusste – vor Sorgen mit 14 Kindern und zwei Frauen in einer kleinen Wohnung!

Ich wuchs in N.I.F.O.R., 30 km südlich von Benin City, auf. N.I.F.O.R. – eigentlich „Nigerian Institute for Oil Palm Research" – ist ein Institut, das verschiedene Palmensorten erforschte, züchtete, weiterentwickelte und verkaufte. Das Institutsgelände war riesig, mit bis zu 5.000 Mitarbeitern aller Ethnien aus ganz Nigeria und vielen Europäern, die meisten von ihnen aus England. Fast alle Mitarbeiter bekamen eine Wohnung innerhalb des Institutsgeländes zur Verfügung gestellt, und es gab nur zwei Einfahrten, durch die man nach N.I.F.O.R. hinein- beziehungsweise aus N.I.F.O.R. herausgelangen konnte.

Mein Vater war ein sogenannter „Pollinator", auf Deutsch „Bestäuber". Seine Aufgabe war es, aus den verschiedenen Palmensamen neue Palmen-Kreuzungen zu züchten, um optimale neue Sorten für die Erzeugung von Palmöl, die Produktion von Palmwein und für die Herstellung von Cremes und Seifen aus Palmfrüchten zu gewinnen. Mein Vater erlernte den Beruf des Pollinators vor

Meine Eltern Jane und Pius Ohenhen

Ort in N.I.F.O.R. und arbeitete sich vom Lehrling zum Leiter einer kleinen Gruppe von Mitarbeitern hoch.

Meine Mutter war Hausfrau. Sie hatte zwar den Beruf einer Näherin erlernt, aber wie hätte sie neben zehn Kindern auch noch berufstätig sein können? Ich glaube allerdings nicht, dass meine Mutter jemals bedauert hat, ihren Beruf nicht auszuüben, denn **„wer Kinder hat, der hat auch Segen",** sagt man in Nigeria.

Meine Kindheit war schön für mich, ich kannte ja auch keine andere. Ich glaube, dass meine Eltern uns Kinder sehr geliebt haben, obwohl es sicherlich schwierig war, die Liebe auf zehn beziehungsweise vierzehn Kinder aufzuteilen.

An dieser Stelle muss ich aber doch kurz erwähnen, dass ich auf eine gewisse Art und Weise neidisch war, als ich das Ausmaß von Elternliebe in so manchen österreichischen Familien zum ersten Mal miterlebt habe. Und als dann unsere Kinder Idia und Alice geboren wurden, war ich anfangs hin und wieder „eifersüchtig", wenn ich sah, wie viel Liebe und Zuneigung meine Frau ihnen schenkte ... Andererseits fand ich diese Intimität und Nähe, diese Offenheit und vor allem die Art von freundschaftlicher Verbundenheit zwischen Eltern und Kindern hier sehr schön.

Trotzdem sind mir bei aller Elternliebe Grenzen wichtig, und ich fordere sie auch ein. So hat es mich beispielsweise schon sehr verärgert, wenn meine Kinder manchmal frech und bockig waren, und als Idia das erste Mal sagte: „Papa, spinnst du?", blieb mir der Mund, ehrlich gesagt, ganz weit offen!
„Idia", sagte ich schockiert, *„das sagst du nicht noch einmal! Das dulde ich nicht!"*
„Warum?"
„Weil ich dein Papa bin und weil ich auch älter bin als du!"
„Aber das sagt die Lina (eine Freundin von ihr) *immer zu ihren Eltern!"*
„Das ist mir ganz wurscht, denn ich bin nicht der Papa von Lina. Und zu deiner Mama sagst du so etwas bitte auch nicht!"

Dann erklärte ich ihr, was ich unter Respekt verstand, und sie akzeptierte das auch.

Meine Kindheit war jedenfalls wirklich schön, so schön sie unter den gegebenen Umständen eben sein konnte. Wir waren nie reich gewesen, hatten es auch nicht immer leicht gehabt, aber wir waren sehr zufrieden. Wir waren eine ganz normale afrikanische Familie – oder „Großfamilie" nach europäischem Maßstab. Es gab keine Urlaube, wir hatten weder tolle Spielzeuge noch gab es Taschengeld. Wir waren kreativ und machten uns unsere Spielsachen selber. Wir recycelten, ohne jemals davon etwas gehört zu haben! So entstanden Federballschläger aus ausrangierten Badeschlapfen, Spielzeugautos aus Kronenverschlüssen von Bier- oder Colaflaschen – es gab kaum etwas, das wir nicht improvisieren konnten!

Viel Zeit blieb uns dafür allerdings nicht, denn nach der Schule mussten zuallererst einmal notwendige Arbeiten verrichtet werden. Wir mussten zum Beispiel etwas auf dem Markt oder auf der Straße verkaufen, in den Wald gehen, um Brennholz zu holen, auf die jüngeren Geschwister aufpassen oder von weit her Wasser holen. Erst in der Nacht, nach dem Abendessen, hatten wir überhaupt Zeit für unsere Hausaufgaben. Mithelfen beim Schneiden von Gemüse, Küchenkräutern oder Fleisch, Teller waschen sowie das selbstständige Zubereiten von Mahlzeiten waren an der Tagesordnung. Beschloss man einmal, sich vor diesen täglichen Arbeiten zu drücken, konnte es schon vorkommen, dass Mama sagte: *„Du gehst zur Strafe heute ohne Abendessen ins Bett!"*

Am Wochenende war die Arbeit auf den Feldern, die mein Vater besaß, zu verrichten, was nicht immer ohne Jammern und Weinen abging, denn Frauen und Kinder marschierten eineinhalb bis zwei Stunden zu Fuß zum Feld, um nach der Arbeit des Tages müde und erschöpft, beladen mit Yamwurzeln, Cassava (Maniok), Kochbananen oder Feuerholz den Heimweg anzutreten. Den Kopf mit solchen Lasten beschwert, dauerte der Weg zurück nach Hause natürlich noch länger, und es kam nicht selten vor, dass wir Kinder heimlich das eine oder andere Stück unserer Ernte unterwegs in die Büsche warfen, wenn wir das Gewicht kaum noch tragen konnten.

Meine Geschwister Lizzy, Godwin, Clara und ich wurden ab dem Alter von sechs Jahren zur Feldarbeit mitgenommen. Dieses Leben war für uns alle sehr anstrengend, aber wir verstanden, dass es notwendig war, denn das Geld, das mein Vater verdiente, hätte niemals ausgereicht, um uns alle zu ernähren. (Nur meine jüngere Schwester Clara nahm dann das Angebot einer Tante an, bei ihr in Benin City zu leben und ihr im Haushalt zu helfen, um der schweren Arbeit auf dem Feld zu entkommen.) So haben wir das meiste, das wir gebraucht haben, selber angebaut, sodass Mama nur noch Fisch oder Fleisch kaufen musste. Und wenn sich in Papas Fallen wilde Tiere verfangen hatten, musste man auch kein Fleisch mehr kaufen. Unser Leben war ganz „harmonisch", und für unseren Vater war es sehr wichtig, dass wir alle zur Schule gingen. Doch die Angst vor dem Wochenende war immer groß, wenn es hieß: *„Morgen stehen wir um 5 Uhr auf, damit wir vor Sonnenaufgang schon auf dem Feld sind."*

Ich wäre lieber auf dem Fußball- oder Tennisplatz gewesen, aber Papa wollte davon nichts wissen, denn für ihn galt: Schule und sonst nichts! Und so begann ich mit ungefähr acht Jahren regelmäßig nach der Schule heimlich zum Fußball- und Tennisplatz zu eilen, wenn Vater noch nicht von der Arbeit zurück war. Mama wusste davon, aber sie verriet mich nicht. Sie hatte ebenso wie ich Angst davor, was passieren würde, wenn mein Vater mir auf die Schliche kam. Angesichts des Vergnügens, das mir diese verbotenen Ausflüge bereiteten, war mir jedoch die drohende Strafe ziemlich egal. Außerdem waren ja auch alle meine Freunde mit dabei.

Meinen um zwei Jahre jüngerer Bruder Godwin ließen wir oft nicht mitspielen, weil er zu klein war. Aber meistens hatte er ohnehin kein Interesse daran,

Auf dem Uni-Campus 1988 mit Freund Sonny

denn er war ehrgeizig und sehr gut in der Schule – viel besser als ich. Für ihn gab es nur lernen, lernen und noch einmal lernen. Wenn ich nicht zu Hause war, wurde Godwin immer ausgeschickt, um mich zu suchen und nach Hause zu holen – sehr zu unser beider Missfallen. So kam es, dass ich eines Tages zornig zu meinem Bruder sagte:

„Sag doch Papa einfach, dass du mich nicht gefunden hast!"

Und was tat der kleine Bruder? Er führte schnurstracks meinen Befehl aus – er ging zu meinem Vater und meldete: *„Er hat gesagt, ich soll dir sagen, dass ich ihn nicht gefunden habe."*

Die Strafen für meinen Ungehorsam waren ziemlich hart und wurden von Mal zu Mal härter: eine Stunde lang auf dem Boden knien, ohne Abendessen schlafen gehen. Letzteres war für mich besonders schlimm, denn ich hatte immer sehr gerne und viel gegessen, was meine Mutter dazu veranlasste zu sagen: *„Wenn du einmal heiratest, habe ich nur einen Rat für deine Frau, um Streit in der Ehe zu vermeiden: ‚Mein Sohn ist zwar liebevoll und zuvorkommend, aber sein Bauch ist ihm heilig! Wenn du Frieden willst, musst du darauf achten, dass er immer genug zu essen hat, dann werdet ihr eine gute Ehe führen!'"*

Manchmal musste ich, wenn ich wieder einmal ungehorsam gewesen war, auch eine ganze Woche alleine das ganze Geschirr waschen, was meinen kleinen Bruder sehr freute, weil er dann eine Woche lang von dieser lästigen Arbeit befreit war. Mich ließen diese Strafen ziemlich kalt. Ich versuchte zwar immer wieder, rechtzeitig vor meinem Vater daheim zu sein, aber meistens gelang es mir nicht. Entweder vergaß ich die Zeit beim Spiel oder ich wollte meinen Freunden das Gefühl geben, dass ich dazugehörte, dass ich ebenso Ausgang hatte wie sie und tun durfte, was sie durften, obwohl ich eigentlich nie sicher war, ob es ihnen nicht zu Hause ebenso erging wie mir.

Unsere Eltern harmonierten gut miteinander. Mein Vater war ein Familienmensch, fleißig, ehrgeizig und immer für die Familie da. Aber er hatte sein Leben lang darunter gelitten, dass er keine Matura hatte und erzählte immer davon, wie gerne er ein Studium gemacht hätte. Also wollte er alle seine Kinder unbedingt zur Schule schicken. Auch als es vonseiten seiner Freunde und später seiner zweiten Frau hieß, dass meine ältere Schwester Lizzy keine Schulausbildung brauche, weil sie „eh nur" ein Mädchen sei, das irgendetwas lernen sollte und ohnehin bald heiraten würde, blieb mein Vater hart. Er hatte zwei Wünsche: Alle Kinder in die Schule zu schicken und, so schnell es ging, ein Haus in Benin City zu bauen. Dafür mussten wir auf vieles verzichten, denn fast alles, was Vater verdiente, wollte er sparen. Mama versuchte alles zu tun, um ihn zu unterstützen, sie baute Gemüse, Cayenne-Pfeffer, Erdnüsse, Cassava und Kochbananen an und verkaufte sie auf dem Markt. Damit trug sie nicht unwesentlich zum Haushaltseinkommen bei und verringerte unsere Ausgaben, sodass Papa noch mehr sparen konnte. Was aber nicht heißen soll, dass mein Papa selbst keine Feldarbeit gemacht hätte. Das Feld gehörte schließlich ihm und er war – gemeinsam mit den Kindern – für das Roden und die Pflege zuständig, sodass Mama nur noch pflanzen und ernten musste.

Auf dem Institutsgelände in N.I.F.O.R. wohnten wir in einer Siedlung, und wie es in Nigeria und wohl fast überall in Afrika der Fall ist, war der Zusammenhalt innerhalb der Siedlung und nachbarlichen Umgebung groß. Man erledigte viele Arbeiten gemeinsam und half einander, wo immer es ging. So beaufsichtigte man auch ungefragt und selbstverständlich die jeweiligen Nachbarskinder, wenn deren Eltern nicht zu Hause waren, nach dem Motto: **Ein Kind wird nicht nur von den Eltern allein geboren, sondern vom ganzen Dorf.**

Eines Tages sollte ich mit den Nachbarskindern in den Wald gehen, um Brennholz zu holen. Wie immer wollte ich nicht mitkommen, weil ich nur Fußball und Tennis im Kopf hatte, aber meine Mutter zwang mich zu gehen. Widerstrebend nahm ich die große Machete meines Vaters, um das Holz vor Ort zerkleinern zu können. Im Wald hackte ich mein gesammeltes Holz in kleine Stücke und bereitete es zum Heimtransport vor. Da bat mich Maggi, das Nachbarmädchen, ihr zu helfen. Sie war ungefähr gleich alt wie ich – wir waren Kinder, etwa sieben oder acht Jahre alt. Ich mochte sie, außerdem nannten unsere Eltern sie schon meine zukünftige Frau und mich ihren zukünftigen Mann. Ich begann das Holz für sie zu zerkleinern, sie ging an mir vorbei, um noch mehr Holz zu holen, und auf dem Weg zurück passierte es: Sie rutschte aus, kam dort zu Fall, wo ich gerade mit meiner Machete ausgeholt hatte, und als die Machete niedersauste, traf ich Maggi am Knöchel! Oh mein Gott! Sie lag da in ihrem Blut und schrie fürchterlich! Wir waren fünf Kinder, und der Älteste von uns war gerade erst acht oder neun! Die Sonne brannte heiß vom Himmel, Maggi lag auf dem Boden und wimmerte und schrie abwechselnd. Wir wussten nicht, was wir tun sollten und waren verzweifelt, und statt zu helfen, weinten und schrien wir lauthals alle durcheinander. Und was tat da plötzlich Maggis Bruder Andrew? Er nahm die Machete und verfolgte mich durch den Wald, mit der Absicht mir dasselbe anzutun, was ich seiner Schwester angetan hatte. Maggi krümmte sich vor Schmerzen, doch sie brüllte: *„Andrew, lass ihn in Ruhe! Es war keine Absicht! Es war ein Unfall! Er ist nicht schuld, wenn, dann war es meine Schuld!"* Aber Andrew ließ nicht ab von mir und rannte und rannte. Da ich aber ein sehr guter und schneller Läufer war, konnte er mich nicht einholen. Irgendwann gab er auf, verstört und atemlos, und allmählich kehrte die Vernunft in unsere Köpfe zurück. Wir beschlossen, Hilfe zu holen, aber wie? Es war kein Auto in der Nähe, und zu Fuß zur Hauptstraße zu gehen würde eine gute halbe Stunde dauern und eine weitere halbe zurück. Was also tun? Es wurde beschlossen, dass ich das Mädchen auf dem Rücken zur Hauptstraße tragen sollte. Maggi war vielleicht ein paar Monate jünger, aber beinahe so groß und schwer wie ich. Aber ich hatte keine andere Wahl. Bevor wir die Hauptstraße erreichten, wurde Maggi ohnmächtig, aber zum Glück fanden wir an der Hauptstraße schnell Hilfe, und sie wurde in die Klinik des N.I.F.O.R.-Instituts gebracht. Als wir anderen Kinder schließlich ebenfalls zu Hause in N.I.F.O.R. ankamen, war meine Mutter auf dem Markt und mein Vater noch bei der Arbeit, aber Maggis Eltern warteten bereits auf mich. Ihr Vater schrie mich an und schlug mich mit aller Kraft. Ich musste mit geschlossenen Augen und erhobenen Händen in der heißen Sonne niederknien, und er sagte noch, dass es ihm sehr leid täte, dass sein Sohn mich nicht im Wald getötet hatte. Er schlug mich, aber er schlug auch seinen Sohn, weil er, wie er in seinem Zorn meinte, es verabsäumt hatte, mich mit meiner eigenen Machete umzubringen!

In der Klinik am N.I.F.O.R.-Institut konnte man Maggi nicht richtig behandeln, weil die Wunde zu tief war, also brachte man sie mit der Rettung nach Benin City ins 30 Kilometer entfernte Krankenhaus, um die Wunde zu nähen. Mein Vater musste, um die Reue und das Bedauern unserer Familie gebührend auszudrücken, für die gesamten Kosten aufkommen, Urlaub nehmen und durfte nicht zu Hause übernachten, solange das Mädchen im Spital in Benin City lag. (Da es in Nigeria keine allgemeine Krankenversicherung gab, musste jemand, der einen Unfall verursacht hatte, für alle entstehenden Kosten, von Spitalspflege bis hin zu eventuellen Begräbniskosten, aufkommen.) Mein Vater sah es als seine Pflicht, im Korridor vor Maggis Zimmer zu wachen und – vor allem nachts – regelmäßig nach Maggi zu schauen, ob es ihr wohl gut ginge, damit er im Notfall schnell ärztliche Hilfe holen könnte. Nachdem seine zwei Urlaubswochen aufgebraucht waren, fuhr er täglich in der Früh vom Krankenhaus aus nach N.I.F.O.R. zur Arbeit und abends wieder zurück ins Spital. Maggi blieb fast sieben Wochen im Krankenhaus!

Ich war damals in der dritten Klasse der Volksschule, und Maggis Familie machte klar, dass, wenn Maggie starb, auch ich sterben würde. Ich traute mich in den Schulpausen nicht mehr zum Spielen in den Garten hinaus, weil Maggis Geschwister ständig hinter mir her waren und drohten, mir etwas anzutun. Es waren Wochen der Angst und der nagenden Schuldgefühle, bis mein Vater schließlich beschloss, mich zu meiner eigenen Sicherheit von N.I.F.O.R. wegzubringen. Ich sollte weg von meiner Familie, bis Gras über die Sache gewachsen wäre, und kam zu meiner Tante nach Benin City, die im Hause meines Vaters lebte, nachdem sie ihren Mann verlassen hatte. Zusammen mit dieser Tante sollte ich nun in Benin City leben, um der Verfolgung durch die Familie Ebohon zu entkommen. Mr. Ebohon war ein respektierter Mann in der Umgebung von N.I.F.O.R., weil er der Älteste war. Viele Menschen kamen zu ihm, um seinen Rat einzuholen. Er war ein Mann, der nicht viel redete, aber sein Zorn auf mich und meine Familie war abgrundtief und nicht zu besänftigen.

So verlor ich durch dieses unglückselige Ereignis ein ganzes Schuljahr, weil keine Schule mich während des Jahres aufnehmen wollte und ich deshalb bis zum Beginn des nächsten Schuljahres warten musste. Maggi konnte nach sieben Wochen aus dem Spital entlassen werden, sie hatte natürlich eine große Narbe, aber zu ihrem und meinem Glück keine weiteren bleibenden Schäden davongetragen. Die Beziehung unserer Familien war allerdings zerstört, aber wenn unsere Eltern es nicht sahen, begannen einige von uns Kindern einander wieder heimlich zu grüßen.

Das Leben geht oft seltsame Wege. Jahre später schrieb das Schicksal noch ein weiteres Kapitel im Leben der Familien Ebohon und Ohenhen. Es ereignete sich ein Vorfall, der wie ein Spiegel der Geschichte von Maggi und mir erschien: Ebohons jüngster Sohn verletzte unabsichtlich den Sohn eines Nachbarn mit einer Steinschleuder im Gesicht, und zwar so schwer, dass ihm ein Auge entfernt werden musste! Das Kind hat bis heute nur mehr ein Auge, und seine Familie machte den Ebohons fortan die Hölle heiß – sehr, sehr heiß! Unser Vater in seiner Gutmütigkeit versuchte sogar noch, zwischen den Familien zu vermitteln, aber erfolglos. Familie Ebohon musste nun am eigenen Leib erfahren, was blinde Rache hieß.

Es mag wohl sein, dass sie daraufhin ihr eigenes Verhalten überdachten und so etwas wie Versöhnung im Sinn hatten, als sie eines Tages, zehn oder zwölf Jahre nach dem Unfall mit Maggi, zu uns nach Hause kamen. Sie hatten tatsächlich die Courage, unsere Eltern zu bitten, für ihren älteren Sohn ein gutes Wort bei meiner Schwester Lizzy einzulegen, weil er Interesse an ihr hätte.

Aber so weit ging die Gutmütigkeit meines Vaters dann doch nicht, eine Vereinigung der beiden Familien auf diese Art und Weise war undenkbar nach all dem, was geschehen war.

Ich kam nach den Ereignissen rund um den Unfall mit Maggi also zu meiner Tante nach Benin City und war unglücklich. Ich vermisste meine Familie und meine Freunde und fühlte mich bei der Tante wie ein Sklave: Schon morgens vor der Schule musste ich verkaufen gehen – manchmal sogar ohne Frühstück – und ebenso nach der Schule. Keine Spiele, kein Fußball, kein Tennis! Wir – das heißt, ich sowie eine Cousine und ein Cousin – Kinder meines Onkels väterlicherseits, deren Eltern auf dem Land lebten, und die auch bei der Tante wohnten, um die Schule in der Stadt zu besuchen – mussten alle Arbeiten machen, aber ihre eigenen Kinder taten nichts, gar nichts!

In der Mühsal dieses Lebens vermisste ich am allermeisten den Sport: Ich war ein guter Fußballer – zumindest wurde mir das von meinen Mitspielern und unserem Coach immer wieder bestätigt. Ich spielte auch sehr gerne Tennis, Laufen und Hochspringen waren ebenfalls Leidenschaften von mir. All das konnte ich in Benin City nicht mehr machen, denn dort gab es nur Arbeit, für Sport war keine Zeit. Ich hatte immer davon geträumt, ein berühmter Fußballer oder Läufer zu werden, aber meinem Vater war das egal, denn für ihn zählte nur arbeiten und lernen!

Als ich nach beinahe einem Jahr das Leben bei der Tante nicht mehr aushielt, beschloss ich, wegzulaufen und zu meinen Eltern zurückzukehren. Mitten unterm Schuljahr lief ich davon und machte mich auf den Weg nach N.I.F.O.R., die inzwischen die Wohnung gewechselt hatten, um den Nachstellungen der Ebohons zu entkommen. Ich ging zum nächstgelegenen „Autopark" und stieg in ein Taxi nach N.I.F.O.R. ein. Man muss wissen, dass ein Taxi in Nigeria selten nur eine einzelne Person mitnimmt, sondern man wartet, bis sechs oder sieben Personen im Auto sind, die dieselbe Route haben und den Fahrpreis unter sich aufteilen. Ich stieg also ins Auto und bat den Fahrer mich mitzunehmen und sagte ihm, dass meine Mutter das Fuhrgeld bei meiner Ankunft bezahlen würde. Als wir in N.I.F.O.R. ankamen, brachte er mich direkt nach Hause, aber meine Mutter weigerte sich, das Geld zu bezahlen! Sie hatte Angst, dass mein Vater sie der Komplizenschaft beschuldigen würde, dass er glauben könnte, sie hätte mein Weglaufen gebilligt oder gar unterstützt! Der Taxifahrer wartete und verlangte lautstark nach seinem Geld, und ich rannte hilflos und verzweifelt zwischen beiden hin und her. Durch das Geschrei kamen die Nachbarn herbei, und alle redeten auf meine Mutter ein, dem Taxifahrer doch seinen Fuhrlohn zu bezahlen, doch sie blieb hart. Da rannte ich ins Haus, um den Platz zu suchen, an dem sie ihr Geld aufbewahrte, aber da war nichts. Am Ende war es eine Nachbarin, die den Taxifahrer bezahlte, nachdem das Geschrei der anderen Mitreisenden, des Fahrers und meiner Mutter inzwischen einen Lärmpegel erreicht hatte, der immer mehr Neugierige auf den Platz lockte, die kamen, um nachzusehen, was da los war.

Als mein Vater, der erst spät nach Hause kam, von all dem erfuhr, war er so aufgebracht, dass er kein Wort mit mir redete. Er fragte nicht ein einziges Mal, warum ich überhaupt weggelaufen war. Zwei Wochen lang ignorierte er mich und meine Mutter, die er, wie sie erwartet hatte, mitverantwortlich machte.

Immerhin durfte ich von da an wieder in N.I.F.O.R. bleiben, aber ich verlor ein weiteres Schuljahr. So verbrachte ich praktisch drei Jahre in derselben Schulstufe und beendete die Volksschule erst im selben Jahr wie mein jüngerer Bruder Godwin. Ich stieg zugleich mit ihm auch im selben Jahr ins Gymnasium ein – mit dem jüngeren Bruder! Was für ein Gesichtsverlust für mich in einer Gesellschaft, in der jedes Jahr an Altersvorsprung gleichbedeutend ist mit mehr Ansehen und Respekt!

Meine Mutter war trotz ihrer Ausbildung zur Näherin ihr Leben lang Hausfrau geblieben und brachte fast jedes zweite Jahr ein Kind zur Welt. Nach dem sechsten Kind kamen die Geschwister meines Vaters auf die Idee, dass er unbedingt eine zweite Frau brauche, denn, wie sie sagten: **„Egal wie viele Kinder eine Frau zu Welt bringt, solange sie alle von derselben Frau sind, ist es, als wären sie nur ein einziges Kind!"** Mein Vater hatte nämlich vier Geschwister, und weil er der Einzige war, der ein Haus in der Stadt, in Benin City, besaß, war er sozusagen der Erfolgreichste von allen fünf. Das führte fast zwangsläufig dazu, dass man ihn drängte, eine zweite Frau zu heiraten, weil er das seinem „Stand" und seinem Ansehen schuldig sei. Mein Vater folgte schließlich der Tradition, und das Leid zu beschreiben, das er meiner Mutter damit zufügte, könnte fast ein eigenes Buch füllen. Mein Vater veränderte sich – man kann sich vielleicht vorstellen, wie ein Mann denkt und handelt, der sich in eine viel jüngere Frau verliebt hat.

Auch heute noch ist es in Nigeria erlaubt, mehr als eine Frau zu heiraten, in der Generation meines Vaters war es allgemein üblich, zwei oder mehr Frauen zu haben. Je mehr Frauen, desto mehr Kinder, und je mehr Kinder, desto höher das Ansehen eines Mannes und natürlich die Sicherheit, im Alter versorgt zu sein. Sich von dieser Tradition abzuwenden, hätte für ihn bedeutet, sich von der herrschenden gesellschaftlichen Norm abzuwenden und sich selbst zum Außenseiter zu machen.

Die zweite Frau zog jedenfalls bei uns ein, als ich ungefähr zwölf Jahre alt war, und sie war der Augenstern meines Vaters. Die Harmonie, die bisher in der Familie geherrscht hatte, verschwand. Bis dahin hatten wir Kinder unsere Eltern fast nie streiten gehört, aber plötzlich gab es ständig Streit, denn die Wohnung war zu klein für uns alle, und das Geld, das mein Vater verdiente, reichte nicht mehr. Meine Mutter fühlte sich nicht mehr geliebt, und immer öfter fielen vonseiten meines Vaters böse Sätze wie: *„Du musst ja nicht bleiben, du kannst gehen, und wenn du willst, kannst du auch ‚deine' Kinder mitnehmen!"*, wohl wissend, dass sie das gar nicht hätte tun können – aus ökonomischen und gesellschaftlichen Gründen. Manchmal wurde unser Vater sogar uns und meiner Mutter gegenüber handgreiflich! Das war etwas, was wir vorher so gut wie nicht gekannt hatten! Doch obwohl meine Mutter ihn am liebsten verlassen hätte, entschied sie sich ihrer Kinder wegen – unseretwegen – bei ihm zu bleiben. Sie wusste, dass sie uns kaum mehr sehen würde, wenn sie sich von ihm trennte. Nach dem damaligen Rechtsempfinden in Nigeria gehörten die Kinder zum Vater und durften ihre Mutter nicht mehr sehen, wenn der Vater es verbot. Sie blieb, damit sie ihre Kinder aufwachsen sehen konnte, und weil sie verhindern wollte, dass wir allein bei der zweiten Frau bleiben mussten. Sie hatte Angst, dass wir unter ihrem Regiment leiden müssten, denn die zweite Frau kostete ihre Vorrangstellung aus und ließ uns alle spüren, dass unser Vater sich von uns abgewandt hatte. Außerdem war meine Mutter finanziell von meinem Vater abhängig, sie hatte weder Erspartes noch einen Job, und keines ihrer Kinder war alt genug, um schon selbst Geld zu verdienen. Er, und nur er allein brachte das Geld nach Hause und hatte das Recht, über uns alle zu bestimmen.

In Österreich ist die Gesetzeslage natürlich eine völlig andere, trotzdem gibt es wohl auch hierzulande in einigen Familien ähnliche Schicksale: Patriarchen, die die Familiengeschicke fest in der Hand halten, Frauen, die in Abhängigkeit von ihren Männern leben, Männer, die sich eine „Zweitfrau zulegen" ... Polygamie ist hier illegal und strikt verboten, aber man kann auch hier, wie es in der Filmsatire „Das Fest des Huhnes" bezeichnet wird, zuweilen „dislozierte Polygamie" beobachten.

In unserer Familie gab es von da an jahrelang nur noch Zank und Streit. Vater redete oft wochenlang nicht mit unserer Mutter oder gab ihr kein Geld zum Einkaufen. Die Haushaltspflichten wurden zwischen den beiden Frauen aufgeteilt, jede Frau kochte eine Woche lang für die ganze Familie, bis die zweite Frau eines Tages sagte – was aus ihrer Sicht sogar irgendwie verständlich war –, dass sie nicht länger bereit sei, für meine Mutter und alle ihre Kinder mitzukochen, da sie selbst zu diesem Zeitpunkt erst ein eigenes Kind hatte.

An manchen Weihnachten – eine Zeit, auf die wir uns immer so gefreut hatten – bekamen wir Kinder von der ersten Frau keine Geschenke mehr ... Mama ging oft weg, zu ihrem ältesten Bruder, kehrte aber trotz aller Kränkungen und Demütigungen immer wieder zurück, weil sie, wie sie sagte, uns nicht der anderen Frau überlassen wollte.

Die zweite Frau bekam innerhalb von vier Jahren drei Kinder, und unsere Mutter fand, obwohl sie selbst bereits sechs Kinder hatte, keine innere Ruhe mehr, nicht nur, weil sich ihre äußeren Lebensumstände dramatisch verschlechtert hatten, sondern auch, weil sie nicht mehr die frühere Zuneigung und Aufmerksamkeit ihres Mannes bekam. Die Ehe meiner Eltern blieb dennoch aufrecht, meine Mutter bekam zwar weitere Kinder in längeren Abständen, aber nichts war mehr wie früher. Natürlich konnte sie uns Kindern das alles nicht erklären, und wir waren zu jung, um zu verstehen. Am Ende hatte meine Mutter zehn Kinder und die zweite Frau fünf – ein Kind meiner Stiefmutter starb jedoch leider schon ein paar Tage nach der Geburt.

Zwei Frauen zu heiraten und mit beiden Kinder zu haben, ist natürlich, abgesehen von allem anderen, eine große finanzielle Herausforderung. Doch selbst wenn man die nötigen finanziellen Mittel und entsprechend viel Wohnraum hat, kann das Zusammenleben unter solchen Umständen nicht reibungslos funktionieren. Wenn der Mann sich mit beiden Frauen gut versteht, hat er ein Problem, weil die Frauen miteinander konkurrieren und oft Neid und Eifersucht zwischen ihnen aufkommt: Bei wem isst der Mann mehr und öfter? Mit wem spricht er mehr? Mit wem verbringt er mehr Zeit, und mit welchen Kindern spielt er häufiger? Wenn die Frauen sich aber gut verstehen, hat der Mann auch ein Problem, denn es kann vorkommen, dass die Frauen sich gegen ihn zusammenschließen und er seine Autorität zu Hause verliert – das kann sogar so weit gehen, dass sie gar nicht mehr für ihn kochen wollen oder er sogar von ihnen geschlagen wird! (In unserer Familie konnte der Vater seine Autorität behaupten.)

Das Erbe wird in manchen Teilen Nigerias im Übrigen ausschließlich über die männlichen Nachkommen geregelt. Der erste Sohn bekommt das Haus. Er muss die Geschwister nicht auszahlen, weil er das neue Oberhaupt der Familie wird, sobald der Vater nicht mehr am Leben ist. Gleichzeitig bedeutet das aber auch, dass er zu Lebzeiten der Eltern für sie verantwortlich ist und mehr Pflichten als alle anderen Geschwister übernehmen muss. In unserem Fall bekam ich später, nach dem Tod meines Vaters, das erste Haus in Benin City, in dem mein Vater und die Familie nach seiner Pensionierung im Jahr 1984 gelebt hatten und auf dessen Grundstück er begraben wurde. In Nigeria ist es nämlich mit schriftlicher Erlaubnis des Königspalastes – die Nachfahren der früheren Könige, der Obas, haben bis heute unwidersprochene Autorität in vielen Fragen – möglich, auf dem eigenen Grundstück begraben zu werden. Der erste Sohn meiner Stiefmutter bekam das zweite Haus in Benin City, obwohl er das jüngste aller Kinder meines Vaters war. Meine älteste Schwester Lizzy bekam ausnahmsweise, obwohl sie „nur" eine Frau war, von der Familie ein Stück Land zugesprochen als Anerkennung dafür, dass sie in meiner Abwesenheit das Begräbnis meines Vaters fast allein finanziert hatte.

1984 hatten wir in Nigeria eine große wirtschaftliche Krise, und viele Firmen verringerten ihren Personalstand. So wurde auch unser Vater mit knapp fünfzig Jahren, obwohl kerngesund, in Pension geschickt. Zur Wahl war entweder die Pension oder eine Kündigung gestanden. Was fängt man mit fünfzig Jahren zu Hause an, mit zwei Frauen und vierzehn Kindern? Godwin und ich waren seit 1983 mit dem Gymnasium fertig und gerade dabei, uns auf die Uni vorzubereiten. Natürlich gab es zu Hause nun noch mehr Streit und Unruhe und noch weniger Geld als schon die Jahre zuvor. Wir mussten alle nach Benin City übersiedeln, in das Haus, in dem inzwischen bereits zwei Tanten und drei Cousinen und Cousins lebten. Ab nun lebten wir, insgesamt 21(!) Familienmitglieder, in einem Haus mit zehn Zimmern, wobei nur acht von uns bewohnt und zwei noch vermietet wurden. Godwin und ich mussten mit der großen Schwester ein Zimmer teilen – Lizzy war dreiundzwanzig, ich war zwanzig und Godwin achtzehn Jahre alt! Papa hatte keine Arbeit mehr, Mama und die Stiefmutter auch nicht. Wir mussten mit der Miete von zwei Zimmern und der Pension meines Vaters durchkommen. Mein Traum war es immer gewesen, Jus zu studieren, und mein Bruder Godwin träumte von einem Medizinstudium. Es war aber für beide Studienrichtungen sehr schwer, Studienplätze zu bekommen, weil auch viele Kinder der Reichen diese Plätze haben wollten. Also musste man diese Studienplätze leider oft „kaufen". Das Geld dafür hatten wir allerdings nicht. Daher beschloss ich, eine zweijährige Lehrerbildungsanstalt zu besuchen, statt auf einen Studienplatz zu warten. Doch nach wie vor träumte ich davon, eines Tages Rechtswissenschaften zu studieren, um für mehr Gerechtigkeit und gegen die Unterdrückung, die es in Nigeria gab, kämpfen zu können. Godwin wartete hingegen, denn er wollte unbedingt einen Platz an der Medizinuni ergattern. Nach drei Jahren des Wartens beschloss er schließlich doch, Maschinenbau statt Medizin zu studieren.

Inzwischen hatte nur unsere ältere Schwester Lizzy eine Ausbildung zur Gymnasiallehrerin absolviert und bereits einen Job. Sie war die Einzige, die zu diesem Zeitpunkt Geld verdiente, und sie tat ihr Bestes, um unsere Mutter und uns Kinder zu unterstützen, denn ab jetzt hörten wir von unserem Vater nur noch: *„Ich habe kein Geld."*

Nachdem auch ich meine Lehrerausbildung beendet hatte, gab es keine Arbeit für mich. Wir kannten niemanden, der uns helfen konnte, und um jemanden zu bestechen, wie es die anderen taten, hatten wir kein Geld. Also begann ich Nachhilfeunterricht zu geben und in nur ein paar Wochen hatte ich um die 50 SchülerInnen und musste zwei Räume anmieten, um sie alle unterzubringen. Kurz darauf erhielt ich doch noch eine Anstellung als Lehrer, gab aber meinen SchülerInnen weiterhin Nachhilfe, was bedeutete, von sieben Uhr morgens bis ein Uhr mittags in der Schule zu stehen und von vier Uhr nachmittags bis acht Uhr abends meine Nachhilfeschule allein zu betreuen.

Politisch herrschte zu jener Zeit viel Unruhe – zwischen 1983 und 1988 gab es in Nigeria drei Regierungen und unzählige Putschversuche. Das Militär übernahm die Macht, und das Land befand sich im Ausnahmezustand. Fast täglich fand irgendwo eine Demonstration statt, Menschen wurden verhaftet und ermordet, und viele junge Menschen sahen keinen anderen Ausweg, als das Land zu verlassen und ihr Glück woanders zu versuchen. Doch ich hatte niemals vorgehabt, Nigeria zu verlassen, ich wollte meine Nachhilfeschule ausbauen, weil ich mit ihr mehr verdienen konnte als mit meiner Anstellung in der Schule und nebenbei noch Jus studieren.

Wenn ich mir vorstellen konnte, ins Ausland zu gehen, dann höchstens in die USA, denn dort hatte ich einen Cousin, einen „Bruder", wie man bei uns sagt, der mir immer versprochen hatte, dass ich zu ihm in die Staaten kommen könnte, wann immer ich wollte. Inspiriert von amerikanischen Filmen oder Heimkehrern, die ihre Familien aus den USA mitbrachten, träumte ich dann manchmal davon, „gemischte Kinder" mit einer hellhäutigen Frau zu haben, weil ich diese Kinder so schön fand. Aber mit der Frage, wie ich eigentlich zu der Frau kommen sollte, mit der ich diese Kinder haben würde, hatte ich mich nie ernsthaft auseinandergesetzt.

Doch dann kam das Jahr 1988: Wir waren mitten in der Militärdiktatur, es herrschte Korruption, Gelder für Ausbildung verschwanden in den Taschen von Politikern und Unversitätsangestellten, statt der versprochenen Uni-Busse mussten die Studenten weiterhin gefährliche Motorrad-Taxis aus eigener Tasche bezahlen, um zum Campus oder von Fakultät zu Fakultät zu gelangen, was zu Fuß jeweils mindestens 20 bis 30 Minuten bedeutete. Ein Unfall mit einem Motorrad-Taxi, bei dem einer der Studenten zu Tode kam, brachte das Fass zum Überlaufen. Die Studenten gingen auf die Straße und protestierten gegen die Bildungspolitik und die Militärregierung. Auch ich nahm an diesen Studenten-Demonstrationen teil, im Zuge derer Studenten, Soldaten und

Polizisten verletzt wurden oder ums Leben kamen. Die Universität wurde auf unbestimmte Zeit geschlossen, und die TeilnehmerInnen der Demonstrationen wurden aufgefordert, sich „freiwillig" zu stellen und bei der Polizei zu melden. Da für alle klar war, was das bedeutete, kamen meine Schwester Lizzy, mein Bruder Godwin und ich zu dem Entschluss, dass ich Nigeria möglichst rasch verlassen sollte. Ein Freund meiner Schwester Lizzy, Mr. Ode, organisierte für mich den Reisepass, ohne dass ich vor einer Behörde erscheinen musste, und mit der Hilfe meines Freundes Osunde bekam ich ein Visum für Ungarn, nicht wissend, wo ich da landen würde.

EUROPA

AUFBRUCH NACH EUROPA

Ich trat mein Abenteuer mit Victor an, einem Freund, den ich während meiner hastigen Vorbereitungen zu dieser Reise ins Unbekannte kennengelernt hatte. Mit ihm gemeinsam habe ich Nigeria verlassen und bin mit ihm bis heute gut befreundet – auch er lebt mit seiner Familie in Graz.

Die Reise begann für uns beide im April 1989 auf dem Flughafen in Lagos. Nachdem wir die ersten Kontrollen auf dem Weg in die Abflughalle passiert hatten, wurden wir von Beamten gestoppt. Sie verlangten das ganze Geld, das wir bei uns trugen. Wenn wir es ihnen nicht gäben, würden sie dafür sorgen, dass wir unseren Flug verpassten! Da standen wir, beide vierundzwanzig Jahre alt, ohne jegliche Erfahrung mit korrupten Beamten und redeten um unser Leben! Ich hatte meine gesamten Ersparnisse abgehoben und dazu noch Geld von meiner Schwester Lizzy geborgt – das alles den Beamten in den Rachen zu werfen und vom Flughafen zurückgeschickt zu werden, bevor wir überhaupt nigerianischen Boden verlassen hatten, kam für mich nicht in Frage! Wir hatten unser Geld sehr, sehr gut versteckt, und hofften, dass sie es nicht finden würden. Daher sagten wir, dass wir von Verwandten am Flughafen in Budapest abgeholt würden und daher kein Geld bräuchten. Die Beamten schienen uns nicht zu glauben. Sie waren überzeugt, dass es bei uns noch etwas zu holen gab und schoben uns einfach zur Seite, um die anderen Flugpassagiere abzufertigen. Mindestens 200 Dollar wollten sie aus jedem von uns herauspressen. Wir standen da und beobachteten, wie Leute kamen, Geld hergaben und verschwanden! Nach beinahe einer ganzen Stunde bangen Wartens schallte plötzlich von hinten die laute Stimme eines großen Soldaten in Uniform durch den Raum: *"Lasst mich vorbei, lasst mich vorbei! Ich muss meinen*

Neffen noch erreichen, bevor er abhebt!" (Nigeria stand zu dieser Zeit unter Militärdiktatur, und Soldaten in Uniform waren sehr, sehr gefürchtet im ganzen Land.)
Der Soldat kam auf uns zu und rief: *"Victor, wieso stehst du hier noch herum? Dein Flieger geht in 45 Minuten!"* Victor murmelte mit verzweifelter Miene etwas Undeutliches.
Der Soldat pflanzte sich drohend vor ihm auf und schrie in der Manier eines Majors: *"Wie bitte?!"*
Victor sagte, so leise er konnte: *"Die Beamten lassen mich nicht vorbei, weil ich ihnen kein Geld gegeben habe."*
"Was?!", schrie der Soldat. *"Stimmt das? Das ist mein Neffe! Ich gehe jetzt auf der Stelle mit ihm und wehe, er versäumt sein Flugzeug!"*
"Sorry Sir, sorry Sir!", riefen die Beamten. *"Wir wussten nicht, dass er ein Verwandter von Ihnen ist!"*
"Betet nur, dass er den Flieger noch erreicht!", polterte der Soldat, nahm Victor am Ellbogen und zerrte ihn davon. Victor schaute ängstlich zu Boden, ließ sich von ihm mitziehen und mich dort einfach stehen!
"Victor!", schrie ich. *"Willst du mich hier zurücklassen? Wir haben alles gemeinsam geplant und fliegen auch gemeinsam!"*
Der Soldat blieb abrupt stehen und fragte Victor: *"Kennst du den jungen Mann?"*
"Ja", sagte er, noch immer ganz leise.
"Worauf wartest du?", rief mir der Major zu. *"Komm her! Beeil dich!"* Ich nahm mein Handgepäck, den einzigen Koffer, den ich hatte, und lief zu ihnen, wütend auf Victor, dass er mich beinahe zurückgelassen hatte, aber auch sehr glücklich, dass wir wie geplant zusammen waren und gemeinsam abfliegen konnten.
Mein Herz begann erst wieder gleichmäßiger und ruhiger zu schlagen, als wir an Bord einer Aeroflot-Maschine in Richtung Sofia abhoben. Aber das war erst der Anfang …

UNGARN

In Sofia hatten wir vier oder fünf Stunden Aufenthalt, aber wir durften nicht aussteigen, sondern mussten im Flugzeug sitzen bleiben. Doch das war uns egal, denn wir wussten, in ein paar Stunden würden wir in Budapest sein! An Bord gab es, für meinen Geschmack, viele seltsame Dinge zu essen, und ich weigerte mich, etwas davon zu kosten. Victor aß alles – meine und seine Portion – und sagte zu mir: *„Du wirst bald verhungern, oder glaubst du, dass du in Europa Pounded Yam* (ähnlich wie Kartoffelpüree – gewonnen aus Yamwurzeln, nur etwas fester) *bekommen wirst? Du musst jetzt schon beginnen, dich an das neue Essen zu gewöhnen!"*

Doch ich bekam nichts hinunter. Erstens machte mir das fremde Essen gar keinen Appetit und zweitens war ich viel zu aufgeregt, weil ich nach wie vor Angst hatte, dass man uns zurückschicken würde.

Wir landeten in Budapest am 18. April 1989 gegen 17 Uhr. Wir verließen das Flughafengebäude unbehelligt. Als wir erleichtert auf die Straße traten, stellten wir fest, dass Victors Freund entgegen seiner Versprechungen nirgendwo zu sehen war. Wo sollten wir jetzt hin in so einer großen Stadt? Es wurde bald dunkel! Wie viel kostete ein Hotelzimmer? Dinge, die wir vielleicht vorher hätten herausfinden sollen, aber Victor war überzeugt gewesen, dass sein Freund auf uns warten würde. Wir hatten zusammen um die 500 Dollar und wollten so sparsam wie nur möglich damit umgehen, denn wir wussten ja nicht, wie lange wir noch in Ungarn sein würden. Was sollten wir nur tun? Draußen standen viele Busse, also stiegen wir in einen Bus und fuhren bis zur Endstation und wieder retour. Das machten wir mehrere Male, ohne jemals Fahrkarten zu kaufen, wir fuhren plan- und ziellos hin und her, zur Endstation und wieder zurück zum Flughafen, in der Hoffnung, Victors Freund vielleicht doch noch anzutreffen. Nach dem fünften oder sechsten Mal kam uns das Ganze reichlich unsinnig vor, und wir wollten ein wenig zu Fuß gehen. Durch die Fenster der Häuser sahen wir Familien, die mit ihren Kindern im Haus spielten, das Essen vorbereiteten und uns beobachteten (zumindest dachten wir so), und unser Mut sank, denn wir waren zwar an einem Ziel angekommen, aber wir dachten zum ersten Mal an unsere Familien und Freunde und fragten uns, wo wir diese Nacht wohl schlafen würden. Ich dachte außerdem an meine inzwischen fast 80 Kinder, die bei mir in der Nachhilfeschule saßen, auf mich warteten und sich wunderten, warum der „Teacher" heute nicht erschienen war. Ich hatte keine Zeit gehabt, ihnen Bescheid zu geben, alles musste so rasch gehen! Als mir bewusst wurde, dass ich viele von ihnen vielleicht nie mehr sehen würde, tat es mir weh, dass ich mich nicht richtig von ihnen verabschiedet hatte. Wie würden diese Kinder, die ich so ins Herz geschlossen hatte, wohl reagieren, wenn sie herausfanden, dass ich ohne Abschied nach Europa verschwunden war? Es war vereinbart, dass meine Schwester Clara und unser Freund Osunde die Schule weiterführen sollten, während ich weg war.

Victor und ich waren den Tränen nah und beschlossen, wieder in den nächsten Bus zu steigen und ins Stadtzentrum zu fahren. Dort angekommen, stiegen wir in eine der gelben Straßenbahnen und fuhren, wieder ohne Fahrkarte, einfach drauflos, ohne ein bestimmtes Ziel.

Nach ein paar Stationen kam ein Fahrgast auf uns zu und sprach uns auf Englisch an: *„Hallo Afrikaner. Woher kommt ihr und wohin fahrt ihr?"* *„Wir kommen aus Nigeria und sind gerade gelandet. Wir wissen aber leider nicht, wo wir schlafen werden!"* Er schaute uns an und fragte: *„Habt ihr überhaupt eine Fahrkarte?"* *„Fahrkarte?"* Wir schauten ihn ganz groß an. Alle Fahrgäste waren eingestiegen und kein Mensch hatte irgendetwas gekauft oder bezahlt. „Sie haben alle eine Dauerkarte", sagte der Mann und warnte uns, dass wir ein großes Problem bekommen würden, wenn man uns erwischte. Er ging nach vorne zum Fahrer, kaufte für uns mit seinem Geld zwei Fahrscheine und sagte: *„Ich bringe euch dorthin, wo viele Afrikaner sind."*

Keleti Pu nach 25 Jahren im April 2015

So landeten wir am Budapester Ostbahnhof Keleti Pályaudvar, abgekürzt Keleti Pu. Und wirklich, dort trafen wir viele Afrikaner – vorwiegend Männer – aus dem ganzen Kontinent. Einige von ihnen lebten bereits zwei, drei Jahre am Bahnhof, weil sie keine Papiere hatten und nicht wussten, wie sie weiterkommen sollten. Andere hatten ihre Papiere verloren oder das Visum für Ungarn war längst abgelaufen. Victor und ich blieben vier oder fünf Nächte dort, ohne Bett. Wir mussten ab 22 oder 23 Uhr schnell einen Sitzplatz auf den Bänken neben den Bahnsteigen ergattern und schliefen mit dem Kopf auf den Knien bis vier Uhr morgens, bis die Putzfrauen kamen und alles wegkehrten, ohne Rücksicht auf unsere Füße, aber zumindest duldete man uns dort.

Wir waren zwar in Europa angekommen, wussten aber nicht, was wir mit dieser Freiheit anfangen sollten. Ich hatte in Nigeria einen Job als Lehrer und nebenbei meine Nachhilfe-Schule gehabt, und nun stand ich in der Früh an einem Bahnhof auf, aß hartes Schwarzbrot und Sardinen aus der Dose – das

Billigste, das wir uns leisten konnten – und wusste nicht, wie ich den Rest des Tages zubringen sollte. Zu Mittag gab es eine Ausspeisung für Obdachlose und Arme in der Nähe des Bahnhofs. Von wem das Essen kam, wussten wir nicht, aber es war eine warme Suppe mit irgendwelchen Einlagen, die ich nicht erkannte, aber an die ich mich auch nicht mehr genau erinnern möchte. Victor und ich waren sehr dankbar für diese mitmenschliche Geste, denn außer dieser Suppe aßen wir tagelang nichts Warmes.

Obwohl es schon April war, war es für uns viel zu kalt, also musste ich immer meinen Smoking tragen, den ich nach Europa mitgebracht hatte. Einen weißen Smoking mit einem glänzenden Satin-Revers, nicht gerade passend für einen Aufenthalt unbestimmter Dauer auf einem Bahnhof, aber vielen Ungarn gefiel mein Sakko sehr gut, und sie wollten es unbedingt kaufen, ebenso wie Victors goldene Halskette. Nachdem wir die Kette verkauften hatten, waren wir um 50 Dollar reicher, aber von meinem weißen Smoking wollte ich mich auf keinen Fall trennen!

Nach dem dritten Tag am Bahnhof befiel Victor eine große Hoffnungslosigkeit, und er sagte zu mir: *„Ich will wieder nach Hause. Wenn meine Eltern sehen könnten, wie wir hier leiden müssen, wären sie bestimmt sehr traurig."*
„Super", sagte ich. *„Die Heimreise musst du aber alleine antreten, denn diese ganze Mission hier hat mich und meine Familie schon viel zu viel gekostet!"*
Mein Vater hatte nie gewollt, dass ich Nigeria verlasse, infolgedessen wollte er auch mit den Kosten für meine Reise nichts zu tun haben. Aber meine Schwester Lizzy und eine meiner Tanten hatten mir geholfen. Natürlich wollte Victor jetzt nicht ohne mich zurück nach Nigeria, aber für mich kam das nicht in Frage. Vielleicht hätten sich Victors Eltern über seine Rückkehr gefreut, aber für ihn wäre es gefährlich und obendrein eine Schande gewesen! Man hätte ihn sicher als Weichei und Versager verhöhnt, und das wollte er auch nicht auf sich nehmen. Wir blieben also vorerst in Keleti Pu, ohne Plan und Hoffnung!

Nach meiner Ankunft in Budapest hatte ich sofort meinen „Bruder" Austin in den USA, der mir vor meiner Abreise angeboten hatte, zu ihm zu kommen, angerufen und ihm mitgeteilt, dass ich bereits in Europa war. Er hatte sich gefreut und gemeint, ich solle versuchen, in den Westen zu gelangen und er

Nach 26 Jahren mit der ganzen Familie in Budapest

würde alles, was in seiner Macht stand, tun, um mich von dort abzuholen, weil das für ihn im Westen leichter wäre. Ich war sehr froh, dass er zu seinem Wort stand, das er mir schon vor langer Zeit gegeben hatte. Das war es auch, was mich aufrecht hielt: Ich war meinem Ziel, in die Vereinigten Staaten zu kommen, zumindest schon einen Schritt näher gekommen.

Nach drei weiteren Tagen am Budapester Ostbahnhof sprach uns ein junger Mann in unserer Muttersprache an. Er stammte ebenfalls aus Benin City.

„Seht ihr alle diese Männer und Frauen, die hier herumsitzen? Sie haben alle keine Zukunft, viele sind seit drei, vier oder fünf Jahren hier und total verzweifelt. Ihr seid noch frisch hier, habt noch Geld, euren Pass, und das Visum ist noch gültig. Was wollt ihr hier auf dem Bahnhof? Ihr solltet gut überlegen, aber vor allem schnell, bevor euer Visum abläuft, denn sonst habt ihr wie wir alle hier ein Problem, und wenn ihr nicht aufpasst, klauen sie euch auch noch eure Papiere und reisen selber weiter damit."

Er klang irgendwie ehrlich und hilfsbereit, also erzählten wir ihm von unseren Plänen, von den USA und Kanada, wohin Victor wollte. Er meinte sofort, er könnte uns helfen, weiter in den Westen zu gelangen. Und er verlangte gar nichts dafür! Wir hatten Gott sei Dank noch alles – unsere Studentenausweise, Traveller-Checks, Bargeld, und das Visum für Ungarn war noch mehr als drei Wochen gültig. Wir gingen zur Schweizer Botschaft und beantragten Visa für die Schweiz. Man war bereit, uns Visa auszustellen, wenn wir Rückflugbestätigungen von Zürich nach Nigeria vorlegen könnten. Also gingen wir ins nächste Reisebüro und reservierten Flugtickets, die uns von der Schweiz zurück nach Hause bringen sollten. Bezahlen musste man erst bei tatsächlicher Buchung und so bekamen wir ganz leicht ein zweiwöchiges Visum für die Schweiz. Das zweite Problem tauchte erst auf, als wir das Visum bereits hatten. Wir wollten und konnten ja gar nicht in die Schweiz fliegen, sondern wir mussten mit dem Zug fahren, weil das billiger war. Das bedeutete, durch Österreich zu fahren, was wiederum hieß, dass wir auch ein Transitvisum für Österreich brauchten! Wir gingen zur österreichischen Botschaft, und nach ein paar Stunden war auch das erledigt – wir hatten ja bereits ein Visum für die Schweiz und eine Rückflugbestätigung von dort obendrein! Nun brauchten wir nur noch die Zugtickets nach Zürich, aber beim Kauf derselben tat sich ein drittes Hindernis auf: Man machte uns darauf aufmerksam, dass wir Ungarn nicht verlassen konnten, ohne wenigstens eine Nacht in einem Hotel oder in einer Pension verbracht zu haben, weil das Gesetz in Ungarn damals angeblich nach einem Stempel im Pass von einem Hotel oder einer Pension verlangte, der zeigte, dass man eine Unterkunft dort hatte. Sonst würde man bei der Ausreise Schwierigkeiten bekommen. Also mussten wir einen Teil unseres sorgsam gehüteten Ersparten für wenigstens einen Tag bzw. eine Nacht in einer Pension ausgeben. So schmerzlich es auch war, das Geld dafür ausgeben zu müssen, so herrlich war es, wieder einmal in einem weichen Bett zu schlafen und unter einer Dusche zu stehen! Wir hatten mehrere Tage lang nicht mehr geduscht und uns nur notdürftig in der Toilette am Bahnhof gewaschen. Wir nahmen außerdem den hilfsbereiten jungen Mann mit ins Zimmer, weil auch er seit Wochen nicht mehr in einem Bett geschlafen und ebenso lange keine Dusche mehr gesehen hatte.

Visum Ungarn

Nun hatten wir Visa für beide Länder, waren ausgeruht und erfrischt und hatten noch etwas Geld, also wollten wir zu dritt feiern. Wir gingen in ein Grill-Restaurant und kauften drei Grillhendl, ein ganzes für jeden von uns! Wir aßen und tranken viel und vergaßen dabei für eine Weile, dass wir noch lange nicht am Ziel waren. Nach diesem luxuriösen Abend, der Nacht in der Pension, den Zugtickets und den Visa für zwei Länder hatten wir nur wenig mehr als hundert Dollar übrig. Aber wir fuhren ja in den Westen, also gaben wir unserem netten Freund, der uns so gut beraten hatte, noch 50 Dollar und hatten somit vor unserer Abfahrt selber nur noch etwas mehr als 50 Dollar in der Tasche, obwohl wir noch nie in der Schweiz gewesen waren, niemanden dort kannten und nicht wussten, wo wir wohnen sollten oder wie wir zu essen kommen würden – aber das war noch Zukunftsmusik.

Visa Schweiz und Österreich (unten)

BUDAPEST – WIEN

Wir waren überglücklich, auch wenn wir nicht wussten, wohin es uns noch verschlagen würde und was uns erwartete. Der Zug von Keleti Pu nach Wien war ziemlich leer, also hatten wir ein Abteil nur für uns allein. Wir saßen da, aufgeregt und zuversichtlich, und redeten und planten, was wir alles in den USA bzw. in Kanada machen würden und dass wir bald wieder nach Nigeria zurückkehren wollten, sobald sich die Lage verbessert hätte, wenn die Militärs die Macht verloren hätten und wir Geld – sehr viel Geld – im Ausland verdient hätten! Wir waren im siebten Himmel, als sich ein etwa dreißig Jahre alter Mann zu uns setzte. Victor und ich schauten uns ein wenig verärgert an, da er unsere Privatsphäre störte und uns bei unserem Pläneschmieden unterbrach.

Seit unserem Aufbruch in Lagos hatten wir immer einen Schutzengel bei uns gehabt: auf dem Flughafen in Lagos mit dem Soldaten, der uns geholfen hatte, in der Budapester Straßenbahn, am Ostbahnhof Keleti Pu in Gestalt des jungen Nigerianers. Auch bei der Visa- und Passbeantragung in Nigeria hatte ich keine Probleme gehabt, weil ich immer wieder auf Menschen gestoßen war, die mir – ohne Geld zu verlangen – geholfen hatten. Und nun saß da dieser Fremde, der sich eigentlich überall hätte hinsetzen können, weil der Zug fast leer war. Wir ahnten in diesem Augenblick nicht, dass der Mann, der gerade neben uns Platz genommen hatte, dabei war, unsere ganzen Pläne über den Haufen zu werfen und unser ganzes Leben zu verändern. Er fragte uns, woher wir waren, wohin wir reisten und was wir wollten.

Ich sagte ganz stolz, dass ich in die USA wolle und nur in die Schweiz fahre, um dort auf meinen „Bruder" zu warten, und Victor meinte, er wolle nach Kanada.
„Warum denn so kompliziert?", fragte er. „Ich komme aus Rumänien. Ich bin geflüchtet und möchte nach Australien! Ich fahre nach Österreich, um von dort zu fliegen, denn es gibt dort einen Verein, der uns dabei helfen kann, weiterzufliegen."
„Weiterzufliegen – egal wohin?", horchte ich auf.
„Ja", sagte er, „solange du Freunde oder Verwandte in den USA, Kanada oder Australien hast, ist das kein Problem."
„Na, wenn das so ist, wozu noch in die Schweiz, wenn wir doch diese Hilfe in Österreich finden können?"
Wir wurden sofort Freunde und beschlossen, gemeinsam in Wien auszusteigen und gleich in der Früh diesen Verein aufzusuchen, von dem wir nie zuvor etwas gehört hatten. Wir kamen nachts gegen 23 Uhr am Südbahnhof an und hatten schon ganz vergessen, dass unser Visum für Österreich ein Transit-Visum und nur für einen Tag gültig war!

Wieder mussten wir auf einem Bahnhof übernachten, diesmal aber auf dem Wiener Südbahnhof, und wir waren voller Begeisterung und Vorfreude, denn wir waren überzeugt, dass wir bald im Flieger nach Übersee sitzen würden. Mein „Bruder" in den USA war ja jederzeit bereit, für mich und meinen Aufenthalt in den Staaten zu bürgen. In der Früh sperrte der Rumäne seinen Koffer in ein Gepäckschließfach am Bahnhof. Weil Victor und ich ohnehin keinen großen Koffer, sondern nur unser Handgepäck hatten, nahmen wir es mit, gingen nach draußen und waren ganz überrascht, als der Mann aus Rumänien sich niederkniete, den Boden küsste und sagte: *„Danke lieber Gott, ich bin endlich im Westen!"* Zu dritt fuhren wir dann mit einem Taxi zu jenem Verein, der uns helfen sollte, weiterzufliegen.

TRAISKIRCHEN

Es stellte sich heraus, dass der Verein, von dem der Rumäne gesprochen hatte, Amnesty International war! Der Berater war sehr nett und fragte uns, woher wir kämen, wie viel Geld wir bei uns hätten, wohin wir wollten und was er für uns tun könne. *„Ich bin aus Rumänien geflüchtet"*, sagte unser Freund, *„und ich möchte nach Australien." „Ich möchte in die USA"*, sagte ich, *„und mein Freund hier nach Kanada."* Der Amnesty-Berater warf einen Blick in unsere Pässe und meinte, wir hätten bereits ein kleines Problem, denn unsere Visa für Österreich seien um kurz nach Mitternacht abgelaufen und wir wären eigentlich illegal in Österreich. Wir könnten versuchen, in die Schweiz weiterzufahren, aber wenn man im Zug unsere Pässe kontrollieren würde ... Das Beste wäre, nach Traiskirchen zu fahren, denn dort könne man uns weiterhelfen. *„Geht einfach hinaus, nach rechts, und dann seht ihr viele Busse. Der gelbe oder grüne bringt euch dann nach Traiskirchen."* Unser neu gewonnener Freund aus Rumänien musste leider zurück zum Südbahnhof, um seinen Koffer zu holen, aber er meinte, er würde nachkommen. Als wir, die Bushaltestelle suchend, schon auf dem Weg in die falsche Richtung waren, wurden wir von einem freundlichen Mann angehalten: *„Hey Africans! Where do you come from? Are you students?"* Wir zeigten ihm den Notizblock-Zettel, den wir bei Amnesty International bekommen hatten und auf dem irgendetwas stand, das wir nicht lesen konnten. Er las und sagte zu uns: *„Kommt mit, ich bringe euch zum Bus."* Der Bus war leer und der Mann ging sofort zum Busfahrer: *„Hier sind zwei arme Studenten aus Afrika, und sie wollen nach Traiskirchen. Können Sie sie mitnehmen? Sie haben nämlich kein Geld!"* Der Fahrer schaute ihn, dann uns an und sagte: *„Steigt ein – ihr müsst nicht zahlen."* So wurde es uns zumindest übersetzt, als wir ihn auf Englisch fragten, ob wir kein Ticket bräuchten. Der Bus war fast leer, und als wir das Stadtgebiet von Wien verließen, waren wir nur mehr die einzigen Fahrgäste.

In Traiskirchen angekommen, blieb der Busfahrer stehen, machte die Tür auf und zeigte wortlos auf ein Gebäude. Vor dem Gebäude waren unglaublich viele Menschen aus Afrika, Asien, Osteuropa oder anderen Gegenden der Welt. Sie saßen alle herum, und man konnte ihnen deutlich ansehen, dass es ihnen nicht besonders gut ging. Panik erfasste uns. Es war immer noch April, für uns viel zu kalt, und ich trug immer noch meinen weißen Smoking, der wohl nicht mehr ganz so weiß war. *„Was machen wir hier?"*, fragten wir uns ängstlich. *„Warum sind hier so viele Menschen draußen mit Decken und Taschen?"* Es war klar, dass sie dort im Freien aßen und schliefen! Der Rumäne, der einzige Europäer, den wir kannten, war längst weg und wir waren nicht mehr sicher, ob er jemals in Traiskirchen ankommen würde! Mit klopfendem Herzen betraten wir das Gebäude:
„Hello", sagten wir.
„Hello. Do you have papers, documents, haben Sie Ausweise?"
Ich gab dem Mann, der gefragt hatte, unsere beiden Pässe. Ein Fehler, wie sich später herausstellen sollte, denn wir sahen diese Pässe für eine sehr lange Zeit nicht wieder.
„Sehr gut", sagte er und bat uns, Platz zu nehmen. Wir warteten, bis er alles, was er über uns wusste, in seinen Computer eingetragen hatte.

Kurz darauf bekamen wir jeder eine Tüte folgenden Inhalts: zwei Stück Brot, Radieschen, Tomaten und zwei Blätter Schinken. Das, so erfuhren wir später, war unser Abendessen. Na toll! Schon wieder kaltes Brot und zwei Blätter fast rohes Fleisch! Nach einer Ewigkeit – so schien es uns zumindest – brachte uns ein Beamter in den vierten oder fünften Stock und wir durften dieses Stockwerk nicht verlassen, bis wir untersucht und durchsucht worden waren. Wir waren quasi in Quarantäne! Danach brachte man uns in einen Schlafsaal. Wir wohnten mit vielen Menschen aus verschiedensten Ländern zusammen in einem großen Raum voller Stockbetten. Es war uns aber ganz egal, denn wir hatten zumindest jeder ein eigenes Bett – ich schlief unten und Victor über mir. Und wir wussten, dass wir am nächsten Morgen etwas zu essen bekommen würden – wohl wieder Schwarzbrot, aber es würde zusätzlich warmen Tee und Kaffee geben!

Ich fragte einen Mitbewohner, warum denn so viele Menschen draußen säßen und lägen, und er meinte, dass sie alle keine Papiere hätten und deshalb nicht ins Lager dürften, weil es schwierig sei, ihre Identität und Herkunft festzustellen. Doch das müsse man, bevor man sie ins Lager ließe. *„Gott sei Dank, da haben wir Glück gehabt!"*, dachte ich bei mir, aber schon ein wenig später sollte sich diese Einschätzung ändern.

Nach ein paar Tagen und vielen weiteren Untersuchungen durften wir mithilfe eines Dolmetschers, den wir so gut wie nicht verstanden, unsere Geschichten erzählen – warum wir in Österreich waren und was wir vorhatten. Es wurde viel geredet, die Hälfte wurde nicht verstanden, und am Ende musste ich unterschreiben, und es hieß, in spätestens einer Woche würden wir in eine Pension geschickt werden und könnten darauf hoffen, dass unsere „Fälle" positiv entschieden würden. Mir war im Grunde alles egal, denn ich wollte ja ohnehin nicht bleiben, sondern weiter nach Amerika. Ich wollte sowieso nur warten, bis mich mein „Bruder" abholte. Ich sah mich nicht als Flüchtling und hatte auch nie einer werden wollen!

Wir durften dann hin und wieder rausgehen, andere Menschen treffen, und es gab viele Vereine und NGOs, die versuchten, die Freizeit mit uns zu gestalten. Man konnte sich dadurch im Lager frei bewegen und Menschen aus verschiedenen Ländern wie den USA, Schweden, Finnland oder den Niederlanden kennenlernen. Und tatsächlich gab es Vereine, die versuchten, Menschen zu unterstützen, damit sie weiter nach Amerika oder Australien reisen konnte. Diese Unterstützung galt aber nicht für Menschen aus Afrika, wie sie sagten. Es hieß, dass es auch Stellen in Afrika gäbe, die dort die gleiche Arbeit machten. Ich könnte deshalb wieder zurück nach Afrika fliegen und von dort aus versuchen, nach Amerika zu gelangen. Wie sollte das denn gehen, wenn wir nicht einmal wussten, was mit uns geschehen würde, wenn wir wieder auf nigerianischem Boden landeten? Wir blieben also in Traiskirchen und hofften.

Wir hatten dort zwar keine Arbeit, aber wir waren irgendwie frei und konnten uns im und rund um das Lager bewegen, allerdings durften wir den Bezirk Baden nicht verlassen.

Wir waren fürs Erste einmal ganz zufrieden und schöpften wieder Hoffnung, dass wir Kanada und die USA doch noch erreichen würden. Als ich wieder mit meinem „Bruder" aus Amerika telefonierte, meinte er: *„Kein Problem, ich werde mir etwas einfallen lassen. Du bist wenigstens im Westen und in einem sicheren Land. Es kann nur besser werden."* Wir hatten ein Bett, zwar mit 20 oder 30 Leuten in einem Schlafsaal, aber wir bekamen drei Mal am Tag warmes Essen und waren „frei". Was will man mehr? Wir wussten nur nicht, wohin man uns später schicken würde.

Anfangs schien alles gut, wir waren in Sicherheit, waren mit dem Notwendigsten versorgt, doch langsam begann die Ungewissheit unseres Schicksals uns zu beunruhigen. Das Schlimmste war, ich war in Nigeria immer sehr beschäftigt gewesen: Schule, Unterrichten, Nachhilfeschule ... und jetzt? Jetzt konnte ich nur herumsitzen, herumgehen und grübeln, ohne zu wissen, was mit mir passieren würde, wann etwas passieren würde – ohne eine Möglichkeit, selbst zu handeln und ohne Perspektive.

Nach mehr als einer Woche im Lager Traiskirchen und kurz bevor wir in eine Pension überstellt werden sollten, wurde mein Freund Victor sehr krank! Er konnte plötzlich nicht mehr aufstehen und schon gar nicht gehen. Was nun? Im Parterre war das Sprechzimmer eines Arztes, also musste ich Victor auf meinem Rücken vom vierten Stock ins Erdgeschoß hinuntertragen, denn es gab keinen Lift! Er weinte und jammerte und ich mit ihm. Was für ein Pech! Wir waren im Westen, hatten ein Bett, mit WC und Dusche, konnten uns satt essen und jetzt war Victor sehr krank, und wir hatten nur mehr höchstens 30 Dollar in der Tasche! Das war für uns sehr beängstigend, denn medizinische Behandlungen kosten in Nigeria sehr viel Geld. Victor war so schwach, dass er fast nicht mehr ansprechbar war. Am unteren Ende seiner Wirbelsäule hatte sich ein eitriges Geschwür gebildet. Der Arzt verständigte sofort die Rettung, und Victor wurde umgehend ins Krankenhaus nach Baden gebracht. Victor wurde auf der Stelle operiert, sonst wäre er angeblich innerhalb von ein paar Tagen gestorben, hieß es. Wie bitte? Was hätte ich seinen Eltern erzählen sollen? Für mich war es sehr wichtig gewesen, nicht allein auf diese Reise zu gehen, denn bei uns sagt man:

Es ist nicht gut, sich ohne einen Freund oder Begleiter auf den Weg zu machen, denn dann hat man keinen, zu dem man sagen kann ‚Ich fürchte mich', ‚Es geht mir nicht gut' oder ‚Ich bin müde'.

Während ich auf Victor wartete, musste ich unwillkürlich an die Begegnung mit seinem Vater denken. Sein Vater war ein Polizeiinspektor, den ich erst kurz vor unserer Abreise kennengelernt hatte. Victor und ich waren zusammen in Lagos gewesen, um die Flugtickets zu kaufen, weil sie dort billiger waren als in Benin City. Wir wollten nicht in Lagos übernachten, da wir das Geld lieber für unsere Reisekasse sparen wollten. Wir machten uns um fünf Uhr früh auf nach Lagos, kauften dort die Tickets und kamen am nächsten Tag um zwei Uhr früh wieder in Benin City an. Vom Busbahnhof gingen wir zu Fuß nach Hause. Victors Haus lag auf dem Weg zu meinem, und weil es viel zu spät war, und ich um diese Zeit nicht alleine nach Hause gehen wollte, musste ich bei Victor übernachten. Sein Vater war nicht begeistert, dass wir uns getraut hatten, so spät in der Nacht noch von Lagos zurück nach Benin zu fahren, denn diese Strecke gilt als gefährlich und Fahrgäste werden oft unterwegs ausgeraubt.

Mit strenger Stimme wollte er von mir wissen: *„Was habt ihr eigentlich vor?"*
„Ehm, wir waren in Lagos und haben das Ticket für unsere Reise nach Europa gekauft."
„Warum das denn??"
„Wir möchten weg von Nigeria und versuchen, in Amerika Fuß zu fassen, um weiterzustudieren."
„Habt ihr ein Visum für Amerika?" Es wurde fast zu einem Verhör. Wir waren müde und wollten sofort ins Bett, aber er hörte nicht auf, Fragen zu stellen, und wir wagten es nicht, schlafen zu gehen.
„Nein, für Ungarn."
„Was hat Ungarn mit Amerika zu tun? Ist Ungarn nicht in Europa?"
„Ja, aber wir konnten das Visum für Amerika nicht bekommen und wir hatten Angst, dass uns etwas passieren würde wegen der Demonstrationen. Wir möchten Nigeria so schnell es geht verlassen, egal wohin, und von dort ist es vielleicht leichter nach Amerika weiterzureisen."
„Aha", sagte er. *„Euer Motto ist also:* **Besser mit drei Sprüngen ins Ziel kommen, als sich mit einem das Bein brechen."**

„Ja", sagten wir.
„Also", sagte er. „*Habt ihr Geld? Und wo wollt ihr in Ungarn wohnen? Wovon wollt ihr in Europa leben, bevor ihr nach Amerika weiterreist? Und glaubt ihr, dass Amerika auf euch wartet? Was genau habt ihr vor?*"

Ich kam mir vor, als wäre ich vor Gericht und schaute immer wieder zwischen Victor und seiner Mutter, die auch dabei stand, hin und her und hoffte, dass die Mutter vielleicht eingriff!

„Ich kenne niemanden in Ungarn", sagte ich. *„Aber Victor hat gemeint, er kennt einen Schulfreund, der in Budapest studiert."*
„Victor, stimmt das?"
„Ja", sagte er, noch ängstlicher als ich. *„Ich habe diesen Freund schon sehr lange nicht gesehen, aber ein Bekannter hat gesagt, dass es dem Freund in Ungarn sehr gut geht und dass er schon vielen Menschen geholfen hat."*
„Aha, habt ihr versucht, diesem Freund einen Brief zu schreiben oder ihn zumindest telefonisch zu erreichen?"
„Nein, brauchen wir nicht. Erstens würde es viel zu lange dauern, bevor wir eine Antwort auf den Brief bekommen und zweitens ist Telefonieren viel zu teuer. Außerdem arbeitet er immer bis spät in die Nacht und schläft morgens sehr lange oder geht am Tag zur Uni. Man hat mir versichert, dass der Freund sehr nett und hilfsbereit ist."
„Was macht ihr, wenn ihr diesen Freund nicht findet?", forschte er, ganz in Polizistenmanier, weiter.
Wir schauten ihn nur mit großen Augen und hängenden Schultern an.
„Und was ist mit Geld? Habt ihr genug?", fragte er weiter, denn er habe keine Lust, seinem Sohn eine so sinnlose Reise zu finanzieren, weil er sicher sei, dass man uns gleich wieder nach Hause zurückschicken würde.
Dann schaute er mich durchdringend an und sagte mit einem drohenden Unterton: *„Ich kenne dich nicht, aber wehe, meinem Sohn passiert irgendetwas. Dann brauchst du dich in Benin nie mehr blicken lassen. Schau, dass ihm nichts zustößt, sonst wirst du mich kennenlernen. Und wer ist überhaupt dein Vater in dieser Stadt? Wie heißt dein Vater?"*
„Ohenhen Pius", sagte ich verwirrt und unsicher.
„Ohenhen ..." Er dachte länger nach. *„Welcher Ohenhen? Wie begrüßt sich deine Familie in der Früh?"*

„*Layede!*", sagte ich.

„*Was?*", rief er überrascht aus. „*Dann bist du der Sohn meines Bruders!* („Bruder" kann, wie schon gesagt, auch Cousin bedeuten.) *Siehst du? Blut ist dicker als Wasser. Ihr habt euch gefunden.*" Er befahl uns niederzuknien und betete für uns im Namen der Ahnen, im Name des Obas (des Königs) und im Namen Gottes. „*Ihr werdet hingehen und in Frieden zurückkehren, und es wird euch nichts passieren.*"

Am nächsten Tag war er mit seiner Frau bei uns zu Hause, um meine Eltern kennenzulernen. Und so wurden Victors Familie und meine Familie Freunde, und das ist bis heute so. Die verlorenen Familienmitglieder hatten sich wiedergefunden. Victors Vater war nach dem Tod meines Vaters – vier Monate nach meiner Abreise im August 1989 – bis zu seinem Tod im Jahr 2010 wie ein Ersatzvater für meine Familie.

BEGRÜSSUNGEN
BEI DEN VERSCHIEDENEN STÄMMEN DER EDOS

Um diese Geschichte mit Victors Vater besser verstehen zu können, muss man einiges über die Kultur und Traditionen der Edos, der Volksgruppe, der ich angehöre, wissen. Die Edos leben im Gebiet des früheren Königreichs Benin, nicht zu verwechseln mit dem heutigen Nachbarstaat Nigerias, der Republik Benin.

Begrüßungen sind in der Kultur der Edos sehr wichtig. Jeder zu den Edos gehörige Familienstamm hat einen eigenen Morgengruß, an dem man die Familienzugehörigkeit erkennen kann. Diese Begrüßungsformen innerhalb einer Familie gehen mehrere Generationen zurück und wurden schon in der Vergangenheit über die männlichen Stammesmitglieder weitergegeben – Frauen übernehmen den Gruß aus der Familie ihres Ehemannes. Ein gängiges Sprichwort in Benin bedeutet übersetzt, dass diejenigen, die keinen Familiengruß kennen, entweder Fremde oder Unfreie sind. Aber sogar wenn sie Unfreie waren, nahmen sie den Familiengruß ihrer Herrschaft an. Im Gebiet des ehemaligen Königreichs Benin gibt es circa 56 dokumentierte Familienstämme, und so weiß man bis heute, aus welchem Familienstamm jemand kommt, wenn man diese Begrüßungsformeln hört. Mitglieder desselben Familienstamms sind verpflichtet, einander zu helfen und dürfen untereinander nicht heiraten.

Während es für alle Edos gültige Begrüßungen gibt wie „*Ọbowiẹ*" (Guten Morgen), „*Ọbavan*" (Guten Tag), „*Ọbota*" (Guten Abend) und „*Koyo*" (Hallo), gibt es ganz individuelle Grußformeln für jede der dokumentierten 56 Familien des Benin Königreichs.

So begrüßen sich die Nachfahren der königlichen Familie aus der ersten Periode des Königreichs morgens mit „*Delaiso!*" (oder kurz „*Laiso!*"), die Nachfahren der Königsfamilie aus der zweiten Periode mit „*Lamogun!*"

Bei manchen Begrüßungen kann man auch an einzelnen Silben den Namen des ursprünglichen Stammesoberhauptes erkennen. So begrüßen sich etwa die Mitglieder des Familienstamms von Umodu mit „*Lamodu!*" oder die Mitglieder der Familie des Emezi mit „*Lamezi!*" oder des Akpan mit „*Delakpan!*".

Der Oba von Benin beim Igue-Fest

Mein Familienstamm geht zurück auf unseren Urahn, das Stammesoberhaupt Iyase of Uselu, und wir begrüßen einander in der Früh mit „*Layede!*"

Diese Morgenbegrüßung folgte auch bei uns noch einem strengen Ritual, und als Erster musste auf diese Art unser Vater als Oberhaupt der Familie begrüßt werden. Tat man das nicht gleich bei der ersten morgendlichen Begegnung, kam es einer Respektverweigerung und Beleidigung gleich.

Dann mussten alle die erste Frau – also meine Mama – begrüßen. „Alle" bedeutet auch die zweite Frau, danach wurde diese als Mama bzw. Stiefmama begrüßt, dann die ältesten Geschwister – ich als ältester Sohn zuerst, dann meine ältere Schwester Lizzy und dann weiter abwärts bis zu den Jüngsten der Familie.

Das gleiche Ritual spielte sich nach jeder Mahlzeit ab. Auch nach dem Essen werden formelhafte Dankesworte gesprochen, unterschiedlich je nach Alter und Geschlecht.

So gibt es den Dankesgruß „*Kada*", der an das Oberhaupt der Familie gerichtet ist. Er ist hergeleitet von der Phrase „*Ko diare*", was wiederum eine Abkürzung eines Segenswunsches ist, der übersetzt bedeutet: „*Du hast Wohlstand geschaffen, mögest du lang leben, um ihn zu genießen.*" Das männliche Familien-

Andreas Hennefeld, Mutter und Geschwister in Benin City

oberhaupt sorgt für Nahrung, ein Dach über dem Kopf und für die Sicherheit aller im Hause. Mit „*Kada*" grüßen die Söhne der Familie und wünschen dem Vater ein langes Leben, damit er die Früchte seiner Arbeit genießen kann.

Mit „*Bukpe*" danken die Töchter der Familie nach einem Mahl. Der zugrundeliegende Segenswunsch bedeutet in etwa das Gleiche wie „*Kada*", und mit „*Erhe ghi gbue*" danken die Ehefrauen des Familienoberhaupts. Ihr Segenswunsch gilt ihrem Ehemannn und allen anderen Mitgliedern der Familie, die älter sind als sie. Die Bedeutung des vollständigen dazugehörigen Satzes lautet: *„Mögest du nicht das Opfer derer werden, die dir Böses wünschen und die dir nicht vergönnen, die Früchte deiner Arbeit zu genießen."*

Ohne die für unsere Familie typische Begrüßung in Edo hätten Victor und ich nie herausgefunden, dass wir zum selben Familienstamm gehören, dass wir „verwandt" sind – in welcher Form auch immer.

GERTRUDE HENNEFELD

Victor war also sehr krank und hätte sterben können, doch wie so oft kam mir wieder einmal der Zufall (mein Schutzengel?) rettend zu Hilfe. Schon bisher waren meine ganze Reise und die weiteren Entwicklungen in Österreich eine Verkettung von schicksalhaften Zufällen gewesen: Als ich weg wollte, lernte ich Victor während der Reisevorbereitungen kennen, denn wir beide suchten Menschen, die uns bei der Beantragung des Visums helfen könnten. Dann fanden Victor und ich heraus, dass unsere Ziele nicht weit auseinanderlagen und wir beschlossen, gemeinsam zu reisen. Ohne Victors Verwandten, den Soldaten, wäre ich vielleicht auf dem Flughafen in Lagos zurückgeblieben, ohne den Ungarn im Bus wären wir vielleicht nicht in Keleti Pu gelandet und wir hätten den jungen Mann, der uns mit Rat und Tat beistand und uns zu den zwei Botschaften von Österreich und der Schweiz begleitet hatte, nicht kennengelernt. Ohne den Rumänen im Zug wären wir weiter in die Schweiz gefahren, und wer weiß, was dort alles hätte passieren können: Abschiebung nach Ungarn oder sogar nach Nigeria, und wir wären nie in Traiskirchen gelandet.

Ich saß damals also an Victors Krankenbett, schaute ihn sorgenvoll an und fragte mich zum wiederholten Male, ob es wirklich das Beste gewesen war, Nigeria so ohne Plan zu verlassen. Im Nachhinein erschien es mir eigentlich zu überstürzt und unüberlegt, ohne wirkliche Kontakte, mit sehr wenig Geld und mit einem Visum für nur einen Monat wegzugehen und die Familie und einen Job zurückzulassen, den ich vielleicht nie mehr zurückbekommen würde! Aber es hatte doch immer geheißen: *„Du musst weg von hier"* und *„In Amerika ist alles sehr einfach, denn es gibt genug Arbeit und dein ‚Bruder' wird dir helfen."*

Was konnte ich tun, wenn Victor wirklich sterben würde? Ich wollte Traiskirchen auf keinen Fall ohne ihn verlassen und in die Pension übersiedeln. So blieb ich bei ihm und wartete. Man nannte uns damals „Bundeskinder", und mit der Lagerkarte, die wir erhalten hatten, konnte Victor behandelt werden. Bei der Operation entfernte man den Tumor nahe der Lendenwirbelsäule, und es entstand ein „Loch" so tief, dass mein Mittelfinger hineingepasst hätte. (Drei Monate später, als wir Traiskirchen schon verlassen hatten, bildete sich das Geschwür leider erneut, und Victor musste noch einmal operiert werden.) Zwei Mal am Tag fuhr ich mit der Lokalbahn zum Krankenhaus, um Victor zu besuchen. Am ersten Tag kaufte ich mir eine Tageskarte, mit der ich auch die restlichen Tage fuhr – natürlich „schwarz", weil ich unser letztes Geld nicht dafür ausgeben wollte. Obwohl Victor fast zehn Tage im Spital blieb, wurde ich Gott sei Dank kein einziges Mal erwischt, denn die Kontrolleure trugen damals noch eine Uniform, sodass man sie sofort erkennen konnte, wenn sie einstiegen.

So vergingen die Tage. Meine einzige Beschäftigung war das Hin- und Herfahren zum Krankenhaus und zurück, das Herumgehen im Lager, die NGOs zu besuchen und immer über das Gleiche zu reden. War das nun die Endstation in Europa? Ich konnte nicht einmal mehr meinen „Bruder" anrufen, weil ich kein Geld mehr fürs Telefonieren hatte. Er wusste aber nicht, wie und wo er mich erreichen konnte. Ich musste gegen die aufkeimende Angst und Resignation ankämpfen und mir selbst immer wieder Mut zusprechen, denn: **Wer keinen Mut zum Träumen hat, der hat auch keine Kraft zum Kämpfen!**

Eines Tages ging ich in die evangelische Kirche neben dem Lager, weil Victor noch immer im Krankenhaus lag und ich das Lager ohne ihn nach wie vor nicht verlassen wollte. Ich suchte Ruhe, wollte in mich gehen und ein wenig beten. Bevor ich von Nigeria wegging, war ich sehr gläubig gewesen. Ich war drei Mal pro Woche in die Kirche gegangen: mittwochs, freitags und sonntags. Ich hatte sogar einmal mit dem Gedanken gespielt, Priester zu werden! Ich war damals viel gläubiger, als ich es heute noch bin, betete und fastete, las regelmäßig die Bibel und ging sogar hin und wieder von Haus zu Haus, um zu predigen und die Menschen für die Kirche zu gewinnen, und ich wusste, dass ich nun in der Kirche Trost finden würde. In Nigeria sagt man: **„Wenn du nicht mehr weißt, wohin du gehen sollst, halte inne und schau zurück, woher du gekommen bist!"**

Genau das tat ich. Ich saß dort in der Kirche und weinte, dachte an mein Leben, meine Kindheit, meine Eltern, an meinen Vater, der vor meiner Abreise gesagt hatte: *„Du hast ein Visum für Ungarn! Was willst du dort im Ausland? Du kennst dort niemanden, kannst die Sprache nicht. Was willst du dort arbeiten? Die Teller von Weißen waschen und ihre Klos und Fenster putzen?"* Ich dachte an meine Schule und die vielen Kinder, von denen ich mich nicht verabschiedet hatte, an das (für mich damals) viele Geld, das ich so lange gespart hatte und das nun beinah aufgebraucht war. Ich dachte zurück an Budapest, an die Abreise in Lagos und vor allem dachte ich – wie heute hin und wieder noch – an die Nacht vor der Abreise, an das Lied, das ich in dieser letzten Nacht in der Wohnung einer Freundin meiner Schwester Lizzy, die mich zum Flughafen nach Lagos begleitet hatte, gehört hatte. Die Freundin hatte dieses Lied in meiner Muttersprache Edo fast die ganze Nacht durch auf ihrem Kassettenrekorder wieder und wieder gespielt. Warum, weiß ich bis heute nicht, aber dieses Lied sollte mich immer begleiten:
„In der Früh geh ich auf die Knie, zu Mittag und am Abend mache ich dasselbe. Lieber Gott, lass all mein Leiden nicht umsonst gewesen sein. Ich bin in der Welt sehr viel und lange allein unterwegs, bitte lass alles nicht umsonst gewesen sein und lass mich bitte nicht zu früh sterben, damit ich die Früchte meines Leidens ernten und genießen kann."

Ich saß auf der Kirchenbank, dachte an Victor, an das Lied und an das nigerianische Sprichwort: **„Die kleinen Sterne scheinen immer, während die große Sonne oft untergeht"** und weinte, als plötzlich eine Frau auf mich zukam – eine schlanke, große Frau mit ganz kurzen Haaren, die sich zu mir setzte und mich fragte, was ich da tue und warum ich weine.

„Du bist in der Kirche. Friede sei mit dir! Was ist los? Es kann doch nicht so schlimm sein", sagte sie und lächelte.

Ohne zu zögern erzählte ich ihr von meiner misslichen Lage, von meinen Problemen und meiner Hoffnungslosigkeit und von meinem Freund, von dem ich nicht wusste, ob er überleben oder sterben würde!

Sie saß da, hörte mir zu und sagte dann lächelnd:
„Ich bin Pastorin Christine Hubka und ich leite diese Kirche. Weißt du was?

Victor (ganz rechts) und ich beim ersten Deutschkurs

Wir haben vor Kurzem eine Anwältin angestellt. Sie heißt Dr. Gertrude Hennefeld, und sie ist da, Menschen wie dich zu beraten und zu unterstützen. Sie kommt drei Mal in der Woche, und wenn du willst, komm wieder am Mittwoch oder Freitag und vielleicht kann sie dir helfen. Weißt du", sagte sie, „du bist im Haus Gottes und das heißt Vertrauen und Hoffnung."

In dem Moment fühlte ich, dass ich wieder eine Freundin gefunden hatte, denn es war, wie wir in Nigeria sagen: **„Ein Freund ist jemand, dem man den ganzen Inhalt seines Herzens reichen kann, weil man weiß, dass er ihn mit zärtlicher Hand annehmen und sichten wird."**

Ich war sicher, die Pastorin würde mit dieser Frau Dr. Hennefeld über mich reden und schöpfte wieder Kraft und Hoffnung. Pastorin Christine zeigte mir ihre Bibliothek und gab mir einige englischsprachige Bücher mit. Ich hatte ja ohnehin nichts zu tun, also las ich von morgens bis abends alle Bücher so schnell ich konnte und ging wieder hin, um neue zu holen. Diesmal lud sie mich in ihr Haus ein, stellte mir ihre zwei Töchter vor, und ich bekam sogar etwas zu trinken! Was für eine große Freude! Wir redeten über dieses und jenes, und diesmal durfte ich selber in die Bücherregale schauen und Bücher, die mir gefielen, mitnehmen. Ich war sehr überrascht, wie viele Bücher sie auf

Englisch hatte! Wenn ich mich noch richtig erinnere, so glaube ich, dass ich zwei Mal in der Woche zur Pastorin auf Besuch ging, und jedes Mal lud sie mich in ihr Haus ein. Ich freute mich immer schon auf die Gespräche und den Tee, den ich bekomme würde.

An einem Mittwoch oder Freitag ging ich wieder in die Kirche und traf dort endlich Frau Dr. Hennefeld. Ich glaube, ich war einer ihrer ersten Klienten, die sie an ihrer neuen Arbeitsstelle betreute. Sie saß da und lächelte mich sehr freundlich an. Sie fragte nicht die üblichen Fragen: *„Woher kommst du? Warum bist du hier Österreich? Was hast du vor?"*, sondern sagte einfach auf Englisch: *„Was kann ich für dich tun?"*

„Mein Freund ist leider im Krankenhaus, und ich möchte Sie bitten, mir zu helfen, dass wir gemeinsam ins gleiche Heim kommen, und wenn es geht, möchten wir nicht sehr weit weg von Wien sein."

Gertrude und Stefan Hennefeld

„Okay", sagte sie. „Ich werde versuchen, mit den Leuten im Lager zu reden und zu schauen, dass ihr in die Pension Satran oder Neuhaus kommt, und ich werde ihnen sagen, dass du auf deinen Freund warten möchtest." Erst danach fragte sie mich, warum ich überhaupt in Traiskirchen war und was ich mit meinem jungen Leben vorhatte. Ich erzählte ihr das Übliche und dass ich nicht vorhatte, lange in Österreich zu bleiben, weil ich unbedingt nach Amerika wollte. Dann tat sie etwas, das sie – wie sie mir im Nachhinein sagte – selten machte: Es gab zu dieser Zeit noch keine Handys, und sie gab mir nicht nur die Telefonnummer von ihrem Büro, sondern auch ihre private Telefonnummer vom ihrem Zuhause in Wien und sagte: *„Ruf mich an, wenn du etwas brauchst, egal wann."* Ich wusste damals nicht, dass dieses kleine Stück Papier mein ganzes Leben beeinflussen würde.

ALTENMARKT

Victor wurde entlassen, und wir wurden vom Lager Traiskirchen in die Pension Satran in Altenmarkt in Niederösterreich – zwischen Leobersdorf und Sankt Pölten – überstellt. Victor und ich bekamen zusammen ein Zimmer. Wir waren seit mehr als fünf Wochen weg von zu Hause, und unsere Familien hatten noch immer nichts von uns gehört und wussten nicht einmal, ob wir noch am Leben waren oder nicht. In der Pension angekommen, hatten wir nur noch 30 Schilling und wir beschlossen, mit diesem Geld Briefumschläge und Briefmarken zu kaufen, um Briefe nach Nigeria zu schicken, damit unsere Familien wenigstens wussten, dass es uns noch gab. Aber wo sollten wir das Papier hernehmen? Das Geld würde sicherlich nicht mehr reichen, um auch noch Briefpapier zu kaufen. Wir erinnerten uns an die Papier-Handtücher im Klo, die sehr weich waren und beschlossen, darauf unsere ersten Briefe nach Hause zu schreiben. Nachdem wir sie abgeschickt hatten, war unser „Kontostand" endgültig auf null gesunken, und wir warteten, bis wir Taschengeld bekamen. Wir sollten nämlich 800 Schilling für zwei Monate bekommen – 400 Schilling pro Monat! Unsere Briefe nach Hause kamen unterdessen erst nach fast drei Monaten an, nämlich im August 1989, als mein Vater schon auf dem Sterbebett lag.

In der Pension Satran, unserem neuen Aufenthaltsort, hielten sich Menschen aus verschiedensten Ländern auf: aus der Türkei, dem Iran, dem Irak, Palästinenser aus Israel, Menschen aus Osteuropa und viele mehr. Aus Afrika waren am Anfang nur Victor und ich, und nach gut zehn Tagen kamen dann noch

Felix und Samuel dazu. Das Leben in der Pension war nicht leicht, obwohl die Pensionsbesitzerin samt MitarbeiterInnen ihr Bestes taten und alle sehr nett zu uns waren.

So viele Menschen aus verschiedenen Ländern! Wir konnten nicht miteinander reden, aber jeder wusste irgendwie, dass wir alle nicht nur eine lange Reise hinter uns hatten, sondern dass jeder seine eigene Geschichte mit sich trug und nicht nur das – wir alle wussten auch, dass unsere Zukunft völlig ungewiss war. Ich hatte schnell einen Freund aus dem Iran gefunden, etwa neunzehn oder zwanzig Jahre alt, der bereits im Krieg gewesen war und eine Familie in Amerika gefunden hatte, die für ihn ein Visum beantragt hatte. Ich hatte auch einen älteren Freund aus der Türkei – „Ali", der schon sehr lange in der Pension lebte und der unserer Meinung nach „super" Deutsch sprach. Von anderen hörten wir, dass sein Deutsch sehr schlecht war. Er hatte angeblich genug Kontakte, um Österreich zu verlassen, aber es würde sehr viel Geld kosten. Mein iranischer Freund bekam tatsächlich drei Monate später ein Visum für die USA und verließ uns. In der Nacht vor seiner Abreise kochte er noch ein iranisches Abschiedsessen für mich, und gemeinsam weinten wir sehr lange, denn wir wussten, dass wir uns nie wieder sehen würden, aber er tröstete mich mit den Worten: *„Fred, dont worry, your time will also come!"*

Nach zwei Wochen kamen mehr Afrikaner aus anderen Ländern, und für uns wurde es lustiger. Es gab zwar offiziell keine Arbeit – wir durften ja eigentlich gar nicht arbeiten, denn für uns lief ein Asylverfahren – doch es gab hin und wieder Bauern, die in die Pension kamen und nach billigen Arbeitskräften suchten. Die Sekretärin des Hauses fragte uns, ob wir Lust hätten zu arbeiten, und ich war sehr erfreut darüber. Mein erster Job war sehr einfach für mich. Vielleicht, weil ich mich schon nach Arbeit gesehnt hatte oder vielleicht, weil es das erste selbst verdiente Geld in Europa bzw. in Österreich war, das ich im Kopf sofort in nigerianisches Geld, in Naira, umrechnete. Der Bauer fuhr auf dem Acker vor uns her, und Victor und ich mussten die Steine aus dem bereits gerodeten Feld aufheben und in den Traktor werfen. Wir arbeiteten vier, fünf Stunden lang und er gab uns gemeinsam 500 Schilling! Das waren damals fast 40 Dollar! *„Wenn es nur so weitergehen könnte"*, dachten wir, *„dann werden wir bald reich werden."* Aber die Bauern kamen nicht jeden Tag, und außerdem warteten die Mitbewerber aus der Pension meistens schon vor dem Haus und fingen die Bauern draußen ab, weil sie schon länger in der Pension waren und einige der Bauern bereits kannten.

Ich machte durch diese Gelegenheitsarbeiten die Bekanntschaft mit vielen netten Bauersleuten und schätzte die köstliche Verpflegung, die sie uns auftischten. So lernte ich Schweinsbraten, Brathendl, Wiener Schnitzel oder gemischten grünen Salat kennen und freute mich immer schon auf das Essen. Außerdem liebte ich den Geruch von frisch gemähtem Gras und den Duft von Heu. Einer der Bauern war besonders nett und verlangte immer nach mir, denn obwohl wir uns kaum verstanden, lachten wir immer viel: Er machte Witze, die ich meist nicht verstand, und ich lachte immer, als hätte ich alles verstanden. Ich glaube auch, dass ich recht fleißig war. Der Schweinsbraten seiner Frau war vorzüglich und hat mir immer wunderbar geschmeckt – im Gegensatz zu dem Essen in der Pension. Außerdem machte er immer Pausen bei der Arbeit – so viele Pausen, wie ich es vorher nicht gekannt hatte. Er trank dann sein Bier und ich mein Wasser oder meinen Apfelsaft. Eines Tages fragte er mich, ob mir seine Tochter gefalle. Er ging aber noch weiter und fragte eines Tages seine Tochter, was sie wohl von mir hielte, als das arme Mädchen die Teller von unserem Mittagessen abräumte. Leider hab ich nie erfahren, was sie genau darauf geantwortet hat, denn das Englisch des Bauern war nicht so gut, dass er mir alles übersetzen konnte. Jedenfalls nahm die Tochter, schüchtern wie sie war, das Geschirr, entfernte sich verlegen und schaute mir von da an nie mehr in die Augen. Ich aber war sehr gerne und oft bei dieser Familie und ich war dem Bauern dankbar, dass er mich immer sehr großzügig bezahlte. Überhaupt machte ich in den ganzen elf Monaten in Altenmarkt nie eine nennenswerte schlechte Erfahrung. Man muss bedenken, dass das alles im Jahr 1989 passierte und es in Altenmarkt zwar schon viele Asylwerber gab, aber noch kaum Menschen aus Afrika.

Ein anderes Erlebnis, das mir von meinen Jobs in Altenmarkt noch gut in Erinnerung geblieben ist, hatte ich mit einem alten Ehepaar. Sie waren beide bestimmt schon um die 75 oder 80 Jahre alt. Ich sollte ihnen helfen, Blumenbeete anzulegen und einen Zaun aufzustellen. Die alte Frau stand in der Küche, um das Mittagessen zuzubereiten, währenddessen half ich ihrem Mann. Die Arbeit ging langsam voran, denn ich hatte nicht viel zu tun, außer den Draht für ihn zu halten oder die Löcher für die Holzpfosten zu schlagen. Er war ein alter Mann, sprach kein Englisch, und so konnten wir nicht viel miteinander reden, aber wir arbeiteten schweigend und gemeinsam vor uns hin. Zu Mittag wuschen wir uns und setzten uns an den Mittagstisch. Das Essen wurde serviert, und wir saßen da. Die beiden schauten mich erwartungsvoll an und wollten, dass ich zu essen begann. Aber ich war doch der Gast, und sie waren älter als ich! Nach meinem Dafürhalten hätten sie zuerst essen müssen – wieso fingen sie nicht an? Nach einigem Zögern nahm ich schließlich mein Besteck und schnitt mir ein Stück Schnitzel ab. Die beiden beobachteten mich, lächelten und flüsterten miteinander, sodass ich den Eindruck bekam, sie hatten vielleicht nicht erwartet, dass ich mit Messer und Gabel umgehen konnte und waren unsicher, was zu tun sei, wenn ich das Schnitzelfleisch einfach in die Hand genommen und abgebissen hätte …

Jedenfalls schienen sie sehr erleichtert und versuchten, in gebrochenem Deutsch ein Gespräch mit mir zu führen: *„Woher du kommen? Was du machen hier?"* Wir bemühten uns, eine Konversation zustande zu bringen, aber nachdem ich auch nur sehr wenig Deutsch verstand und noch weniger sprechen konnte, leider mit wenig Erfolg. Nach dem Mittagessen arbeiteten wir schweigend weiter, und am Abend brachte mich der alte Mann wieder zurück in die Pension. Die alten Leute bezahlten mir 30 Schilling pro Stunde, das machte fast 300 Schilling für einen Tag – inklusive Pause!

Die Besitzer der Pension, in der wir untergebracht waren, waren sehr freundlich und hilfsbereit, sogar die MitarbeiterInnen hatten fast immer ein Lächeln für uns übrig. Aber mit dem Essen hatten wir nach wie vor so unsere Probleme – doch nicht, weil es zu wenig gewesen wäre. In der Früh zwei Semmeln mit Marmelade und Butter, dazu Kaffee oder Kakao. Daran waren wir nicht gewöhnt, denn zu Hause hatten wir schon in der Früh warme Speisen bekommen. Zu Mittag gab es eine Suppe und eine warme Hauptspeise, und zwei bis drei Mal in der Woche gab es „kein Abendessen", stattdessen ein Paket mit zwei Stück Schwarzbrot, einer Tomate, Radieschen und irgendeinem weichen, übelriechenden, vielleicht – so dachten wir – verdorbenen Käse, den wir leider oft wegschmeißen mussten. Vor diesen Tagen hatten wir immer Angst, weil wir alle, nicht nur die Afrikaner, dann oft mit leerem Magen ins Bett gingen und diese Packerl in der Früh von den meisten Heimbewohnern wieder zurückgebracht wurden.

Das soll nicht undankbar oder unbescheiden klingen, aber die meisten von uns waren mit den Essgewohnheiten und Speisen dieses Landes einerseits noch nicht vertraut, und zum anderen ist anzunehmen, dass in der Pension auf eine möglichst kostengünstige Art der Verpflegung geachtet wurde. Wir erfuhren später, dass viele Pensionsbewohner selber kochten. Für Victor und mich wäre das keine Option gewesen, da wir im Zimmer keine Kochgelegenheit hatten und nicht viel Geld, um uns die entsprechenden Lebensmittel selbst zu kaufen.

Trotz aller Bemühungen der Pensionsbetreiber war das Leben für uns Bewohner nicht einfach. Es gab natürlich nur ein Telefon für alle 20 bis 30 Leute, und wenn ein Anruf kam, egal ob um 18 Uhr oder um 3 Uhr früh, rannte immer jemand zum Telefon und rief ganz laut durch das ganze Haus: *„Afrika!"* oder *„Iran!"*. Manchmal wurde der Telefonhörer sogar wieder aufgelegt, weil die Menschen, die abhoben, nicht verstanden oder genervt oder manchmal verzweifelt waren, weil sie selber auf einen Anruf von ihren Familien warteten und die Leitung nicht blockieren wollten. Auch mein Bruder in den USA hat mir später berichtet, dass Leute einfach aufgelegt haben, wenn er nach uns fragte.

Was noch schlimmer war, wir durften nicht legal arbeiten, es gab keinen Deutschkurs, und wir konnten, abgesehen von gelegentlichen Aushilfsarbeiten, nichts anderes tun als essen und schlafen.

Was also konnten wir in unserer Lage machen, und würden wir je nach Amerika kommen? Wir hatten kein Visum mehr für Österreich und auch keine Pässe, denn die hatten wir in Traiskirchen zurücklassen müssen. Was für ein Schlamassel, denn es gab jetzt viele Menschen, die angaben, dass sie uns helfen könnten, wegzukommen, egal wohin, aber es würde je nach Ziel zwischen 3000 und 5000 Dollar kosten!

Die Wochenenden waren besonders hart. Da konnte man nicht einmal auf irgendeine Art von Schwarzarbeit hoffen. Ich bin von Natur aus ein recht umtriebiger und geselliger Mensch, ich hasse es, mich zu langweilen und brauche unbedingt etwas zu tun! Dazu kam, dass Victor wieder krank wurde, sehr krank sogar, kaum dass wir zwei oder drei Wochen in der Pension waren! Seine Wunde von der Operation war zwar ausgeheilt, aber das Geschwür kam wieder, und der Schmerz war schlimmer als zuvor! Angeblich hatte man nicht das ganze kranke Gewebe entfernt. Victor musste erneut ins Krankenhaus, und somit war der einzige wirkliche Freund, den ich in der Pension hatte, wieder für einige Zeit weg.

Victor und ich hatten zwar Briefe nach Nigeria geschickt, Antworten bekamen wir aber nicht – weder von Victors Familie noch von meiner. Ich war also wieder allein in der Pension, ohne Victor, ohne Arbeit, ohne einen Deutschkurs, mit dem Essen, das mir nicht wirklich schmeckte, und vielen Menschen, die mich kaum verstanden. Außerdem waren viele der anderen Heimbewohner nicht allein, sondern mit ihren Familien hier.

Wieder kam ein Sonntag und man überreichte uns nach dem Mittagessen ein Packerl für den Abend. *„Was mache ich heute wieder?"*, fragte ich mich. *„Victor ist im Krankenhaus, und die anderen sind entweder mit ihren Familien zusammen oder sie sind unterwegs."* Ich ging zu einer Telefonzelle und wählte die Privatnummer von Dr. Hennefeld. Ich hatte, seit wir in der Pension waren, immer wieder mit dem Gedanken gespielt, sie anzurufen, aber was sollte ich ihr sagen? Sie war sicher sehr beschäftigt, und ich kannte sie ja auch nicht gut. Wir hatten in Nigeria oft gehört, dass die Europäer zu Hause nicht gestört werden wollen. Sie brauchen ihre Ruhe und man muss immer einen Grund haben, sie anzurufen. Man kann auch nicht einfach vorbeikommen und sagen: *„Hallo, ich bin da, um dich zu besuchen."* Alles muss im Vorhinein ausgemacht werden, und es kann einem sogar passieren, dass, wenn man unangemeldet zu Besuch kommt, die Leute sagen: *„Es tut uns leid, wir haben jetzt leider keine Zeit für dich."* In Nigeria wäre ein spontaner Besuch kein Problem. Aber hier, in Europa?

An diesem Sonntag allerdings war mir alles ganz egal. Ich warf alle meine Bedenken über Bord – die Frau hatte gesagt, ich könne sie jederzeit anrufen! Also rief ich an, nicht ohne Bauchweh und mit gemischten Gefühlen, denn eine Juristin hat sicher viel zu tun und möchte vielleicht am Wochenende die Zeit mit ihrer Familie genießen oder entspannen, aber sie hob sofort ab! Sie hatte nämlich eine Geheimnummer, und deshalb wusste sie, dass der Anruf nur von „engsten" Freunden oder Familienmitgliedern sein konnte. Zögernd sagte ich meinen Namen.

„Fred!", rief sie. „Alles okay? Ich habe oft an dich gedacht!"
„Nein", sagte ich, „aber ..."
„Was ist? Bist du krank? Oder gefällt dir die Pension nicht?"
„Nein, aber ..."
„Ist dir langweilig? Willst du uns besuchen kommen?"
„Ja, gern", sagte ich und erzählte ihr von Victor und von meiner Einsamkeit.
„Okay", sagte sie. „Du kannst uns nächste Woche am Sonntag besuchen. Ich werde meinem Mann und meinen Kindern sagen, dass du kommst, und wenn Victor schon zu Hause ist und auch mitkommen möchte, kannst du ihn gern mitbringen."

Ich freute mich sehr, lief nach Hause und anschließend sofort ins Krankenhaus, um Victor von den Neuigkeiten zu berichten. *„Die Europäer sind doch nicht so kompliziert"*, stellten wir übereinstimmend fest, aber Victor war sehr traurig, denn er sagte, dass er noch länger im Krankenhaus bleiben müsse, weil man sichergehen wolle, dass das Gewächs nicht wiederkomme. Das tat mir sehr leid, aber ich wollte raus, raus aus der Pension und aus der Einsamkeit, und es war mir auch egal, wie viel die Fahrkarte von Altenmarkt nach Wien und zurück kosten würde, denn ich war bei einer echten europäischen Familie nach Hause und zum Essen eingeladen! Nicht bei Arbeitgebern, bei denen wir hin und wieder zu Mittag aßen, sondern bei Freunden, und ich freute mich schon sehr darauf, die zwei Söhne von Frau Hennefeld kennenzulernen, die ungefähr in meinem Alter waren. Ich erzählte allen im Heim davon, einige waren etwas eifersüchtig. Die ganze folgende Woche verlief langweilig wie immer, und ich konnte den Sonntag kaum erwarten. Ich war voller Vorfreude, wie ein Kind, das sich auf Weihnachten freut.

Am Sonntag machte ich mich „fesch", ging zum Bahnhof und kaufte meine Fahrkarte. Die kostete mich fast das ganze Taschengeld, das ich noch hatte, aber das war mir ganz egal, und ich fuhr nach Wien. Weil ich nicht zu spät kommen wollte, brach ich bereits um sieben Uhr früh auf, denn Europäer darf man angeblich nicht warten lassen ... In Nigeria war das nie so genau, man kommt einfach etwas früher oder später vorbei, wie es sich gerade ausgeht. Außerdem war dies meine erste Reise ganz allein nach Wien, ohne Victor oder einen Reisebegleiter wie den Rumänen aus dem Zug von Budapest nach Wien. Die Fahrt ging zuerst nach Leobersdorf, dort stieg ich in den Schnellzug um, und bald war ich am Südbahnhof. Vom Südbahnhof nahm ich die Straßenbahn, und das letzte Stück fuhr ich mit der U-Bahn. Ausgemacht war, dass ich um 12 Uhr zum Mittagessen da sein sollte, aber ich war schon um elf Uhr vor dem Haus. Weil ich nicht unhöflich und weder zu früh noch zu spät sein wollte, drehte ich Runde um Runde um die umliegenden Häuserblöcke, immer mit dem Blick auf die Uhr und läutete um Punkt zwölf Uhr an ihrer Tür.

Die Söhne Andreas und Thomas waren noch nicht zurück von einem Spaziergang, und Frau Dr. Hennefeld und ihr Mann erwarteten mich. In der Wohnung duftete es nach Brathendl und Reis. Ich sah auch eine Schüssel mit grünem Salat und freute mich schon sehr auf das Essen. Herr Hennefeld war ein freundlicher, großer Mann, der selbst seinerzeit aus Ungarn geflüchtet war und bei einer Versicherung arbeitete. Er begrüßte mich herzlichst und bot mir sofort etwas zu trinken an. Wir sprachen über Victor und darüber, was ich in der Pension immer machte. Kurz nach (!) zwölf Uhr – gar nicht europäisch, wie ich dachte – kamen Andreas und Thomas, und wir wurden zu Tisch gebeten. Es stellte sich heraus, dass das Herz von Andreas für Afrika schlug. Wir redeten viel über dieses und jenes, und wir verstanden uns auf Anhieb. Er war einige Jahre später mit mir in Nigeria und ist heute mit einer Frau aus Äthiopien verheiratet, mit der er inzwischen zwei Kinder hat. Er mochte die gleiche Musik wie ich – nämlich Reggae und so wie ich hörte er gern Jimmy Cliff, Peter Tosh, Gregory Isaac und Bob Marley. Ich mochte Bob Marley lieber als Jimmy Cliff, er bevorzugte Jimmy Cliff, und es ging zwischen uns oft um die Frage, wer wohl besser war. Andreas war der Extrovertiertere der beiden Brüder, Thomas war der Philosoph, der Denker. Er wurde später Priester und ist heute Landessuperintendent der evangelisch-reformierten Kirche in Österreich. So fand ich meine ersten echten Freunde in Österreich, die mich durch dick und dünn begleiteten und immer für mich da waren (und sind) – ich brauchte nur anzurufen, egal wann.

Es war der beste Sonntag seit Langem gewesen, und es tat mir sehr weh, dass ich wieder nach Altenmarkt zurück musste. Doch Familie Hennefeld lud mich ein, wiederzukommen, wann immer ich wollte, und das tat mir sehr gut. Ich habe ihr Angebot sehr gerne angenommen. Ich besuchte Frau Dr. Hennefeld im Anschluss daran sehr oft in Traiskirchen und hin und wieder zu Hause in Wien, und Gertrude und Stefan Hennefeld wurden meine ersten „Eltern" in

Österreich. Durch sie lernte ich dann auch die Familien Metyko und Neuhold kennen – doch dazu später.

Frau Dr. Hennefeld kannte von ihren Messbesuchen in der evangelischen Kirche ein junges Mädchen namens Julia. Sie war ein Teenager, 15 oder 16 Jahre alt und wollte Menschen aus anderen Ländern kennenlernen, mit ihnen reden, mit ihnen etwas unternehmen. Sie wollte ihnen Wien zeigen und auf diesem Wege auch, wenn es ging, ihr Englisch verbessern. Sie erfuhr, dass Frau Hennefeld mit Flüchtlingen arbeitete und wollte durch sie mit Flüchtlingen Kontakt aufnehmen, um vielleicht auch etwas für diese Menschen zu tun. Frau Hennefeld rief mich in der Pension an und erzählte mir von Julia. In Nigeria spielt das Alter eine große Rolle. Was sollte ich mit einem 15- oder 16-jährigen Mädchen anfangen? Aber weil ich Frau Hennefeld nicht widersprechen wollte (auch weil sie älter war als ich) stimmte ich zu, dass sie dem Mädchen die Telefonnummer der Pension gab. Prompt erhielt ich einen Anruf von Julia, und wir verabredeten uns für den nächsten Sonntag.

Ich sah sie an: sehr jung, sehr dünn, unerfahren, aber immer lächelnd und ununterbrochen redend. Was wollte und konnte dieses Mädchen für mich tun? Ich war nah daran, das Weite zu suchen, mich unter irgendeinem Vorwand wieder zu verabschieden, aber dann dachte ich an die nigerianischen Sprichwörter: **„Klein ist das Eichhörnchen, aber es ist kein Sklave des Elefanten."** oder: **„Der Umschlag eines Buches sagt nicht viel über das Buch selbst aus."** Julia zeigte für ihr Alter viel Mut und Durchsetzungswillen und versprühte Lebensfreude. Ich fragte mich, was besser war – im Heim herumzusitzen oder mit diesem jungen Mädchen durch Wien zu spazieren?

Es wurde ein lustiger Tag in Wien, denn wir waren zu fünft: mein Freund Victor, der inzwischen wieder genesen war, war mitgekommen, ebenso wie Julias älterer Bruder, der auch Viktor hieß, sowie Julias Freundin Manu. Wir besuchten den Prater, die Innenstadt, das Parlament, und Julia redete und redete. Ob wir alles verstanden? Egal, sie tat ihr Bestes, um aus dem Tag so viel wie möglich herauszuholen. Victor und ich sprachen kein Deutsch, ihr Englisch war für eine fließende Kommunikation noch nicht ausreichend und unser „afrikanisches" Englisch mit dem typischen Akzent für sie schwer zu verstehen, aber wir versuchten mit Händen und Füßen zu kommunizieren.

Der Tag war abwechslungsreich und kurzweilig, und Victor und ich vergaßen unsere Probleme für ein paar Stunden. Am Abend fuhren wir wieder zurück in die Pension, müde und schweigend. Keiner von uns sagte ein Wort, denn wir wussten, dass der Spaß wieder vorbei war und uns bald wieder die Realität einholen würde. Es dauerte aber nur ein paar Tage, bis Julia sich wieder meldete, und diesmal hatten wir die Ehre, ihre Eltern kennenzulernen – ihre Mutter war eine Wienerin, Verkäuferin in einem Keramikgeschäft, der Vater ein aus Ungarn geflüchteter Künstler. Wir waren zu ihnen nach Hause eingeladen und sogar die Oma saß mit am Tisch. Ich war sehr positiv überrascht von ihrer Weltoffenheit. Wir aßen, sprachen über dies und das, und sie luden uns ein, nachher mit ihnen wieder durch die Stadt zu flanieren, um das erste Mal das Wiener Eis zu kosten. Es schmeckte wunderbar!

In der Pension Satran 1990

Es war sehr schön, Zeit mit dieser Familie zu verbringen. Der liebevolle Umgang miteinander und ihre gegenseitige Zuneigung waren deutlich zu sehen, ein starkes Gefühl des Zusammenhalts war, wie bei Familie Hennefeld, zu spüren. Wie sie einander berührten, umarmten, sich auf die Wangen küssten ... Ich vermisste meine eigene Familie sehr und musste kurz auf die Toilette verschwinden, damit niemand meine roten Augen sehen konnte.

Alles, was wir an diesem Tag aßen und tranken, wurde für uns von Julias Familie bezahlt. Das überraschte mich, denn es hatte bei uns immer geheißen, die Europäer zahlten nicht gerne für andere – jeder für sich. Wenn man fortging, müsse jeder immer für sich selber zahlen. Victor und ich beschlossen, diese Familie zu uns nach Altenmarkt einzuladen, denn wir hatten herausgefunden, dass wir in der Pension kochen durften, und die Pensionsleitung gab uns eine Kochplatte, einige Töpfe und alles, was zum Kochen und Essen dazugehörte.

Familie Metyko nahm die Einladung sehr gerne an und kündigte uns eines Tages tatsächlich ihren Besuch in der Pension an. Die Sache hatte allerdings einen gewaltigen Pferdefuß. Victor und ich waren des Kochens kaum kundig! In Nigeria müssen zwar die Kinder – auch die Buben – bei der Hausarbeit mithelfen und sie lernen dadurch in der Regel auch kochen, aber nachdem ich viele Geschwister, unter anderem drei Schwestern hatte und genau wie Victor der älteste Sohn der Familie bin, blieb ich von Hausarbeit und besonders vom Kochen meist verschont. Kochen ist eigentlich Sache der Frauen, trotzdem kochte mein Bruder Godwin zum Beispiel gern und gut, aber ich verbrachte, wie schon erwähnt, meine Zeit lieber auf dem Fußball- oder Tennisplatz.

Was sollten wir nun kochen? Wir einigten uns auf „Rice and Stew" – eine gulaschähnliche Tomatensauce mit Zwiebeln und Fleisch. Doch wir hatten keine Ahnung von den Produkten im Supermarkt und wussten nicht, was „Ketchup" war. Frische Tomaten wären uns zwar lieber gewesen, aber wie sollten wir die Tomaten pürieren? Also beschlossen wir, eine fertige Tomatensause zu kaufen und kauften – in der Annahme, dass dies Tomatensauce sei – sehr viel Ketchup! Das brieten wir am Morgen, an dem wir unseren Besuch erwarteten, in sehr viel Öl und fügten die anderen Zutaten hinzu. Als uns der Eintopf viel zu süß vorkam, wurde uns klar, dass es Sonntag war und weit und breit kein Geschäft offen hatte, in dem wir Nachschub für einen zweiten Kochversuch besorgen konnten!

Alle kamen zu uns nach Altenmarkt: Papa, Mama, Julia, Viktor und sogar der schwarze Hund. Sie mussten hungrig sein, da sie früh aufgebrochen waren. Seltsamerweise besaßen sie kein Auto, und wir hatten immer gedacht, dass es in jedem europäischen Haushalt mindestens ein Auto gebe.

„Mmmmh", sagten alle, als sie unseren Eintopf probierten, „sehr gut!" Victor und ich schauten uns verlegen an und wussten, dass das eine glatte Lüge war. Doch andererseits waren wir froh, dass sie uns nicht bloßgestellt hatten und zeigten ihnen nach dem Essen unsere Gegend und waren wirklich stolz, Besuch von Österreichern in der Pension bekommen zu haben, denn das war wirklich nicht alltäglich.

Inzwischen war ich 25 geworden, hatte meinen Traum, Jus zu studieren noch immer nicht verwirklicht, hatte keine Arbeit, meine Lehrerstelle und meine Nachhilfeschule waren in weiter Ferne und sicher schon weg. Ich kontaktierte wieder einmal meinen „Bruder" Austin in den USA und berichtete ihm alles, was in der Zwischenzeit geschehen war.

„Super", sagte er. „Du bist wenigstens in Sicherheit."
„Ja, aber was ist mit meinem Traum zu dir zu kommen?"
„Kein Problem", sagte er. „Ich habe mich erkundigt, und ich habe mit deinen Zeugnissen bereits einen Universitätsplatz für dich beantragt. Wenn du die Zulassung bekommst, darfst du ganz normal als Student in die USA einreisen. Ruf mich an, wann immer und sooft du willst, aber bitte nicht mit deinem Geld, denn du hast ja kaum etwas. Ruf mich immer mit ‚CallCollect' an."

Ich rief an, sagte dem Operator, dass ich „collect" anrufen wollte und legte auf. Die Telefongesellschaft rief Austin an, und fragte, ob er den Anruf annehmen wolle. Austin nahm immer an, egal, wann ich anrief und bezahlte somit immer für das Telefonat. Wann immer es mir schlecht ging oder ich jemanden zum Reden brauchte, konnte ich bei Hennefelds, Metykos oder bei Brother Austin in den USA anrufen – das war mir eine große Hilfe!

Nach ein paar Monaten kam der erste negative Asylbescheid aus Traiskirchen. Ich lief zu Frau Dr. Hennefeld, aber die meinte, es sei ganz normal, der erste Bescheid sei fast immer negativ, und sie schrieb für uns die Berufung mit der Bitte, in Nigeria nachzufragen, wie die aktuelle politische Lage war. Aber wir hatten ja bereits in unserer ersten Woche in der Pension Briefe mit den wunderschönen, weichen Papier-Handtüchern aus dem Klo nach Nigeria geschickt und warteten seitdem auf Antwort.

Die Berufung wurde abgeschickt, und einige Wochen darauf kam ein Brief, in dem stand, dass der erste Bescheid nichtig wäre, weil er angeblich von einem Beamten unterschrieben worden sei, der keine Befugnis dazu habe. So in etwa stand es in dem Schreiben aus dem Ministerium, und Frau Hennefeld beruhigte mich mit den Worten: *„Sei froh, denn so können wir noch ein wenig Zeit gewinnen, weil das ganze Verfahren wieder vom Neuem beginnt und wir weiterhin hoffen, dass deine Leute noch mehr Beweise für eure Asylgründe aus Nige-*

ria liefern können." „Beweise?", dachte ich mir. „Ich brauche gar keine Beweise, um als Flüchtling anerkannt zu werden, denn ich will ja gar nicht hier bleiben. Wozu die Beweise?" Natürlich sagte ich nichts, aus Angst, sie zu verletzen oder weil ich nicht respektlos sein wollte. Aber die Angst, wieder nach Nigeria abgeschoben zu werden, war natürlich groß, und ich hoffte, dass Bruder Austin wirklich wusste, was er tat. Ich versuchte ruhig zu bleiben und weiterhin Dr. Hennefeld und meinem „Bruder" zu vertrauen. **„Vertrauen ist die Rinde am Baum der Hoffnung!"** So sagen wir in Nigeria, und mir blieb nichts anderes, als an dieses Sprichwort zu glauben.

Kings River COMMUNITY COLLEGE

Dear Friday:

Thank-you for your interest in Kings River Community College.

This letter is to inform you that you have been formally accepted to begin classes in the fall 1989 semester. Registration will take place during the week of August 7 - 11, 1989, and classes will commence on Tuesday, August 15, 1989.

You have been accepted for a full program of study, and we have received a promissory note of payment to be cleared upon your arrival with the receipt.

Please do not hesitate to contact me if you require further assistance.

Sincerely,

Moire C Charters
Dean of Students

trp
Enclosures

Studienzulassung für die USA (Ausschnitt)

Frau Hennefeld gab mir ein paar Bücher zum Lesen mit, lächelte mir wie immer zu, und wir fuhren wieder zurück nach Altenmarkt. Ich fand es bemerkenswert und schön, dass alle Leute, die ich in kürzester Zeit kennengelernt hatte, immer lächelten. Hatte es nicht immer geheißen, dass die Europäer immer ernst sind und kaum lächeln? So wie Margaret Thatcher?

Es dauerte nicht lange, und wieder flatterte ein Brief ins Haus. Diesmal jedoch aus Amerika! Die Universität in den USA hatte mir eine Studienzulassung geschickt! Ich war außer mir vor Freude und rief sofort meine neuen Freunde, Familie Hennefeld und Familie Metyko an. Frau Hennefeld versprach sofort, mich mit einem Flugticket zu unterstützen, wenn ich das Visum bekommen würde, und Frau Metyko war sofort bereit, mit mir zur amerikanischen Botschaft zu gehen. Ich musste nach Traiskirchen reisen, und mit Unterstützung von Frau Dr. Hennefeld bekam ich meinen Pass zurück. Ich musste unterschreiben und versprechen, dass ich den Pass spätestens in einer Woche zurückbringen würde, andernfalls würde ich den Flüchtlingsstatus verlieren. Wir gingen mit allen Unterlagen insgesamt zwei Mal zur amerikanischen Botschaft, und beide Male wurde ich abgelehnt, mit dem Argument, ich solle wieder nach Nigeria gehen und von dort aus versuchen, das Visum zu bekommen, weil ich in Österreich keine Aufenthaltsgenehmigung hatte.

Was? Jetzt hatte mein Bruder ein College für mich gefunden und sehr viel für meinen Studienplatz bezahlt, damit ich ein Visum bekommen konnte, und jetzt wollte man mich nach Nigeria zurückschicken? Sollte ich wirklich nach Nigeria zurückgehen? Könnte ich tatsächlich von dort mit diesen Unterlagen weiter nach Amerika reisen? Aber was, wenn ich nach Nigeria zurückkehrte und sie mich dort verhafteten, weil ich in Österreich um Asyl angesucht hatte, um Asyl, das ich eigentlich nie wollte? Ich kam zu dem Entschluss, dass ich bleiben musste, um es weiter zu versuchen. Alle Menschen um mich herum waren traurig, denn sie wussten, dass ich nicht bleiben und unbedingt in die USA weiterreisen wollte. Mein „Bruder" tröstete mich mit den Worten: *„Bleib ruhig, ich werde alles tun, damit du zu mir kommst."* Ich sprach sogar mit seiner Frau, die ich damals zwar noch gar nicht kannte, die mir aber auch sehr viel Positives sagte und mich um ein wenig Geduld bat.

DIE ERSTEN WEIHNACHTEN
IN ÖSTERREICH

Warum schrieben sie mir nicht aus Nigeria? War mein Vater noch immer sauer auf mich, weil ich, wie er gemeint hatte, in Europa nichts verloren hätte, weil ich mich nach den Zeiten der Sklaverei selber wieder zu einem *„Sklaven der Europäer"* machen würde? Aber wenn schon mein Vater beleidigt schwieg, was war mit meinem Bruder Godwin, mit meinen besten Freunden Osunde, Jude und Sonny? Ich hatte auch ihnen allen Briefe geschrieben, aber von niemandem war eine Antwort gekommen. (Sonny sollte mich auch später noch einmal enttäuschen, als ich ihm mein Rückflugticket aus Budapest schickte mit der Bitte, es zu verkaufen und den Erlös meiner Schwester Lizzy zu übergeben, damit ich ihr zurückgeben konnte, was sie mir geliehen hatte. Weder Ticket noch Geld ist je bei meiner Schwester angekommen.)

Warum schrieb meine Schwester Lizzy mir nicht, die für uns alle wie eine Mutter war, die Einzige aus unserer Familie, die mir Geld für mein Ticket gegeben und gesagt hatte, dass es egal sei, was ich täte oder ob ich zurückgeschickt werden würde, sie würde immer hinter mir stehen? Waren sie jetzt alle gegen mich? Hatten sie mich bereits abgeschrieben?

Ich träumte oft von meinem Vater und fragte mich, wie er wohl mit der Situation ohne mich umging, denn ich war immerhin sein erster Sohn, sein Erbe. Nach ihm würde ich der „Vater" der Familie sein. Und trotz aller Schwierigkeiten, die wir manchmal miteinander gehabt hatten, hoffte ich, dass er langsam begriff, dass ich ein Mann geworden war, denn er hatte allmählich begonnen, mich nach meiner Meinung zu fragen und mich wie einen Erwachsenen zu behandeln. Es war kurz vor Weihnachten, und das machte meine Lage nicht einfacher. Ich wusste damals allerdings noch nicht, dass mein Vater bereits im Sterben lag, als mein allererster Brief Nigeria erreichte.

Die Hennefelds luden mich ein, Weihnachten 1989 bei ihnen zu verbringen. In Nigeria war Weihnachten immer ein Ereignis gewesen, denn das Fest dauerte dort fast drei Wochen lang, vom 20. Dezember bis zum 7. Jänner. Die kleinen Kinder tanzten von Haus zu Haus – mit oder ohne Masken –, brachten gute Botschaften und Segen und beteten für die Familien, und als Gegenleistung bekamen sie etwas Geld oder Süßigkeiten. Das Wetter war meistens angenehm für uns, denn zur Weihnachtszeit war es etwas kühler als sonst. Vom Atlantik kamen die kühlen Brisen des Harmattan-Windes, und die Menschen hatten das Gefühl, „Winter" zu haben. Meine Großmutter hatte fünf Kinder geboren, und alle kamen mit ihren Kindern und Kindeskindern aus nah und fern, und wir alle verbrachten diese schöne Zeit immer gemeinsam im Haus meines Vaters in Benin City. Jeder brachte Essen mit, und wir waren oft bis zu 40 Leute in einem Haus! Es war egal, wo man schlief. Jeder suchte in der Nacht einen freien Platz und versuchte zu schlafen. Doch gab es sehr wenig Schlaf, weil wir jeden Tag feierten. Es wurde gesungen, getanzt, Geschichten wurden erzählt, und es war die beste Zeit des Jahres, auf die wir Kinder das ganze Jahr über warteten. Seit ich mich erinnern konnte, war das so gewesen, doch jetzt war ich weit weg, in einem fremden Land!

Es war der 24. Dezember, und ich konnte hier in Österreich noch nichts von einer Weihnachtsstimmung bemerken. Es gab überall nur Schnee, und es war grimmig kalt. Erst als ich zu Familie Hennefeld kam, stieg mir feiner Essensduft in die Nase, und alle waren schön gekleidet. Ich saß bei ihnen und sah, wie hübsch alles dekoriert war und wie feierlich alle gestimmt waren. Sie verteilten Geschenke untereinander, und sogar ich bekam von ihnen einen tollen Pullover, den ich noch viele Jahre trug. Ich hatte nichts für sie und schämte mich heimlich – das war ein Brauch, den ich aus Nigeria nicht kannte. Zwar bekamen wir von den Eltern Geschenke, aber die Eltern bekamen nichts von ihren Kindern. An diesem Tag bei Familie Hennefeld bekam jeder von jedem etwas – außer von mir. Ich fühlte mich elend, glücklich und unglücklich zugleich. Ich hatte zwischendurch das Gefühl, mit meinen Tränen in den Augen die Idylle dieses schönen Familienfestes zu stören, aber ich konnte mich nicht mehr beherrschen, ich musste weinen. Sie waren so lieb und nett zu mir, obwohl sie mich nicht wirklich kannten. Sie taten alles, damit ich mich wohlfühlte, aber ich musste ständig an meine Mutter denken und wie sie immer versucht hatte, für uns zehn Kinder neue Kleider für Weihnachten und Silvester aufzutreiben. Nur Gott weiß, wie sie das bewerkstelligen konnte, da sie ja nie viel Geld besaß. Ich dachte an meinen Vater, der eigentlich immer sehr gutherzig gewesen war und für uns gekämpft, gearbeitet und gelebt hatte, bevor die zweite Frau gekommen war. Mein Vater hatte, obwohl er uns sehr liebte, es nie geschafft, uns seine Zuneigung zu zeigen, weil er immer seine Liebe zwischen zwei Frauen und vierzehn Kindern aufteilen musste. Ich dachte an meine Geschwister, an alle dreizehn – und an meine Cousinen und Cousins. Auch an meine alte Oma, die ich einen Tag vor meiner Abreise besucht und fest gedrückt hatte, weil ich wusste, dass ich sie nie mehr wiedersehen würde. Ich dachte an meine nigerianische Freundin Betty, die ich zurückgelassen hatte, und an alle, die mir zu Hause lieb waren. Ich sah diese wunderbare österreichische Familie an, sah Liebe und Zuneigung, und sie alle fühlten mit mir. Gertrude Hennefeld streichelte mir über den Kopf wie einem kleinen Baby, gab mir einen Kuss auf die Wange und sprach ganz sanft zu mir. Das war eine Art von Liebe, wie ich sie noch nicht kennengelernt hatte! Ich beruhigte mich, wir aßen, tranken und packten die Geschenke aus.

Am späten Abend wollte Andreas noch in eine Disco gehen. Er fragte, ob ich nicht Lust hätte, mitzukommen, und ich wollte – natürlich!! Ich konnte tanzen, und ich tanzte mir meinen ganzen Frust von der Seele. Es war komisch, denn irgendwann war ich ganz allein auf der Tanzfläche. Alle schauten mir zu und klatschten, und ich fühlte mich großartig, nicht wissend, dass viele eigentlich nur sehen wollten, wie ein Afrikaner tanzt. Im Nachhinein, um viele Erfahrungen reicher, glaube ich zu wissen, was viele dachten: nämlich, dass ich, wie angeblich alle AfrikanerInnen, das Tanzen und den Rhythmus im Blut haben müsse, und sie wollten meine „afrikanischen Moves" bewundern.

Irgendwann verlor ich Andreas. Ich ging hinaus auf die Straße. Es gab noch keine Handys, ich wusste nicht, wo ich in Wien war, geschweige denn, wie ich nach Hause nach Altenmarkt kommen sollte. Ich muss irgendwie verloren gewirkt haben, denn ein junger Mann kam auf mich zu und fragte mich, was mein Problem sei.

„Ich weiß nicht, wo ich bin, denn ich habe meinen Freund leider in der Disco verloren!"
„Wo wohnst du? Where do you live?", wollte er wissen.
„Altenmarkt", sagte ich.
„Was?"

Ich wiederholte den Namen, aber er verstand leider noch immer nicht. Also nahm ich ein Stück Papier und schrieb „Pension Satran in Altenmarkt".

Er holte eine Karte aus seinem Handschuhfach und sagte: *„I bring you there!"*
„Ich habe aber kein Geld", sagte ich. „Ich kann nicht zahlen", denn ich wusste, er musste mich hinbringen und wieder zurück nach Wien fahren – er war sicher nicht älter als 22 Jahre.
„No problem", sagte er. *„I want to help you."*

Wir stiegen in sein Auto, und der junge Mann brachte mich tatsächlich nach Altenmarkt. Ich stieg aus und noch bevor ich „Danke!" sagen konnte, düste er mit quietschenden Reifen davon, und ich sah ihn leider nie wieder. Das war der 24. Dezember 1989.

Den 25. verbrachte ich in der Pension in meinem Zimmer liegend, und das war der erste, echte, große Kulturschock für mich!! In Nigeria ist der 25. Dezember der eigentliche, große Weihnachtsfeiertag. An diesem Tag bleibt man nie und nimmer allein zu Hause!! Da wird den ganzen Tag nur gegessen und getrunken und lautstark auf den Straßen gefeiert wie im Karneval in Rio! Es ist der Startschuss zu einer langen Periode von Lachen, Singen und Tanzen bis die Weihnachtsfeierlichkeiten nahtlos in die Silvesterpartys übergehen. Doch hier war Stille, Schneestille, die Straßen waren leergefegt und kaum jemand war draußen zu sehen.

Eines Tages bekamen wir in der Pension die Information, dass die Reifenfirma Semperit in Traiskirchen Menschen mit Lagerkarte anstellen wollte – keine Daueranstellung, aber man konnte zumindest tageweise arbeiten. Also fuhren Victor und ich mit anderen aus der Pension von Altenmarkt nach Traiskirchen. Wir standen um zwei Uhr auf und verließen gegen drei oder vier Uhr die Pension, da wir spätestens um sechs Uhr morgens vor dem Eingang der Firma sein mussten. Aber es waren schon viele Menschen vor uns dort, die genau wie wir für ein paar Tage einen Job haben wollten. Wir stellten uns in die Reihe und warteten, bis sich endlich um acht Uhr die Tore öffneten. Viele hatten dort sogar im Freien geschlafen, um ganz vorne in der Reihe zu sein. Ein Vorarbeiter kam und sagte: „Du, du und du, ihr seid heute dabei." Ohne Rücksicht auf die Ersten in der Reihe! Wenn man Glück hatte, war man dabei und wenn nicht, durfte man wieder nach Hause fahren. Ich hatte Glück

Mit Stefan, Andreas und Gertrude Hennefeld

und bekam bei Semperit meine erste offizielle Anstellung. Wir durften Reifen schlichten, die Hallen oder die Maschinen reinigen, LKWs mit Reifen beladen oder entladen und anderes mehr. Wir waren sogar versichert und für die Pension angemeldet (wenn ich heute meine Versicherungszeiten ausdrucke, freue ich mich immer, wenn Semperit ganz oben auf der Liste steht), und wir fühlten uns gebraucht und waren beschäftigt. Ich hatte manchmal sogar einen Job für eine ganze Woche, denn mit der Zeit wurde man bekannt und von den Vorarbeitern weiterempfohlen, wenn sie zufrieden waren. Es war eine tolle Erfahrung, und die Firma war sehr nett zu uns, zumindest aus meiner Sicht. Ich verstand eh nicht viel, vor allem wenn die jüngeren Kollegen in der Pause mit uns ihre Späße trieben. *„Kollega"*, sagten sie immer, *„kannst ‚Oachkatzlschwoaf' sagen?"* Wir versuchten es immer wieder, und jedes Mal lachten sie uns aus, und wir lachten mit – viel mehr konnten wir nicht miteinander reden.

ULLA

Eines Tages, auf dem Weg zur Arbeit bei Semperit in Traiskirchen, sah ich eine junge Frau, die im Zug allein in einem Abteil saß. Ich betrat das Abteil und setzte mich neben sie. Sie war sehr freundlich, und wir begannen zu reden. Sie erzählte, dass sie aus Innsbruck käme, Ferien hätte und auf dem Weg nach Berndorf sei, drei oder vier Haltestellen von Altenmarkt entfernt, um ihre Großeltern aus Wien zu besuchen, die jedes Jahr dort Urlaub machten. Unser Gespräch endete leider schon nach kurzer Zeit, weil sie bald aussteigen und ich weiter nach Leobersdorf fahren musste, um von dort den Zug nach Baden zu erwischen. Aber bevor sie ausstieg, gab sie mir die Telefonnummer von der Pension ihrer Großeltern und sagte, ich dürfe dort anrufen und nach ihr verlangen. Ich gab ihr auch meine Nummer vom Heim und sagte, sie könne mich dort jederzeit erreichen, aber sie sollte nach „Nigeria oder Afrika" verlangen. Ich hatte – abgesehen von Julia – noch keinen Kontakt zu Mädchen aus Österreich gehabt und war den ganzen Tag in der Arbeit nur nervös und aufgeregt. Ich konnte es kaum erwarten, mit ihr zu telefonieren, aber ich hatte auch Angst, dass die Großeltern abheben könnten. Sie war „erst" neunzehn, noch Schülerin im letzten Jahr Gymnasium, und ich war 25. Schon einen Tag später rief ich an, ihre Großmutter hob ab. *„Ach der Fred"*, sagte die Großmutter. *„Ulla hat bereits von dir erzählt"* ...

„Okay? Was hat sie erzählt?", dachte ich überrascht, während Oma Ulla ans Telefon holte. Wir unterhielten uns nur kurz, und sie versprach, mich am nächsten Tag in der Pension zu besuchen, was sie auch tat. Sie kam mit einem Wörterbuch, und wir saßen im Garten, sprachen über dieses und jenes, flirte-

ten ein wenig und hatten sehr viel Spaß. Am Abend nahm sie den letzten Zug und lud mich ein, sie bei ihren Großeltern zu besuchen.

Ulla blieb eine Woche bei ihren Großeltern und musste dann wieder zurück nach Innsbruck. Wir telefonierten fast täglich und schrieben uns Briefe, und nach ein paar Monaten gestand ich ihr, dass ich mich in sie verliebt hatte. Sie lud mich zu sich nach Innsbruck ein und meinte, ich könne bei ihr zu Hause wohnen! Ich dachte an meine Schwester Lizzy! Sie war damals 27 Jahre alt und wäre niemals auf die Idee gekommen, einen Freund zu sich nach Hause einzuladen, der dann auch noch drei oder vier Tage dort übernachten sollte! Europa ist doch anders ...

Als ich nach Innsbruck aufbrach, war ich vergnügt und aufgeregt. Ich durfte wieder eine neue Stadt in Österreich kennenlernen, also kaufte ich eine so genannte „Rabbit-Card", mit der man damals als unter 26-Jähriger vergünstigte Bahntickets bekam, und blieb eine Woche lang bei Ulla in Innsbruck. Die Eltern waren beide Architekten und freundlich und höflich zu mir. Der Vater sprach sehr viel mit mir und lächelte dabei ständig. Die Mutter war auch sehr nett, aber etwas skeptisch, denn Ullas älteste Schwester war mit sechzehn Jahren schwanger geworden, und das Enkelkind war gerade erst drei oder vier Jahre alt. Ullas Mutter musste auf das Kind aufpassen, damit die Schwester ihre Ausbildung fortsetzen konnte. Als ich nach Innsbruck kam, war sie bereits in Wien, um zu studieren. Man gab mir ein Zimmer im Keller. Ullas Zimmer lag auf dem Dachboden und sie sollte, wenn möglich, noch bevor die Eltern zu Bett gingen, auf ihrem Zimmer sein. War das nicht der Fall, stand die Mutter auf der Treppe und rief: *„Ulla, Ulla! Es ist schon spät, und du musst morgen in die Schule gehen!"* Mein Zimmer betrat sie nie, rief aber immer so lange, bis Ulla herauskam und in den Dachboden hinaufstieg. Ein späterer Versuch, wieder herunterzukommen, wäre an den knarrenden Holzstiegen gescheitert.

Trotzdem mochte ich diese Familie, denn alle waren mir gegenüber wirklich immer sehr korrekt. Ich besuchte Ulla mehrmals in Innsbruck. Sie spielte Geige und Flöte und lud mich einmal zu einem Fest ein, bei dem sie spielte. Ich hatte ja Gott sei Dank feine Kleidung mitgebracht – meinen weißen Smoking – und war sehr stolz, denn ich dachte, dass ich darin sehr gut aussehen würde. Auf dem Weg zum Fest kaufte ich ein paar Blumen für Ulla, denn so machte man das in Europa, oder? Es waren Plastikblumen, aber für mich machte das keinen Unterschied – in Nigeria verwendet man oft Plastikblumen, da es zu heiß ist, um echte Schnittblumen in die Vase zu stellen. Ich fühlte mich also ganz und gar wie ein Gentleman und begab mich bestens gelaunt zum Fest. Sie spielten viel zu lang für meinen Geschmack, und ich verstand nichts von dieser Musik. Die Stücke klangen für mich monoton und langweilig, trotzdem klatschte ich brav mit, wenn das Publikum applaudierte. Ich war froh, als das Ganze vorbei war. Ich ging nach draußen und wartete am Eingang auf Ulla. Es dauerte leider sehr lang, bis sie herauskam, weil sie fast überall stehen bleiben und sich Komplimente anhören musste. Als sie auf mich zukam, wurden ihre Augen groß und größer, als sie mich in meinem weißen Smoking dort stehen sah! Wir hatten uns vor dem Konzert nicht gesehen, weil sie früher dort sein musste und ich später allein nachgekommen war. Ich überreichte ihr meine Plastikblumen und drückte ihr einen Kuss auf die Wange. Die Arme nahm die Blumen und bedankte sich. Erst Jahre später gestand sie mir, dass ihr die ganze Szene unheimlich peinlich gewesen war, aber sie sagte auch: *„Es war so süß, denn außer mir bekam niemand Blumen geschenkt."* Das war das erste und letzte Mal, dass ich Plastikblumen kaufte.

Zwischen Ulla und mir entwickelte sich eine echte Beziehung. Doch ich war immer viel zu stolz, um Ulla zu sagen, dass ich ein Asylwerber war! Für sie war ich ein Student, der auf sein Visum wartete, was eigentlich auch nicht ganz falsch war, aber dass ich keinen Pass und kein Visum hatte, wussten Ulla und ihre Eltern bis 1993/94 nicht, als ich schon lange nicht mehr mit ihr zusammen war. (Auch meine Eltern in Nigeria wussten davon nichts, diese für mich so beschämende Tatsache hielt ich so lange wie möglich geheim.)

Ulla ging dann zum Studium nach Wien, wohnte bei den Großeltern, und ich besuchte sie oft. Wir gingen gemeinsam spazieren, und ich führte sie zum Essen aus, und natürlich wollte ich immer zahlen, erstens, weil ich sie eingeladen hatte und zweitens, weil in Nigeria immer die Männer zahlten, aber Ulla wollte nie etwas davon wissen. Und das war hin und wieder ein Streitpunkt zwischen uns.

Eines Tages – ich hatte sie überzeugt, dass ich diesmal zahlen würde – lud ich sie auf ein Grillhendl ein, weil ich selbst liebend gerne Hendl aß. Man servierte uns zwei halbe Hendl und wir begannen zu essen. In Nigeria wird einem beigebracht, dass Knochenmark etwas ganz besonders Gutes und Gesundes ist – angeblich sehr förderlich für die Knochenbildung, deshalb habe ich zu Hause immer auch die Hendlknochen samt Knochenmark gegessen. Ulla schaute mit wachsender Verblüffung zu, wie das ganze Ding allmählich von meinem Teller verschwand und nachdem ich fertig war, tauschte sie wortlos meinen leeren Teller mit ihrem, der voller Hühnerknochen war. *„Was soll ich denn damit?"*, fragte ich sie. *„Essen"*, sagte sie nur. *„Du bist doch ein Hund, oder?"* Ich verstand nicht ganz, denn Ulla wollte mich nicht beleidigen, sondern sagte es mit viel Humor und lachte sehr dabei. *„Komisch"*, dachte ich mir. *„Essen die Europäer denn kein Knochenmark? Wissen sie denn nicht, dass das gesund ist? Wieso muss mich dieses Mädchen auslachen? Wieder ein Kulturschock?"* *„Und abgesehen davon"*, grübelte ich, *„ist ‚Hund' jetzt eine Beleidigung oder nicht? In Europa werden ja Hunde wie Kinder behandelt, bekommen Spielzeug und Kleidung, man geht mit ihnen zum Arzt und gibt für sie mehr Geld aus als eine afrikanische Familie für alle Familienmitglieder zusammen."* Bei uns in Nigeria werden Hunde bestenfalls geduldet; wer sich einen hält, braucht ihn als Wachhund, der höchstens Essensreste vom Familientisch bekommt. Das war zumindest zu meiner Zeit in Nigeria noch so.

Nach dem Essen bummelten wir durch die Stadt und hatten sehr viel Spaß. Es wurde spät, und ich wusste, dass es vielleicht schon zu spät war, um in Baden den letzten Anschlusszug nach Altenmarkt zu erwischen. Doch ich war viel zu stolz, Ulla zu fragen, ob ich bei ihr übernachten könnte. Sie brachte mich zur Lokalbahn, und ich fuhr nach Baden. Dort hatte ich noch eine Minute für meinen Umstieg, und ich lief so schnell ich konnte zum Bahnsteig, aber der Zug nach Altenmarkt–St. Pölten fuhr vor meiner Nase weg.

Es war spätnachts, ich war in Baden und Ulla in Wien. Wo sollte ich jetzt die Nacht verbringen? Ich erinnerte mich, dass ich noch die Lagerkarte von Traiskirchen hatte und beschloss, dort zu übernachten. Nach einer halben Stunde Fußmarsch erreichte ich die Tore des Flüchtlingslagers. Ich konnte ungehindert hineinschleichen, fand ein leeres Zimmer mit vielen Matratzen, machte es mir bequem und schlief ein. Kurz nach Mitternacht hörte ich Stimmen und sah Lichter aus Taschenlampen. Polizisten suchten nach Menschen, die nicht im Lager sein durften, erwischten mich und verlangten nach einem Ausweis.

Ich gab ihnen meine Lagerkarte, und sie sagten, dass ich nicht im Lager sein dürfe, weil ich bereits eine Pension habe. Ich erzählte ihnen von meinem Missgeschick mit dem Zug, aber sie meinten, das sei nicht ihr Problem, denn ich hätte eine Pension, und das Lager sei nur für Asylwerber, die noch keine Pension hatten. „500 Schilling Strafe", sagten sie oder sie würden Anzeige erstatten! Natürlich wollte ich nicht angezeigt werden, weil ich meinen Antrag auf Asyl nicht gefährden wollte (obwohl ich inzwischen schon fast sicher war, dass ich nie und nimmer Asyl bekommen würde) und gab ihnen das letzte Geld, das ich in der Tasche hatte, in der Hoffnung, sie würden mich dort weiterschlafen lassen. Doch sie kassierten und warfen mich ohne Gnade raus. Es war Herbst, Oktober oder November und schon kalt. Ich schlich entmutigt aus dem Lager und hatte Angst, dass sie mich draußen noch einmal erwischen und anhalten würden wegen „sinnlosen Herumgehens". So versteckte ich mich in einer Telefonzelle und versuchte stehend zu schlafen, aber wie sollte man im Oktober oder November um zwei Uhr früh in einer Telefonzelle schlafen? Es war viel zu kalt, also beschloss ich, doch etwas herumzugehen, um wenigstens ein bisschen warm zu bleiben. Irgendwann, als ich wieder an derselben Telefonzelle vorbeikam, übermannte mich die Müdigkeit, ich stellte mich hinein und nickte im Stehen ein wenig ein.

Um fünf Uhr früh ging ich zu Semperit und war an diesem Tag der Erste in der Reihe. Ich war sicher, dass ich diesmal drankommen würde, um so wenigstens einen Teil meiner 500 Schilling wieder verdienen zu können, aber an diesem Tag brauchten sie leider keine Arbeiter, und ich fuhr wieder nach Altenmarkt zurück. Wieso haben die Polizisten kassiert und mich trotzdem rausgeschmissen, obwohl sie wussten, dass ich um diese Zeit keinen Zug mehr hatte? Diese Frage hat mich sehr lange beschäftigt – sie waren meiner Meinung nach unmenschlich und böswillig!

GRAZ

GRAZ IN SICHT

Anfang 1990 bekam ich einen Brief von meinem Bruder Godwin aus Nigeria mit folgendem Inhalt:

„Es geht uns gut und egal, was du hörst, bitte komm auf keinen Fall nach Hause. Bitte", schrieb er weiter, *„hör nur auf uns, deine Geschwister und auf niemanden sonst. Wir werden versuchen, deine Adresse geheim zu halten, aber falls irgendwer, wer auch immer, deine Adresse in die Hände bekommt und dir etwas schreibt oder sagt, glaub nichts und frag uns bitte, bevor du irgendetwas tust."*

Ich saß da und dachte lange nach: *„Warum soll niemand aus der Familie, abgesehen von meinen Geschwistern, wissen oder erfahren, wo ich bin? Was ist los in Nigeria? Sind dies vielleicht die Beweise, die Frau Hennefeld für mein Asylverfahren brauchen könnte?"* Gleich danach bekam ich auch einen Brief von meiner Schwester Lizzy. Sie fragte, ob es mir wohl gut ginge und ich noch Geld hätte, sonst würde sie mir etwas schicken. Was war bloß passiert? Monatelang hatte ich auf einen Brief und eine Nachricht von meiner Familie aus Nigeria gewartet, und jetzt das! *„Was für eine Schande!"*, dachte ich mir. *„Warum sollte meine Schwester mir Geld von Nigeria nach Europa schicken?"* Ich log und sagte ihr, dass es mir ausgezeichnet ginge und dass ich genug Geld hätte und nichts bräuchte. Aber warum sollte ich nicht nach Hause fliegen, wenn ich wollte, denn ich hatte inzwischen, offen gesagt, schon langsam die Nase voll von Europa, wo ich zur Untätigkeit verdammt war (Einsamkeit, kein Sprachkurs, keine legale Arbeitsmöglichkeit, kein Studium, keine Perspektive ...). Doch ich hatte ja keinen Pass und kein Visum. Und auch wenn es möglich gewesen wäre, wäre ich letzten Endes ja doch nicht nach Hause geflogen, denn bei einer Rückkehr wäre ich als Versager dagestanden und hätte meine Familie damit sehr beschämt.

Ich nahm die Briefe und fuhr sofort nach Traiskirchen, um sie Frau Hennefeld zu zeigen, die die Briefe kopierte, weil sie sie als Beweis dafür ansah, dass die politische Lage in Nigeria prekär war, was ja auch stimmte.

„Was machen wir denn jetzt?", fragte sie nachdenklich. „Ich möchte das Land verlassen", sagte ich. „Egal wie, denn ich habe in der Pension von Schleppern gehört, die Kontakte haben und mir helfen können, weiterzukommen. Ich möchte nach Amerika", sagte ich. „Und es ist mir auch egal, was passiert." Sie schaute mich ernst an und sagte: „Ich verstehe dich. Aber hier kann ich dich noch ein wenig unterstützen. In Nigeria oder in Amerika, wenn sie dich erwischen, kann ich dir mit Sicherheit nicht mehr helfen. Versuchen wir doch, noch mehr Informationen zur politischen Lage in Nigeria zu bekommen, und vielleicht kann dein „Bruder" bald etwas in Amerika für dich machen, und wer weiß, es könnte hier auch noch etwas passieren."

Briefe nach Nigeria zu schicken, dauerte aber leider viel zu lang, und auch die Antworten aus Nigeria kamen oft erst nach drei Monaten, weil die Briefe zuerst nach Australien gingen oder manchmal nach Nigeria zurückgeschickt wurden, bevor sie in Österreich ankamen.

Gertrude Hennefeld hatte eine Lieferung von gebrauchten Kleidungsstücken für die AsylwerberInnen bekommen und bot Victor und mir an, Hosen und Hemden auszusuchen, bevor die restlichen Asylwerber kamen, aber ich weigerte mich, weil ich nie Sachen von Leuten trug, die ich nicht kannte. Frau Hennefeld nahm es mir aber nicht übel, sondern schaute mich nur lieb an, wie eine Mutter ihr kleines, trotziges Kind und sagte: „Es gibt gerade einen Deutschkurs von der Kirche. Habt ihr Lust mitzumachen?" Sicher hatten wir Lust. Alles war besser als nur herumzusitzen, in Selbstmitleid zu zerfließen und zu warten, bis uns ein Bauer mitnahm, was immer seltener vorkam, da die Zahl der Asylwerber in Traiskirchen beständig anstieg. Auch die Arbeitsmöglichkeiten bei Semperit wurden leider immer seltener.

Frau Hennefeld schickte uns – Victor und mich – für eine Woche mit vielen anderen Flüchtlingen aus verschiedenen Ländern in den Deutschkurs im Nachbarort. Wir wurden sogar mit dem Bus abgeholt, es kostete uns gar nichts, und wir durften eine Woche lang an einen anderen Ort fahren, dort wohnen, andere Menschen kennenlernen und erhielten unsere ersten Deutschstunden. Es war sehr lustig und eine wunderbare Erfahrung, denn wir konnten lachen, spielen, beim Kochen mithelfen, Geschirr waschen und uns nützlich fühlen.

Nach dieser Woche fuhr Frau Hennefeld mit mir nach Wien und kaufte mir ein paar neue Kleider. Dann sagte sie: *„Fred, ich habe Neuigkeiten. Vor einer Woche war ein Grazer Ehepaar bei mir im Büro. Dieses Ehepaar hat einen Bericht im Fernsehen über Traiskirchen gesehen, und sie sind zu mir ins Büro gekommen, um mich kennenzulernen und mehr über meine Arbeit zu erfahren. ‚Wir leben in der Steiermark, in Graz, und wenn Sie unsere Hilfe brauchen können, dann melden Sie sich bitte bei uns', sagten sie beim Wegfahren."* Frau Hennefeld hatte mit ihnen schon über mich gesprochen, und wenn ich wollte, könnte ich sie anrufen. Ich hatte Frau Hennefeld vor meiner Abreise zum Deutschkurs anvertraut, dass ich Altenmarkt gern verlassen wollte und dass ich überallhin gehen würde, egal wohin. Ich hatte die Nase voll von diesem abgeschiedenen Dorfleben. Ich wollte weg, obwohl ich mit den Menschen in diesem Dorf nie Probleme gehabt oder schlechte Erfahrungen gemacht hatte. Der Ort war zu klein, es gab keinen Deutschkurs, keine Chance, zur Uni zu gehen, irgendeine Ausbildung zu machen oder Arbeit zu bekommen.

„Wo ist Graz? Ist das eine Stadt wie Wien?"

„Graz ist nicht so groß wie Wien, aber die zweitgrößte Stadt Österreichs. Dort ist auch eine Uni, und du könntest dort vielleicht einen weiteren Deutschkurs besuchen, während du auf deinen ‚Bruder' wartest." Ich hatte zwar keine Ahnung, wo Graz war, aber es klang alles plausibel, und es war die Chance, von Altenmarkt wegzukommen.

In der Pension erfuhr ich von Ben, einem Mitbewohner, der auch aus Nigeria stammte, dass das AMS in Graz Arbeitsgenehmigungen für Saisonarbeit oder Ähnliches vergab. Ich kaufte neuerlich eine Rabbit-Card, mit der ich 30 Tage lang innerhalb von Österreich reisen konnte, so weit und so oft ich wollte, und fuhr nach Graz, in eine Stadt, von der ich vor Kurzem zum ersten Mal gehört hatte.

Auf dem Arbeitsamt in Graz hatte ich wiederum Glück, denn ich traf auf einen netten Mann namens Jaspa. Er schaute mich an und sagte: „Warum willst du eigentlich arbeiten? Du bist jung und solltest noch weiter zur Schule oder zur Uni gehen. Weißt du was? Ich gebe dir einen Job am Abend und dann kannst du dich tagsüber um deine Ausbildung kümmern." Ich bekam Unterlagen für ein Restaurant, das einen Abwäscher suchte. Ich ging zum Restaurantbesitzer. Er füllte alle AMS-Formulare aus und zahlte sogar die 120-Schilling-Stempelmarke, die vom AMS verlangt wurde, und mir wurde klar, dass ich knapp 7000 Schilling verdienen würde! Ich war begeistert – die erste Stelle, zu der ich geschickt wurde, und ich hatte schon einen Job? Ich kannte einige, die sich bei mehreren Arbeitgebern vorgestellt hatten – bei Reinigungsfirmen, Restaurants und anderen Firmen, die aber alle immer wieder weggeschickt worden waren! Ich war sehr glücklich, allerdings wusste ich zu der Zeit noch nicht, was alles noch notwendig sein würde, bevor ich tatsächlich mit der Arbeit beginnen konnte. Ich musste verschiedene Arztbesuche absolvieren, Tests machen, und die ganze Prozedur dauerte so lang, dass ich den Job fast wieder verlor.

Nachdem ich mein erstes Vorstellunggespräch so gut hinter mich gebracht hatte, war ich überglücklich, fuhr zurück nach Altenmarkt und rief Frau Hennefeld an, die sofort meinte, dass sie das Ehepaar Neuhold nun kontaktieren würde, um sie zu fragen, ob sie sich in Graz ein wenig um mich kümmern könnten. Frau und Herr Neuhold waren gleich damit einverstanden, und ich sollte gleich noch einmal nach Graz fahren, um sie kennenzulernen. Ich hatte ja noch meine Rabbit-Card, also fuhr ich umgehend wieder zurück nach Graz, rief Herrn Dipl.-Ing. Fritz Neuhold an, und er beschrieb mir den Weg in die Schanzelgasse, wo sich sein Architekturbüro befand, denn sowohl er als auch seine Frau waren Architekten. Auf dem Weg zu ihm wurde ich in Graz gleich das erste Mal beim Schwarzfahren erwischt oder eigentlich doch nicht erwischt. Am Bahnhof stieg ich in die Straßenbahnlinie 3 und fuhr Richtung Jakominiplatz. Nach einer Station stieg ein Mann im blauen Hemd ein, den ich sofort als Kontrolleur erkannte. Er kontrollierte alle Fahrgäste, kam zu mir und ging ohne ein Wort an mir vorbei. Ich war froh, aber sehr verunsichert, und in meiner Panik stieg ich an der nächsten Station aus. Er stieg ebenfalls aus und war gerade im Begriff wegzugehen, als ich zu ihm hinging und ihn nach dem Weg zum Jakominiplatz fragte.

„Hast du eine Karte?", fragte er mich.
„Warum fragst du mich jetzt?", fragte ich. „Ich bin nicht mehr in der Straßenbahn."
„Aber hast du eine Karte?"
Ich schaute ihn an und sagte: „Nein, aber das nächste Mal."
„Ja, ja", sagte er, „das nächste Mal."

Er ging weg, und ich schaute ihm nach. Warum hatte er mich nicht in der Straßenbahn kontrolliert wie alle anderen, obwohl er ahnte, dass ich vielleicht keine Fahrkarte besaß? Wollte er mich nicht blamieren, oder hatte er Mitleid mit mir? Ich „wurde schwach" und kaufte meine erste Fahrkarte in Graz. Es war am Faschingsdienstag im Jahr 1990, und ich kam im Büro von Dipl.-Ing. Neuhold an. Er schien sehr beschäftigt, und ich wartete ein wenig, weil er noch etwas fertig machen musste. Er pfiff vor sich hin und zeichnete. Nach ungefähr zehn Minuten kam er zu mir, begrüßte mich freundlich und verließ mit mir das Büro, um mit mir etwas trinken zu gehen.

Ich glaube, er ging mit mir in die Mensa in der Nähe der Universität. Da erzählte er mir vom Afro-Asiatischen Institut und von einem Deutschkurs, über den er sich bereits informiert hatte. Er hatte herausgefunden, dass einige neue Kurse demnächst beginnen würden, und wir könnten noch am selben Tag versuchen, mich anzumelden. „Ich möchte aber keinen Kurs mehr machen", stellte ich klar, „denn ich warte hier in Österreich nur, bis mich ‚mein Bruder' abholt. Und während ich warte, möchte ich ein wenig arbeiten, um etwas Geld verdienen zu können, weil ich es satt habe, immer nur zu essen und zu warten."

„Aber du weißt nicht, wie lange das Ganze noch dauern wird", sagte er. „Und während du wartest, könntest du wenigstens Deutsch lernen, denn was du gelernt hast, gehört dir, und du kannst es überallhin mitnehmen." Ich wollte die Sprache ehrlich gesagt nicht mehr lernen, traute mich aber nicht, ihm zu widersprechen, denn ich hatte das Gefühl, dass er älter war als mein Vater und dass er mir wirklich helfen und mich gut beraten wollte.

„Also gut", willigte ich ein. Wir gingen in das Büro des Vorstudienlehrgangs der Grazer Universitäten gleich hinter der Mensa, um Informationen bezüglich eines Deutschkurses zu holen und standen um genau 11.50 Uhr vor der Tür. Die Tür war bereits geschlossen, denn es war, wie bereits erwähnt, Faschingdienstag, und die Büros machten an diesem Tag um zwölf Uhr zu. Herr Neuhold klopfte an die Tür, und nichts geschah, aber wir hatten gesehen, dass jemand im Büro war. Er schaute auf seine Uhr und klopfte noch einmal. Die Tür ging auf, und ein etwas verärgert wirkender Herr schaute uns an und sagte:

„Ja, bitte?"
„Ich bin Dipl.-Ing. Neuhold und möchte diesen jungen Mann für den Deutschkurs anmelden."
„Sie sehen ja", sagte Herr Nagelschmied, so hieß der Mann, wie wir später erfuhren, „es ist bereits zwölf Uhr, und wir haben schon zu." Herr Neuhold schaute nochmals auf seine Uhr und sagte: „Es ist genau sechs Minuten vor zwölf, und er ist extra wegen der Anmeldung von Altenmarkt nach Graz gereist. Geben Sie uns bitte das Formular."

Jetzt wurde Herr Nagelschmied wirklich wütend, ging hinein in sein Büro, knallte das Formular auf den Tisch und sagte: „Wir sind bereits in allen Kursen voll, und es hat überhaupt keinen Sinn mehr, sich anzumelden."

„Danke", sagte Herr Neuhold unbeirrt, und wir füllten gewissenhaft das Formular aus (ich hatte sogar das Gefühl, dass wir absichtlich noch ein wenig länger brauchten als nötig). Wir verließen das Büro erst um 12.15 Uhr, was Herrn Nagelschmied sicherlich noch mehr aufbrachte, da er für sich und seine MitarbeiterInnen schon Sekt und Krapfen bereitgestellt hatte. Ich bin mir ziemlich sicher, dass ich das Formular niemals bekommen hätte, wenn ich ohne Herrn Neuhold hingegangen wäre! Nach meiner Deutschkurs-Anmeldung ging Herr Neuhold mit mir ins Afro-Asiatische Institut, wo ich gleich die Studentenberaterin Angelika Vauti und den Leiter Stefan Doblhofer kennenlernte. Herr Neuhold ließ mich dort, weil er nach Hause zum Mittagessen musste.

Unsere Beharrlichkeit bei der Deutschkurs-Anmeldung wurde belohnt! Ich bekam die Nachricht, dass ich in ein paar Tagen wieder nach Graz kommen sollte, um an einem Einstufungstest teilzunehmen. Meine Bahnkarte war noch gültig, also fuhr ich am Prüfungstag wieder nach Graz zum Büro des Vorstudienlehrgangs in die Schubertstraße, unweit der Mensa, weil ich dachte, die Prüfung wäre irgendwo dort. Doch das Büro war zu, ich klopfte und klopfte, aber diesmal machte keiner auf. Was sollte ich nun machen? Wohin sollte ich gehen? Ich ging hinaus auf die Straße, schaute nach rechts und links, wusste aber nicht, wohin. Dann sah ich eine junge, schöne Frau, die dort bei einem Auto stand. Ich ging zu ihr und wollte sie fragen, ob sie vielleicht wüsste, warum das Büro nicht offen war, obwohl die Aufnahmeprüfung heute stattfand. Sie schaute in meine Richtung und lächelte mich an.

„Wissen Sie vielleicht, wo die Aufnahmeprüfung für die Deutschkurse stattfindet?"
„Sie können gleich mit mir mitfahren, wenn Sie wollen, denn ich fahre auch dorthin. Ich bin Roswitha, eine der Lehrerinnen vom Vorstudienlehrgang!"
Ich seufzte ganz erleichtert, bedankte mich und stieg in ihr Auto. Aber das Auto sprang nicht an! Sie versuchte es einige Male zu starten, aber es funktionierte leider nicht. Sie machte die Motorhaube auf, schaute hinein, bewegte ein paar Kabel und versuchte das Auto erneut zu starten. Aber nichts rührte sich.
„Soll ich vielleicht das Auto anschieben?", fragte ich. Ich schob, das Auto sprang an, und ich durfte wieder ins Auto steigen. Wir fuhren ins Keplergymnasium, wo die Einstufungstests stattfanden.
Ich füllte die Testpapiere aus, verstand zwar nicht genau, was man von mir wollte, aber ich schrieb irgendetwas hin, ging anschließend zu Fuß zum Bahnhof und fuhr heim nach Altenmarkt, mit dem Gefühl, dass man mich wohl nicht aufnehmen würde.

Einige Tage später standen wir in der Pension Satran gerade wieder einmal alle in einer Reihe vor der Küche und warteten auf das Mittagessen. Das Telefon klingelte. Ich stand direkt daneben und hob ab.
„Hallo?", sagte ich.
„Can I speak to Fred from Nigeria?", sagte Herr Neuhold.
„Ja, das bin ich", beeilte ich mich zu sagen.
„Ach, hallo Fred! Hier Herr Neuhold, du hast die Aufnahmeprüfung geschafft", sagte er. *„Und du bist in den Deutschkurs aufgenommen worden. Geh zum Bahnhof und schau, wann der nächste Zug fährt und wann er in Graz sein wird, damit ich dich am Bahnhof abholen kann."* Damals war mir nicht klar, dass ich nicht wirklich eine „Prüfung" gemacht hatte, sondern vielmehr einen Einstufungstest, aber nachdem Herr Nagelschmied gesagt hatte, dass die Kurse sowieso bereits voll seien, hatte ich nicht mehr mit einem Deutschkurs gerechnet. Ich vergaß das Mittagessen, lief zum Bahnhof hinter der Pension,

bekam alle Informationen von dem immer freundlichen Bahnwärter und lief zur Telefonzelle, um Herrn Neuhold anzurufen.

„Gut", sagte er. „Ich werde um 18 Uhr am Bahnhof auf dich warten."

Ich eilte in mein Zimmer und nahm nur ein paar Sachen mit, da ich glaubte, dass ich wieder zurückkommen würde, um den Rest zu holen und beeilte mich, den Zug noch zu erwischen. Ich fuhr nach Graz – aber ich kam nie mehr nach Altenmarkt zurück! Alles, was ich in einem Jahr angesammelt hatte, Klamotten, Kochutensilien, Bücher – blieb in Altenmarkt. Ich hatte mich von niemandem verabschiedet, und bis heute tut mir das noch immer leid, denn die Leute waren unheimlich nett. Die Chefin der Pension Satran war nie gestresst und hörte immer lächelnd zu. Sie hatte zwei Söhne, die uns zwar verwöhnt schienen, weil beide ein flottes Auto fuhren und alles hatten, was sie – oder wir – wollten, die aber trotzdem nie arrogant oder abgehoben waren. Wir machten hin und wieder Späße miteinander und spielten sogar ein paar Mal zusammen Fußball. Auch die MitarbeiterInnen waren offen und freundlich, und obwohl einige Mitbewohner hin und wieder „lästig" waren, blieben sie immer ruhig und hilfsbereit, vor allem die junge Frau, die die Arbeit im Büro erledigte.

Dieser „Abschied", der eigentlich nie stattgefunden hat, machte mich viele Jahre lang traurig, und ich weiß bis heute nicht, warum ich in den vielen Jahren in Graz nicht einmal versucht habe, wieder nach Altenmarkt zu fahren und sie zu besuchen. Wollte ich vielleicht alles hinter mir lassen, um dieses Jahr, das trotz vieler positiver Erlebnisse für mich das schlimmste Jahr in meinem bisherigen Leben gewesen war, zu vergessen?

Doch man sollte im Leben nie vergessen, woher man kommt: **„Vergiss nie, woher du kommst, denn die Vergangenheit könnte dich einmal wieder einholen. Das Leben ist eine Reise, es geht manchmal vor und dann wieder zurück."**

Ja, es war ein sehr hartes Jahr gewesen, ein Jahr, in dem ich viel geweint hatte und sehr einsam gewesen war und in dem ich meinen Vater vermisst hatte wie noch nie zuvor! Jedes Mal, wenn ich an ihn dachte, musste ich wie ein kleines Kind weinen, ohne zu ahnen, dass er schon seit vielen Monaten nicht mehr am Leben war.

Die überstürzte Abreise aus Altenmarkt, meiner ersten Zuflucht und Heimat in Österreich, ließ Erinnerungen wach werden an den Tag meiner Abreise aus Nigeria im April 1989. Alle, Vater, Mutter, Stiefmutter, Geschwister, waren gegen fünf Uhr früh aufgestanden, um sich von mir zu verabschieden. Niemand sprach, es war sehr ruhig, so, als wäre jemand gestorben. Meine Mutter kochte, und wir alle aßen schweigend. Ich hatte keinen Appetit, denn für mich konnte es nicht schnell genug gehen. Ich wollte nur weg und alles hinter mir lassen. Ich machte mich fertig, und meine Mutter sagte, sie schaffe es nicht, mich zum Bus zu begleiten. Sie weinte unaufhörlich, also gingen nur meine Schwester Lizzy, die mich bis nach Lagos und zum Flughafen begleitete, mein Bruder Godwin und mein Vater mit mir. Ich hatte kein Geld für einen Flug von Benin nach Lagos, weil ich mein Geld sparen musste für den Rest der Reise, deshalb fuhren wir zur zentralen Busstation, um von dort einen Bus nach Lagos zu nehmen.

Auf dem Weg dorthin sprach keiner ein Wort. Ich hatte meinen Vater selten weinen gesehen und war sehr überrascht, als ihm Tränen übers Gesicht liefen. Je näher wir der Station kamen, desto heftiger weinte er. Bevor ich mit Lizzy in den Bus nach Lagos stieg, nahm er mich in seine Arme (etwas, das er selten getan und was ich mir so oft gewünscht hatte) und sagte: *„Eine gute Reise mein Sohn, pass gut auf dich auf, benimm dich bitte nicht wie ein kleines Kind. Bis bald und denk immer daran:* **Folge dem Fluss und finde das Meer. Denn du weißt, Glück widerfährt dir nicht, Glück findet der, der danach sucht.** *Du wirst viel Glück finden und haben – Gott wird es für dich richten. Du bist zwar jung und allein, aber* **Gott kämpft immer für die Ziege ohne Hörner und vertreibt die Fliegen für die Kuh ohne Schwanz.**"

Ich drückte ihn fest an mich, und bevor er noch mehr sagen konnte, stieg ich zu Lizzy in den Bus, der sich langsam in Richtung Lagos in Bewegung setzte. Das war das letzte Mal, dass ich meinen Vater lebend sah, den Mann, der so vieles für mich getan hatte, der wochenlang im Spital geschlafen hatte, damit der Nachbar mich nicht umbrachte, und der stets zu mir gesagt hatte: *„Du bist mein erster Sohn und sollst stark sein. Du siehst, was mit mir alles passiert ist im Leben, wie kleine Kinder mich im Job herumkommandieren, nur weil ich meine Schule nicht fertig gemacht habe. Du sollst stark sein, um viel mehr im Leben zu erreichen als ich."*

Ich schwor mir, dass ich trotz allem, was nach der Heirat mit der zweiten Frau passiert war, nie böse auf ihn sein wollte, weil er in seinem Leben unter sehr viel Druck stand – unter dem Druck der Familie, seiner Geschwister, der Gesellschaft – und weil er für mich und für uns alle vieles in seinem Leben riskiert hatte. Ich wollte meinem Vater unbedingt beweisen, dass ich einen Mann aus mir machen würde, auf den er stolz sein konnte. Ja, ich wollte ihm im Alter – so wie es sich in Nigeria gehört – alles zehnfach zurückgeben, was er für mich getan hatte. Ich war sein erster Sohn, seine Lebensversicherung, und ich wollte alles dafür tun, dass er am Abend seines Lebens besser dastand als vielleicht am Morgen oder zu Mittag. Ich wollte wieder zu ihm nach Hause zurückkehren, denn: **„Egal wie lange ein Kind draußen spielt und wie lustig das Spiel auch sein mag, es vergisst nie, wieder nach Hause zu gehen."**

Dazu sollte es aber leider nicht mehr kommen! Mein Vater hatte den Abschied vollzogen, ich innerlich nicht, für mich war es nur ein Abschied auf Zeit. Aber er, so erzählte man mir später, habe dem Bus noch lange nachgeschaut, bis er außer Sichtweite war. Er sei nach Hause gegangen, habe sich in sein Zimmer eingeschlossen und den ganzen Tag nicht mehr gegessen. Der Mann, vor dem ich so viel Angst und Respekt hatte, saß da, weinte und aß nicht mehr!

GRAZ – EIN NEUES ZUHAUSE, EINE NEUE FAMILIE

Herr Neuhold stand wie ausgemacht in Graz am Bahnhof und brachte mich ins Jugendgästehaus in der Idlhofgasse. Er kaufte Getränke, zahlte für die erste Nacht und sagte:
„Ich glaube, wir sollten reden. Ich bezahle die erste Nacht für dich. Aber was hast du danach vor, und wovon willst du leben?"
„Ich habe ein wenig Geld von meinen Jobs in Altenmarkt gespart, und ich glaube, mein Bruder in Amerika wird mir helfen, wenn ich Geld brauche", sagte ich, obwohl ich wusste, dass ich zu stolz war, um Brother Austin nach Geld zu fragen, was ich schon im ersten Jahr nie getan hatte. „Außerdem möchte ich morgen ins Restaurant gehen und fragen, wann ich mit der Arbeit beginnen kann."
„Okay", sagte er und ging nach rund einer Stunde.
Jetzt war ich in Graz, hatte sehr wenig Bargeld und ein bisschen Erspartes auf der Bank, weil ich das Geld von meinen Gelegenheitsjobs immer zurückgelegt hatte. Ich wusste aber auch, dass Lizzy mir Geld schicken würde, wenn ich sie darum bitten würde. Doch das wäre für mich nie in Frage gekommen – ich sollte meiner Familie in Nigeria helfen und nicht umgekehrt!

Das Jugendgästehaus war zwar ganz in Ordnung, aber wir mussten in der Früh das Haus verlassen und durften erst am Abend wieder zurück ins Zimmer, was sehr unpraktisch war. Der Deutschkurs hatte noch nicht begonnen, ich kannte hier niemanden und musste auch noch mein Zimmer verlassen? Wo sollte ich hin? Ich ging zuerst ins Restaurant und fragte, wann ich zu arbeiten beginnen konnte. Man sagte mir, dass ich demnächst beginnen könne und alles in Ordnung sei und dass ich nur noch auf die Arbeitsgenehmigung warten müsse. Na toll! Nicht einmal mit meinem Job konnte ich beginnen! Also ging ich ziellos durch die Stadt von neun Uhr morgens bis fünf Uhr am Nachmittag, bis ich wieder in mein Zimmer im Gästehaus durfte. „Das ist ja schlimmer als in Altenmarkt", dachte ich mir. Dort hatte ich drei Mal am Tag eine Mahlzeit, und ich durfte mein Zimmer betreten, wann immer ich wollte – und das alles gratis. Hier musste ich für das Zimmer zahlen. Ich weiß es heute nicht mehr mit Sicherheit, aber ich denke es waren 100 oder 150 Schilling pro Tag, was für mich damals wirklich zu viel war.

Nach drei Tagen erinnerte ich mich an das Afro-Asiatische Institut und fuhr dorthin. Ich traf George aus Ghana, der mir von einem Zimmer im Keller erzählte, das nur 30 oder 50 Schilling pro Tag kostete. Ich ging zum Heimleiter Stefan Doblhofer, der mir sofort das letzte Bett im Keller gab, und so zog ich ins „Afro" ein und wohnte im Keller in einem großen Raum mit vier oder fünf anderen Studenten. Etwa einen Monat lang wohnte ich im Afro, bis Herr Neuhold, den ich mittlerweile „Vati" nannte, ein Zimmer in der Neubaugasse für mich fand, und George wurde mein erster und bester afrikanischer Freund in Graz.

Victor lebte zwar inzwischen auch hier, er war ebenfalls im Jahr 1990 nach Graz gekommen, weil er einen Job bei einer Kohlenfirma bekommen hatte, aber unser Kontakt war weniger intensiv geworden, da ich vormittags im Deutschkurs saß und abends arbeitete. George aber saß mit mir im Deutschkurs, und wir sahen uns täglich.

George lebte und studierte eigentlich in „Jugoslawien", aber wegen des Krieges war er nach Graz gekommen. Er wollte unbedingt sein Studium in Graz fertig machen und wieder nach Ghana zurückkehren. Doch dazu sollte es leider nicht mehr kommen, weil George noch im selben Jahr starb.

Nach einer Woche in Graz rief ich wieder beim Restaurant an, und der Restaurantinhaber sagte, ich solle kommen, um mit der Arbeit zu beginnen. Als ich dort eintraf, zuckte er jedoch mit den Achseln und sagte: „Es tut mir leid, ich habe jetzt doch keinen Job für dich." Ein Schock! Warum das? Was sollte ich jetzt tun? Ich hatte nicht so viel Geld auf der Bank! Ich musste meine Miete zahlen, essen .... Ich fuhr unverzüglich ins Büro von Herrn Neuhold und traf dort auf seine Frau. Aufgebracht erzählte ich ihr, was vorgefallen war und dass ich den Job doch nicht bekommen hatte.

„Was?!", rief sie empört. „*Das gibt es doch nicht! Warte, ich gehe gleich noch einmal mit dir hin. Das darf und kann er nicht machen! Monatelang einen Job versprechen, jetzt ist die Arbeitsgenehmigung da, die auf seinen Namen und sein Restaurant ausgestellt ist und dann sagt er, dass er keinen Job hat?*" Mit dieser Arbeitsgenehmigung konnte ich leider nur bei ihm und nirgendwo sonst arbeiten. Eine neue Firma zu suchen hätte bedeutet: wieder ein neues Formular, wieder Untersuchungen, wieder ein langer Prozess bis zur Entscheidung.

Frau Neuhold ging auf der Stelle mit mir zum Restaurant, und die Art und Weise, wie sie das tat, erinnerte mich an meine Mutter, wie sie mich immer bei der Hand genommen hatte, wenn ich als Kind mit älteren Freunden gespielt hatte und verletzt und weinend nach Hause gekommen war. Zielstrebig war meine Mutter danach mit mir zum Haus des vermeintlichen Übeltäters marschiert und hatte nach dessen Eltern verlangt. Dann wurde gezetert und geschrien, sodass ich mich nächsten Tag heimlich an der Schulwand entlangdrücken musste, um auf dem Schulhof nicht von allen laut als „Mummyboy" ausgelacht zu werden.

Wir kamen also zum Restaurant und trafen den Restaurantchef samt Frau vor der Haustür. Frau Neuhold stellte ihn energisch zur Rede. Was er sich dabei gedacht habe, mir so lange Hoffnungen zu machen und mich dann doch abzulehnen? Sie redeten schnell und laut, und ich verstand kaum etwas. Am Ende sagte die Frau des Restaurantbesitzers – eine tolle Frau, die mich nie wie einen Abwäscher, sondern wie einen Menschen ihresgleichen behandelte:

„*Es tut uns leid. Es war sicher ein Missverständnis*", und wenn ich wollte, könne ich noch am selben Tag beginnen, denn die Arbeitszeit wäre ja sowieso ab 16 Uhr.
„Nein", sagte Frau Neuhold entschieden. „*Der Tag ist bereits vorüber. Er wird morgen kommen und um 16 Uhr hier sein.*" Dann gingen wir weg.

Der Restaurantchef, ein Italiener, stand da und sagte nichts. Ich glaube, dass er mich seit diesem Vorfall hasste. Er sprach selten mit mir. Wenn notwendig, sagten mir seine Frau oder der Koch, was ich zu tun hatte, aber wir wurden nie wirklich warm miteinander. Insgeheim nannte ich den Mann „Schwätzer", weil er Dinge versprochen hatte, die er nicht einhalten konnte oder wollte. In Afrika gilt das Sprichwort: **„Mit einem wilden Tier lässt sich leichter Freundschaft schließen als mit einem Schwätzer."** Wohl auch deshalb sind wir nie mehr Freunde geworden.

Frau Neuhold nannte ich später „Mutti", denn das war die Rolle, die sie für mich gespielt hatte. „Mutti" war für mich eigentlich eine Übersetzung von „Iye", einem Wort aus meiner Muttersprache, das „Mutter" bedeutet und mit dem wir in Nigeria alle Frauen respektvoll ansprechen, die für uns wie eine Mutter und dementsprechend älter als wir sind, unabhängig davon, ob sie auch unsere biologischen Mütter sind.

Ich war sehr stolz, auch in Graz wieder eine Familie gefunden zu haben, genau wie in Wien die beiden Familien Hennefeld und Metyko, die alles oder jedenfalls sehr, sehr viel für mich getan hatten. Ich wusste, dass es mir im Restaurant sehr gut gehen würde, weil der „Schwätzer" gesehen hatte, dass ich eine „Iye" hatte, die keine Furcht kannte und mit mir, einem 25-jährigen Mann, sogar mitkam, wenn es Probleme gab! Ich sollte 6.900 Schilling verdienen, und der Restaurantchef gab mir sogar 7.000, was für mich mehr als genug war, und wenn ich mit der Arbeit nicht so glücklich war, dachte ich stets: *„Es ist ja nur für ein paar Monate, bis ich nach Amerika reise."*

Es ging bergauf mit mir. Ich hatte einen Job, einen guten Freund und eine wunderbare Familie in Graz, und Herr Neuhold fand, wie schon erwähnt, ein eigenes Zimmer in der Neubaugasse für mich. Es war sehr klein, knapp 10 m², aber ich war so froh darüber, denn zum ersten Mal in meinem Leben hatte ich meine eigenen vier Wände! Ich hatte ein Bett, einen Schreibtisch und einen Sessel, mehr brauchte ich nicht. Das Beste an meiner neuen „Wohnung" war, dass ich ein eigenes Badezimmer hatte. Es war zwar vom Gang aus zu begehen, aber ich musste es mit niemandem teilen.

Herr und Frau Neuhold halfen mir dabei, mein kleines Zimmer herzurichten. Es wurde gemessen, ausgemalt, gezeichnet und alles markiert – typische

Architekten eben. Als ich eine Kaution von 3.000 Schilling hinterlegen sollte, zahlte Herr Neuhold für mich und gleich die erste Monatsmiete dazu. Ich unterschrieb ein Papier, dass ich ihnen dieses Geld zurückzahlen würde, sobald ich in der Lage dazu wäre.

Ich bekam alle Küchenutensilien von meiner neuen Familie: Kochplatten, Teller, Messer, Gabeln, Löffel, Geschirrtücher, einfach alles. Sogar einen Wäscheständer, ein Radio und ein Fahrrad brachten sie vorbei! Was waren das für Menschen? Sie kannten mich nicht, aber sie unterstützen mich und gaben für mich ihr Geld und ihre Zeit aus. Das Zimmer kostete 1.500 Schilling, und ich hatte noch 5.500 übrig zum Leben! Und ich wohnte dort allein, zum ersten Mal in meinem Leben hatte ich so etwas wie Privatsphäre! In N.I.F.O.R. war ich mit Godwin im Zimmer gewesen, in Benin City mit Godwin und Lizzy, in Traiskirchen mit sehr vielen Menschen, in Altenmarkt mit Victor, sogar im Jugendgästehaus war ich nie allein gewesen, im Keller des Afro musste ich den Raum mit vier oder fünf Personen teilen und jetzt? Ein Zimmer ganz allein nur für mich! Es war ein berauschendes Gefühl, das sich wie Weihnachten in Benin City anfühlte.

Nach zwei oder drei Monaten brachte ich Herrn Neuhold die 4500 Schilling für die Kaution und die erste Miete. Er schaute mich an und sagte: *„Ich bin sehr überrascht und stolz auf dich, dass du dieses Geld zurückbringst. Damit hätte ich nie gerechnet."* Er holte das Stück Papier aus seinen Unterlagen, zerriss es und sagte: *„Du kannst das Geld behalten."* Und dann erzählte er mir von einer Familie, der er geholfen hatte, die sogar in seinem Wochenendhaus in Lassnitzhöhe – seiner „Hütte", wie er es zu nennen pflegt – gewohnt hatte, und die ihn aber nur ausgenutzt hatte. Dieses Wochenendhaus hatte er auch mir ursprünglich als Wohnmöglichkeit angeboten, aber ich wollte auf keinen Fall mehr auf dem Land wohnen, sondern unbedingt in Graz bleiben und arbeiten. Ich war sehr traurig über die schlechte Erfahrung, die er mit der anderen Familie gemacht hatte, freute mich aber umso mehr, dass er mir trotz dieser Erfahrung vertraute und mich unterstützte.

Dass ich begann, Herrn Neuhold „Vati" und seine Frau „Mutti" zu nennen, irritierte ihn anfangs ein wenig. *„Ich bin nicht dein Vater"*, sagte er eines Tages. *„Kannst du mich nicht einfach Fritz nennen?"*

„Nein", sagte ich. *„Denn du bist bestimmt älter als mein Vater, und ich würde es niemals wagen, meinen Vater oder andere Menschen seines Alters in Nigeria mit dem ersten Namen – mit ihrem Vornamen – anzusprechen. Weißt du, ein Kind wird in Nigeria ‚vom ganzen Dorf geboren', und wir nennen auch Nachbarn oder sogar Menschen auf der Straße, die wir nicht kennen, die aber älter sind, ‚Ebaba' oder ‚Epa' und ‚Iye', das bedeutet dasselbe wie hier in Österreich ‚Vati' und ‚Mutti'. Das ist meine Erziehung, und es bedeutet für mich Respektlosigkeit, wenn ich dich mit deinem Vornamen anspreche. Das würde ich niemals über mich bringen."*
(Auch meine Stiefmutter in Nigeria durften wir Kinder nicht mit ihrem Namen ansprechen, wir nannten sie „Iye", „Auntie" oder „Mama Glory" – nach dem Namen ihres ältesten Kindes.)
„Aber du lebst in Österreich, und bei uns ist das normal."
„Es tut mir sehr leid", sagte ich. *„Aber das kann ich nicht, denn auch meine nur zwei Jahre ältere Schwester nenne ich Sister Lizzy und nicht nur Lizzy."*

So war das bei uns zu Hause immer gewesen: Das Alter einer Person bestimmt das Ausmaß des Respekts, der ihr zusteht. Wenn ich Lizzy das erste Mal in der Früh begegnete und vergaß „Guten Morgen" zu sagen, konnte es vorkommen, dass sie schon böse war und mir beim zweiten Mal gar nicht mehr antwortete. Bis heute ist es mir wichtig, dass gegrüßt wird, das ist eine Form des Respekts und des Anstands, den ich auch von meinen Kindern hier in Österreich erwarte und immer wieder eingefordert habe, was des Öfteren zu Unstimmigkeiten in unserer Familie führte: Ein Kind steht auf, kommt verschlafen in die Küche, setzt sich stumm zu den Eltern an den Küchentisch und beginnt zu frühstücken! Ungeheuerlich! Sollte ich sie als Vater etwa zuerst grüßen? Lange war das ein Streitthema bei uns zu Hause, aber inzwischen haben wir einen Kompromiss gefunden. Die Kinder haben verstanden, dass es mir sehr wichtig ist, dass sie grüßen, auch im eigenen Haus und auch, wenn sie gerade erst aufgestanden sind und noch den „Polster im Gesicht haben"! Ich habe mich früher immer geärgert, heute bin ich etwas entspannter in dieser Sache und kann auch einmal darüber hinwegsehen, wenn sie morgens schlaftrunken in die Küche schlurfen und kaum hörbar so etwas wie „Moagn" murmeln. Ich würde mich aber nach wie vor sehr schämen, wenn meine Kinder in Nigeria ältere Menschen nicht sofort unaufgefordert und mit Respekt grüßen würden. Als wir 2013 meinen „Bruder" in den USA besuchten, war ich sehr beeindruckt, dass seine drei Kinder nicht nur in der Früh sofort grüßten, sondern sich auch nach dem Essen bei den Eltern und dann bei mir und meiner Frau bedankten! Ich war begeistert, dass sie in den USA ihre höflichen Umgangsformen beibehalten hatten und schämte mich auch ein klein wenig dafür, dass unsere Kinder das nicht auf gleiche Art und Weise taten.

Ich bin Herrn Neuhold bis heute sehr dankbar, dass er damals nachgegeben und mir erlaubt hat, ihn „Vati" und seine Frau Heidi „Mutti" zu nennen, was sie bis heute für mich geblieben sind. Ich hätte es mit meiner nigerianischen Erziehung nie geschafft, die beiden mit Vornamen anzusprechen. Damals war das wohl ein interkulturelles Missverständnis zwischen uns beiden, aber ich bin sehr froh darüber, dass wir es klären konnten. Heute nenne ich sie sehr bewusst so, nicht nur aus meiner nigerianischen Erziehung heraus, sondern auch, weil sie für mich tatsächlich wie Vater und Mutter geworden sind. Und auch sie haben mich angenommen wie ihren Sohn und stellen mich auch als

„Mutti" und „Vati" Neuhold bei der Silberhochzeit mit Tochter Erika an der Gitarre

ihren Sohn vor, wenn sie mich mit anderen Leuten bekannt machen, genauso wie sie meine Frau ihre Schwiegertochter und unsere Kinder ihre Enkelkinder nennen. Sie nehmen auch die Aufgaben, die ihnen mit diesen Rollen zugefallen sind, sehr ernst. Sie sind mit unseren Kindern und für unsere Kinder überall gewesen: in der Oper, im Schauspielhaus, bei Vorspielstunden am Konservatorium, bei Theateraufführungen der Schauspielgruppe und bei der Kindermette zu Weihnachten ... Kurzum, sie haben die Großelternrolle perfekt angenommen und ausgefüllt, sogar noch bevor ihre beiden eigenen Töchter Erika und Dorit sie zu Großeltern machen konnten! Alles, was Eltern und Großeltern für ihre Kinder machen, taten sie für mich, und bei meiner Hochzeit übernahm „Vati" die Rolle meines Vaters. Heidi und Fritz Neuhold sind nicht nur im afrikanisch-nigerianischen Sinn „Iye" und „Ebaba", sondern sie sind für mich echte, wunderbare Eltern geworden.

Meine Hauptarbeit im Restaurant des „Schwätzers" bestand darin, dem Koch zur Hand zu gehen und alles zu waschen, die frischen Fische zu putzen, zusammen mit der Kellnerin das Besteck zu polieren und die Tische vorzubereiten. Ich hasste Abwaschen und Fische putzen, denn die riesigen Töpfe waren schwer und unhandlich, der Fischabfall stank, und der Geruch haftete oft noch an den Händen, an der Kleidung, am ganzen Körper, wenn man sich schon gewaschen und auf den Heimweg gemacht hatte. Aber es war mein erster richtiger Job, und ich bekam Geld dafür! Meine Arbeit endete um Mitternacht. Der Heimweg war zum Glück nicht lang, denn das Restaurant war unweit vom Südtiroler Platz, und ich brauchte nur ungefähr zehn Minuten zu Fuß nach Hause.

Zu Hause duschte ich und legte mich müde aufs Bett. Manchmal ließ ich meine bisherigen Arbeitserfahrungen in Österreich vor meinem inneren Auge Revue passieren. Hatte mein Vater recht behalten, als er sagte: *„Was willst du in Europa, außer die Teller, Klos und Hinterteile von den Weißen zu putzen und zu waschen?!"* Ich dachte an meine Erfahrungen in Baden und Wien. Über Vermittlung von Frau Hennefeld hatte ich einen kleinen Job in Baden gehabt: Einmal in der Woche hatte ich ein 5-stöckiges Haus zu putzen, für 300 Schilling am Tag inklusive Fahrt. Im Haus wohnte auch eine Amerikanerin, die schon so lange in Österreich lebte, dass sie die englische Sprache schon fast völlig vergessen hatte. Sie hatte zwei Söhne – einer davon war in meinem Alter. Sie freute sich immer auf meinen Besuch und gab mir jedes Mal eine Jause, auf die ich mich stets freute. Wenn ich im Haus war, kam sie aus ihrer Wohnung heraus, blieb vor der Tür stehen, überreichte mir meine Jause und unterhielt sich mit mir. Wir redeten über meinen Plan, nach Amerika zu gehen, wie es mir in Österreich ging und noch vieles andere mehr. Bevor sie wieder in ihre Wohnung verschwand, drückte sie mir immer ein oder zwei extra 20-Schilling-Scheine in die Hand und gab mir Bescheid, ob sie nächste Woche da sein würde oder nicht. Wenn nicht, legte sie die Jause für mich unter die Stiege.

Etwas anderes, das mir von diesem Haus für immer in Erinnerung geblieben ist, ist das Erlebnis mit einem alten Mann, der dort wohnte. Er sprach nie mit mir, aber eines Tages kam er auf mich zu, streckte seine Hand aus, als würde er mich begrüßen wollen, schüttelte mir auch tatsächlich die Hand, übergab mir etwas, sagte „Hallo" und ging weg. Als ich meine Hand aufmachte, sah ich 500 Schilling darin und bevor ich mich noch bedanken konnte, war der Mann verschwunden. Ich sah ihn leider nie wieder. Ich habe mich einerseits immer über diese Geste gefreut, aber gleichzeitig fand ich es auch irgendwie beschämend, als Erwachsener von einem alten Menschen beschenkt zu werden.

Ähnliches passierte mir mehr als 15 Jahre später noch einmal bei einem Fest in der Volksschule Klara Fietz in Graz. Ich war dort als Organisator und Projektleiter, ich hatte mit meinem Team ein dreitägiges Projekt mit einem großen Abschlussfest gestaltet. Ich war stolz, denn alles war gut gelaufen, und viele Eltern und Großeltern waren gekommen und gratulierten uns zum gelungenen Fest beziehungsweise zum Projekt. Eine alte Frau stand etwas abseits und beobachtete mich stumm. Bevor sie wegging, kam sie noch auf mich zu, reichte mir die Hand und verschwand dann eilig. Sie hatte mir einen 10-Euro-Schein zugesteckt! Natürlich hatte sie es gut gemeint, aber mir ging es nicht gut dabei.

Eine andere Arbeit, die mir auch Frau Hennefeld vermittelt hatte, war ein Putzjob bei einer jungen Familie. Das junge Pärchen war sicherlich nicht älter als ich, hatte aber eine eigene Kleiderboutique, und ich durfte ihre Wohnung in Wien putzen. Die Wohnung war im sechsten oder siebten Stock, und ich sollte auch hin und wieder – ohne Sicherung – von außen das Fenster putzen. Eines Tages stand ich am Fenster und schaute auf die Autos hinunter. Was würde passieren, wenn ich jetzt hinunterfallen und sterben würde? Würde man meine Leiche nach Nigeria schicken? Oder würde man mich für Experimente verwenden oder mich irgendwo verscharren? Wie würde meine Familie davon erfahren? Lohnte sich so ein Risiko für 50 Schilling pro Stunde? Auch bei der Mutter der jungen Frau half ich manchmal aus und schleppte Feuerholz auf dem Rücken aus dem Keller in den siebenten Stock. Gott, tat das weh! Andererseits war ich den Leuten unheimlich dankbar dafür, dass sie mir Arbeit gaben. Frau Hennefeld erzählte ich nie, was genau ich dort tat oder wie es mir dabei ging, aber mein Vater hatte nicht ganz unrecht gehabt: Bis jetzt hatte ich hauptsächlich geputzt und gewaschen, wenn auch keine Hinterteile, wie er gemeint hatte. Auf jeden Fall berichtete ich meiner Familie und meinen Freunden in Nigeria lieber nicht, wie ich hier mein Geld verdiente.

Die Arbeit im italienischen Restaurant machte mir aber dennoch auch Spaß, weil ich mich sehr gut mit Paolo, dem Koch, und mit der Chefin verstand. Mit der Zeit wurde ich es aber leid, jeden Tag Pizza zum Abendessen zu bekommen. Paolo, ein humorvoller, gutmütiger Kerl aus Neapel, wäre sofort bereit gewesen, für mich Spaghetti Bolognese oder andere Pasta zu zaubern, aber angeblich hatte er „von ganz oben" die Order bekommen, mir nur Pizza oder Spaghetti mit Olivenöl vorzusetzen. Paolos Pizza war ja auch nicht schlecht, ich fand sie sogar sehr gut, aber nach fünf Monaten hätte mir die Pizza des weltbesten Kochs nicht mehr geschmeckt. Ich habe damals so viel Pizza gegessen, dass ich eine tiefsitzende Abneigung gegenüber Pizza entwickelt habe, die bis heute fortwirkt – sehr zum Leidwesen meiner Familie. Wenn Freunde heute vorschlagen, schnell einmal auf eine Pizza zum Italiener zu gehen, habe ich augenblicklich keinen Appetit mehr.

Im Übrigen war ich sehr fasziniert von der italienischen Küche, vor allem von Calamari fritti, und ich wollte unbedingt, dass Paolo das auch einmal für mich machte. Aber das durfte er im Restaurant nicht. Verwunderlich fand ich nur, dass für die Gäste immer derart viel frittiert wurde, dass sie nicht einmal die Hälfte davon essen konnten. Mein Job war es dann, die andere Hälfte in den Müll zu schmeißen und die Teller zu waschen. Es war für mich sehr erniedrigend und obendrein schwer, dieses feine Essen wegzuschmeißen. So wählte ich manchmal Teller von Gästen aus, die mir sympathisch waren und die ich nicht unappetitlich fand und aß heimlich von deren Calamari, wenn sie wieder einmal die Hälfte auf dem Teller gelassen hatten. **„Die Sonne geht an keinem Dorf vorüber", „No condition is permanent"** – solche und ähnliche Lebensweisheiten aus Nigeria hielten mich aufrecht, wenn ich mich dabei schlecht fühlte.

Es war mir eine große Genugtuung, als mich meine Grazer Eltern, Vati und Mutti Neuhold, Jahre später zur Feier meines College-Abschlusses zum Essen ausführen wollten und mir die Wahl des Lokals überließen. Was für ein unbeschreiblicher Genuss war es, als Gast in eben diesem Restaurant zu sitzen und von den ehemaligen Arbeitskollegen und dem Chef bedient zu werden und die größte Portion an Calamari fritti und anderen Köstlichkeiten zu bestellen, die ich nur verdrücken konnte!

INGRID: GLÜCK WIDERFÄHRT DIR NICHT – GLÜCK FINDET DER, DER DANACH SUCHT!

Eine Woche nach meinem Arbeitsbeginn fing auch der Deutschkurs am Vorstudienlehrgang der Grazer Universitäten an, und ich freute mich sehr, dass George, mein Freund aus Ghana, den ich im Afro kennengelernt hatte, mit mir im selben Kurs war! Die Teilnehmer des Deutschkurses waren ein sehr bunter Mix von Menschen aus verschiedensten Ländern und Kontinenten. Die KursteilnehmerInnen kamen aus Ghana, Ruanda, China, Japan, Bulgarien, Finnland, Italien, Großbritannien und wahrscheinlich noch vielen anderen Ländern mehr. Wir verstanden uns sehr gut im Deutschkurs und freundeten uns miteinander an. Es gab oft gemeinsame Feste und Unternehmungen nach den Kursstunden. Viele der KollegInnen habe ich leider später nie mehr wiedergesehen, wie zum Beispiel den Pastor aus Finnland mit seiner Frau oder Francesca aus Italien, bei deren Hochzeit ich noch Gast sein durfte. Aber einige sind in Graz geblieben: Ogniyan, ein begabter Klavierspieler aus Bulgarien, den ich heute noch ab und zu sehe, wenn er im Grazer Casino oder bei Kastner & Öhler Klavier spielt, und seine Frau Maria, Robert aus Ruanda, der sein Technikstudium an der TU Graz fertig gemacht hat und nach wie vor in Graz lebt, oder Dr. Chen aus China, der auch noch immer in Graz lebt und arbeitet.

Die KollegInnen im Kurs waren sehr nett, und die Ausbildung machte wirklich Spaß. Doch bald kam der Schock: Ich sollte 3.000 Schilling für den Kurs zahlen! Wo sollte ich dieses Geld hernehmen? Ich rief Frau Hennefeld in Wien an, um sie zu fragen, ob sie mir vielleicht helfen könnte. Sie war nicht

Deutschkurs am Vorstudienlehrgang mit Freunden und Lehrerinnen

erreichbar, und ich bat ihre Assistentin, ihr auszurichten, dass ich Hilfe benötigte. Natürlich, wenn ich Mutti und Vati Neuhold gefragt hätte, hätte ich das Geld sicherlich ohne Wenn und Aber sofort bekommen, aber ich konnte doch die Familie, die ich noch nicht sehr lang kannte, und die gerade erst die Kaution und eine Monatsmiete meiner Wohnung bezahlt hatte, nicht schon wieder um Geld bitten!

Nachdem ich Frau Hennefeld nicht erreichen konnte, beschloss ich, es bei der Caritas zu versuchen. Dort traf ich auf den Caritas-Mitarbeiter Michael Veselka, dem ich von meinem Problem erzählte. Er sagte, ich solle am Nachmittag wiederkommen, denn er müsse mit seinem Chef, Herrn Paar, sprechen, ob er für den Kurs zahlen dürfe.

„Weißt du", sagte er weiter, „ich bin Halb-Afrikaner, mein Vater ist Nigerianer, und ich freue mich immer sehr, wenn Afrikaner hierherkommen, die Sprache lernen und, wenn es geht, versuchen zu studieren."

Inzwischen hatte Frau Hennefeld meine Nachricht erhalten. Sie rief mich an und versprach, mir das Geld zu schicken bzw. es auf mein Konto zu überweisen. Als ich am Nachmittag zur Caritas kam, erhielt ich dort ebenfalls eine Zusage, dass ich die 3.000 Schilling bekommen würde. Ich rief wieder Frau Hennefeld an und erzählte ihr von der Zusage der Caritas, doch sie meinte, dass ich dieses Geld für das nächste Semester reservieren sollte. Die Deutschkurskosten für das Winter- und Sommersemester waren also gedeckt!

Unsere Lehrerinnen hießen Hildegard, Sigrid und Ingrid. Ich verstand mich sehr gut mit allen drei, aber vor allem mit Ingrid. Sie war sehr aufmerksam im Kurs und sah, dass ich oft müde war, halb schlief und auch oft traurig war. Eines Tages tranken wir einen Kaffee zusammen in der Kantine des Afro, und sie fragte mich, ob alles in Ordnung sei oder ob ich Probleme habe. Ich erzählte ihr ein bisschen von meinem Leben und von meinem Traum, nach Amerika zu reisen, der in immer weitere Ferne zu rücken schien. Sie hörte mir mitfühlend zu, und von da an wurden wir Freunde. Wenn wir Zeit hatten, was leider nicht oft der Fall war, machten wir lange Spaziergänge durch die Stadt, und ich durfte ihr dabei immer von meinem Leben und meinen Träumen erzählen. Auf diese Weise wuchs und vertiefte sich unsere Freundschaft.

So aufmerksam und einfühlsam diese Frau auch war, so ahnte sie doch nicht, welchen Kulturschock sie mir eines Tages versetzte, als sie mich fragte: *„Sag mal, hast du nicht Lust, heute mit mir in den Wald spazieren zu gehen?"*
„Was? In den Wald?", fragte ich ungläubig. *„Warum gehen wir nicht in ein Café oder einfach durch die Stadt wie sonst? Willst du mich verstecken? Warum müssen wir in den Busch gehen?"*
„Nein", sagte sie. *„Ich will in den Wald! Ich möchte mit dir in der frischen Luft spazieren gehen, in der Natur! Es würde dir guttun!"*

Noch nie war ich in Nigeria freiwillig und ohne Stock oder Machete im Wald spazieren gegangen, denn dort gibt es Schlangen und andere gefährliche Tiere! Wenn wir mit Freunden spazieren gingen, dann in der Stadt oder durch bewohnte Ortsteile, wo es Menschen und Häuser gibt. Als mich Ingrid schließlich davon überzeugt hatte, dass uns in den Grazer Wäldern nichts Gefährliches erwartete, gab ich schließlich nach. Im Wald, heimlich argwöhnisch links und rechts blickend, erzählte ich ihr zum ersten Mal von meinem

„Brother Austin" in Amerika, und sie fragte, ob sie ihn anrufen dürfe, um herauszufinden, was er wirklich mit mir vorhatte. Da sagte ich ihr, dass er nicht wirklich mein Bruder, sondern eigentlich ein Cousin war.
„Warum nennst du ihn dann Bruder und nicht Cousin?", wollte sie wissen.
„Weil er beleidigt wäre, wenn ich ihn so nennen würde. Für uns besteht die Familie eben nicht nur aus Vater, Mutter, Kindern und vielleicht Großeltern, sondern die Familie ist sehr groß. Die große oder erweiterte Familie lernt man oft erst bei Ereignissen wie Hochzeiten oder Begräbnissen vollständig kennen. Aber in Nigeria nennen wir alle Bruder und Schwester – Cousin und Cousine, Bruder und Schwester, ja sogar gute Freunde und Freundinnen."

Es klang für sie nicht ganz einleuchtend und verwirrend – wie konnte man dann wissen, von wem man sprach, wie konnte man dann unterscheiden, wie man genau mit wem verwandt war? Dass das bei uns nicht so wichtig ist, war für sie seltsam. Sie schien zwar irritiert, akzeptierte aber meine Erklärungen. Vielleicht war es mir aber doch nicht ganz gelungen, ihr den nigerianischen Familienbegriff näherzubringen, denn ich erinnere mich heute noch lebhaft an ihr blasses Gesicht, als sie später einmal, nach dem Tod meines Vaters, einen Brief fand, der an mich adressiert war, und der mit *„My dear husband!"* begann! Es kostete mich sehr viel Mühe, sie zu beruhigen und sie zu überzeugen, dass ich ihr keine nigerianische Ehefrau verschwiegen hatte, sondern dass mich meine Stiefmutter so anredete! Die Stiefmutter nannte ihren Stiefsohn „husband"? Es war nicht leicht, verständlich zu machen, dass meine Stiefmutter, die ich als Kind noch „Auntie" genannt hatte und sie mich „Fred", mich nicht mehr mit meinem Vornamen anreden durfte, weil ich nun erwachsen war. Außerdem war ich nach dem Tod meines Vaters das Oberhaupt unserer Familie geworden. Die Anrede meiner Stiefmutter war eine Bezeugung des Respekts und der Anerkennung meiner Position.

Ingrid rief meinen Cousin „Brother Austin" tatsächlich an, sagte, dass sie meine Lehrerin und Freundin wäre und dass sie sich ein wenig Sorgen um mich machte. Mein „Bruder" freute sich von ihr zu hören und versprach, alles daranzusetzen, dass er mich in die USA holen könne, sie brauche sich keine Sorgen um mich zu machen, und er sei froh, dass ich in ihr eine so gute Freundin gefunden habe, der ich vertrauen könne.

Mein Leben nahm allmählich Struktur an, und alles begann sich in regelmäßigeren Bahnen zu bewegen. Natürlich war es nicht leicht, bis ein oder zwei Uhr nachmittags im Deutschkurs zu sitzen, dann nach Hause zu fahren, um 16 Uhr im Restaurant zu sein, bis Mitternacht zu arbeiten, um dann wieder nach Hause zu gehen, zu duschen, frühestens um ein Uhr ins Bett zu gehen und um halb sieben wieder aufzustehen, weil ich um kurz vor acht Uhr wieder in der Leechgasse sein musste, wo der Deutschkurs um acht Uhr begann! Ich wurde im Kurs leider immer um kurz nach elf Uhr entsetzlich müde und verbrachte die zweite Hälfte des Vormittags damit, gegen den Schlaf anzukämpfen und dem Geschehen im Deutschkurs in einigermaßen aufrechter Haltung zu folgen.

George wurde mein bester Freund, aber ich hatte leider immer weniger Zeit für ihn, weil ich nach dem Kurs immer gleich nach Hause wollte. Ich musste ja auch noch Hausaufgaben machen, etwas kochen, essen, mich noch ein wenig hinlegen, um für die Arbeit bereit zu sein.

Die Freundschaft zu Ingrid wurde intensiver, wir waren zwar noch nicht „zusammen", aber wir verbrachten viel Zeit miteinander. Die Osterzeit nahte, und Ingrid fuhr nach Hause zu ihren Eltern in die Obersteiermark, was mich sehr traurig machte, weil ich gehofft hatte, dass wir uns in den Feiertagen öfter sehen und viel Zeit für einander haben würden.
„*Ich habe meine Eltern sehr lange nicht mehr gesehen*", sagte sie. „*Außerdem bin ich zu dieser Zeit immer nach Hause gefahren. Aber wenn du willst, komme ich am Ostermontag zurück, und wir können am Abend gemeinsam etwas unternehmen.*"
Vati Neuhold fragte mich, ob ich bereit wäre, am Ostermontag bei einem Programm für Kinder mitzumachen. Er und Mutti waren in ihrer Pfarre sehr aktiv. Sie betreuten Kinder und bereiteten sie für die Erstkommunion vor. Wenn ich wollte, könnte ich mit den Kindern ein Programm machen: Ein wenig von mir erzählen, vielleicht ein Lied mit ihnen singen und kochen. Das machte mich nervös – wie sollte das gehen? Mein Deutsch war immer noch schlecht, ich konnte zwar singen, aber wie sollte ich ihnen ein Lied beibringen, und was sollte ich mit diesen Kindern kochen? Ich war ja gar nicht in der Lage so viel zu kochen – würden sie das, was ich zustande brachte, essen wollen?

Außerdem war ich für Montagabend mit Ingrid verabredet. Ich wollte Vati nicht enttäuschen, aber Ingrid wollte ich auch treffen. Zu meiner Zeit in Nigeria wollten die Eltern gar nicht wissen, ob wir einen Freund oder eine Freundin hatten. Alles drehte sich um Schule und Ausbildung, und ob ich mit Mädchen ausging, interessierte meinen Vater nicht. Außerdem durfte man als gläubiger Christ in Nigeria zwar eine Freundin haben, aber vor der Hochzeit keine Nacht mit ihr allein verbringen. Vati und Mutti waren für mich sehr gläubige Menschen, die regelmäßig in die Kirche gingen, oft in der Bibel lasen und vor dem Essen beteten. Sie würden es sicher nicht schätzen, wenn sie wüssten, dass ich mit einer jungen Frau ausging, dachte ich! Also wagte ich es nicht, Vati mitzuteilen, dass ich mich in die Lehrerin verliebt hatte. Ich war daher sehr aufgeregt und wusste nicht, wie ich ihm sagen sollte, dass ich am Montag spätestens um 18 Uhr in Graz sein wollte.

Das Programm für die etwa fünfzehn ErstkommunikantInnen fand im Garten des Wochenendhauses der Familie Neuhold in der Nähe von Lassnitzhöhe statt. Es war für mich das erste Mal, dass ich mit Kindern in Österreich ein Programm gestaltete, eine Arbeit, die später zu meinem Beruf werden sollte. Es war eine Chance, die ich von meiner neuen Familie in Österreich bekommen hatte. Ich kochte mit den Kindern Erdnusssauce mit Paprika und Hühnerfleisch und dazu Reis – eine Speise, die ich in Nigeria nie gekocht hatte, aber die alle meine österreichischen Freunde in den ersten zehn Jahren meines Lebens in Graz zumindest einmal serviert bekamen –, spielte mit den Kindern, und wir sangen Lieder auf Englisch und Edo, meine Muttersprache. Es machte mir wirklich viel Spaß, aber meine Gedanken waren trotzdem die meiste Zeit in Graz, bei meinem Termin um acht Uhr Abend mit Ingrid. Am Nachmittag sagte ich Vati, dass ich spätestens um 18 Uhr in Graz sein müsse, weil ich später einen Termin mit meinem „Teacher" hätte. Ich sagte „Teacher", weil das neutral klang und keine Fragen aufwerfen würde. Er sagte: *„Kein Problem"*, und brachte mich sogar in die Stadt zu einer Bushaltestelle. Von dort nahm ich den Bus, fuhr nach Hause und machte mich für das Treffen mit meinem Teacher fertig. Ich wohnte in der Neubaugasse, nicht weit entfernt von einer Diskothek namens „Teatro" (das heutige „ppc"). Dort trafen wir uns um 20 Uhr, doch Ingrid und ich standen leider vor verschlossenen Türen. Wir suchten lang nach einer Disco, die am Ostermontag offen hatte, landeten schließlich im „Q" und tanzten die ganze Nacht durch.

NEUBAUGASSE

Ich lag in meinem kleinen Zimmer, und Ingrid war bei mir. Wir waren am Vorabend auf einem Fest gewesen, und es war spät geworden, also wollten wir ausschlafen. Es war gegen acht Uhr am Morgen, als jemand heftig an meiner Zimmertür klopfte. Wer konnte das sein? Vielleicht George, mein einziger Freund? Er wusste, dass ich wieder mit Ingrid aus gewesen war, und vielleicht war er neugierig geworden und wollte, dass ich ihm von dem Abend erzählte. Ich schloss die Tür auf und wollte schon mit ihm schimpfen, weil er so früh störte. Doch vor mir stand ein großer Mann in Zivilkleidung, der mir irgendeinen Ausweis unter die Nase hielt, den ich nicht richtig sehen konnte und sagte:
"Ich bin Polizist. Darf ich Ihre Papiere sehen?"
Ich war sofort auf hundertachtzig. Ich war beunruhigt und gleichzeitig echt wütend. *"Wie bitte? Habe ich etwas angestellt? Ist etwas passiert? Warum kommen Sie zu mir nach Hause und wollen meinen Ausweis sehen?"*
"Jemand aus dem Haus hat uns angerufen und uns mitgeteilt, dass vor seiner Haustüre Schuhe gestohlen worden sind, und wir schauen jetzt bei allen Bewohnern im Haus nach."
Schuhe? Gestohlen? Das machte mich noch wütender, denn ein paar Tage zuvor hatte jemand meine eigenen Schuhe gestohlen, die ich nach der Arbeit immer vor meiner Haustür stehen ließ! Und ich war zu blöd gewesen, den Vorfall der Polizei zu melden! Und jetzt das!
Warum wollte er meine Papiere sehen? Warum trug er keine Uniform? Ich war verwirrt und gleichzeitig zutiefst empört. Da wurde mir plötzlich klar, dass er log und dass irgendetwas anderes passiert sein musste, weshalb er zu mir gekommen war. *"Es tut mir leid"*, sagte ich. *"Aber ich zeige Ihnen meinen*

Ausweis sicher nicht. Wenn Sie möchten, gebe ich Ihnen meinen Namen und Sie können in Ihrem Computer nachschauen, ob ich legal oder illegal hier bin."
Ingrid war das Ganze peinlich, und sie sagte zu mir: *"Zeig ihm doch deinen Pass mit dem Visum, du hast doch ein Visum. Du lebst ja schon seit mehr als einem Jahr hier in Österreich."*
"Nein", sagte ich, *"denn ich habe nichts getan. Wieso kommt er in aller Früh zu mir in mein Zimmer und erzählt etwas von gestohlenen Schuhen, wenn ich nichts getan habe? Wenn er will, kann er mich verhaften und gleich mitnehmen!"*
Die Worte gingen hin und her, bis der Polizist plötzlich sagte: *"Okay, ich gehe jetzt, aber ich komme wieder."*
Ingrid war verwirrt. *"Warum hast du ihm nicht deinen Pass gezeigt? Du hättest ihn ja nicht hergeben müssen, sondern du hättest ihn einfach nur herzeigen können!"*
"Ich hätte ihm den Pass aber nicht zeigen können! Ich habe meinen Pass nämlich gar nicht hie...!" Augenblicklich stoppte ich. Ich wechselte abrupt das Thema und redete und redete. Ich hätte mich ohrfeigen können! Um nichts in der Welt wollte ich, dass Ingrid erfuhr, dass ich keinen Reisepass mehr hatte, sondern nur eine Lagerkarte von Traiskirchen. Sie sollte auf keinen Fall erfahren, dass ich offiziell ein Flüchtling, ein Asylwerber war! Und es sollte noch lange Zeit dauern, bis ich zu dieser Tatsache stehen konnte.
Ich erzählte Ingrid, ich hätte meinen Pass bei George, aber das fand sie auch etwas merkwürdig – was sollte George mit meinem Pass anfangen? Meine Erklärungsversuche wurden immer verworrener, und irgendwann hörte Ingrid mit ihrer „Inquisition" auf. Sie hatte verstanden, dass es da etwas gab, worüber ich (noch) nicht sprechen wollte und ließ mich in Ruhe. Aber sie vertraute mir.

Für mich war es die erste Erfahrung mit der österreichischen Polizei – falls der Mann wirklich ein Polizist gewesen ist –, und es hatte in mir nebenbei auch unangenehme Erinnerungen an einen Vorfall in Nigeria geweckt. Und so erzählte ich Ingrid, woher meine Aggressionen gegenüber der Polizei kamen.

Wir wohnten bereits in Benin City, und mein Vater betrieb auch weiterhin nebenbei seine kleine Landwirtschaft. Wir pflanzten Yams, Cocoyams, Cassava

(Maniok), Pfeffer, Bohnen, Melanzani und sogar Reis an. Als Vater in Pension ging, wurde das Geld spürbar knapper, und da wir viel Grund besaßen, fuhr Vater von Benin City rund 30 Kilometer nach N.I.F.O.R., um Nahrungsmittel anzupflanzen – teils für unseren Eigenbedarf und teils für den Verkauf. Wir hatten einen alten Bus, mit dem wir meistens hinfuhren, aber ich war immer schon ein Fan von Motorrädern gewesen. Mein Vater besaß auch eine alte Yamaha, mit der ich hin und wieder unterwegs sein durfte. Natürlich nur, wenn ich „brav" war (was aber nicht oft vorkam), er gute Laune hatte oder er mich damit irgendwo hinschickte. Eines Morgens bat er Godwin und mich, mit dem Motorrad zum Bauernhof zu fahren, um dort ein paar Arbeiten zu erledigen. Natürlich hatte ich keine große Lust, aber nach einigem Hin und Her fuhren wir los. Wir bekamen nur das Geld für das Benzin mit. In Oluku, zwanzig Kilometer von zu Hause entfernt, wurden wir von einem Polizisten aufgehalten. Unsere Fahrzeugpapiere waren in Ordnung, aber den Polizisten interessierten weder die Papiere noch der Zustand des Fahrzeuges, noch die Frage, ob ich überhaupt schon einen Führerschein hatte und das Motorrad lenken durfte. Er wollte Geld.

„Bitte", sagte ich. „Wir fahren zu unserem Bauernhof und haben nur das Geld fürs Benzin dabei." „Ist mir egal", sagte er. „Wenn ihr mir kein Geld gebt, fahrt ihr nicht weiter." Und er zog den Zündschlüssel des Motorrads ab und versenkte ihn in seiner Hosentasche. Wir standen da, warteten und hofften, dass er uns nur einschüchtern wollte und dann weiterfahren lassen würde.

Es war halb acht Uhr morgens, und der Polizist kannte kein Erbarmen. Er ließ uns dort stehen, eine Stunde, zwei, die Zeit verrann, und wir waren machtlos. Schließlich kamen sogar seine eigenen Mitarbeiter zu ihm und setzen sich für uns ein. „Lass sie doch weiterfahren, das sind junge Burschen, die haben nicht mehr Geld dabei!" Doch er blieb hart, denn er war „the man in charge" – der Chefinspektor an diesem Tag.

Ich bot ihm unser ganzes Benzingeld an, aber er nahm es nicht an, denn es war ihm zu wenig.

Gegen Mittag kam sein Sohn, ein Student, der etwa in meinem Alter war, und von ihm Geld für die Uni haben wollte. Er gab ihm von dem Geld, das er seit diesem Morgen offenbar den Autofahrern abgeknöpft hatte, die er angehalten hatte. Der Sohn nahm das Geld, ging wieder weg und ließ uns mit seinem Vater zurück. Der Zündschlüssel unseres Motorrads blieb weiterhin in seiner Hosentasche. Um ein Uhr am Nachmittag gaben wir auf. Ich ließ Godwin zurück, nahm mit dem Benzingeld ein Taxi, fuhr zurück nach Benin City, um von zu Hause mehr Geld zu holen, kam zurück, händigte dem Polizisten das Geld aus, worauf er mir wortlos den Motorradschlüssel zurückgab. Es war inzwischen fast drei Uhr nachmittags, es hatte mehr als 35 Grad, und wir wussten, dass es keinen Sinn mehr hatte, jetzt noch zum Bauernhof zu fahren. Wir drehten das Motorrad um, und beim Wegfahren explodierte der Hinterreifen, weil das Fahrzeug bereits zu lange in der Hitze gestanden und der Gummi zu heiß geworden war. Nicht auszudenken, wenn das in voller Fahrt passiert wäre! Der Polizist schaute uns nur finster an und drehte sich weg – ohne ein Wort. Wir mussten das Motorrad zu zweit, mit dem zerfetzten Reifen, zwanzig Kilometer bei sengender Hitze nach Hause schieben. Und das alles ohne Geld, ohne Hilfe, ohne Essen und Trinken! Nach fünf Kilometern kamen plötzlich auch noch dunkle Wolken und innerhalb von Minuten ergossen sich Sturzbäche über uns! Als ob der Himmel sich erbrochen hätte vor Zorn. Wenn ich diesen Mann noch einmal in meinem Leben treffen könnte ...!

Mit meinem Bruder Godwin am Strand von Lagos 1994

SCHWARZ = ILLEGAL?

Von dem Polizisten, der mich in aller Früh aufgesucht hatte, hörte ich nie wieder etwas, aber meine Vermutungen bestätigten sich schon ein paar Tage nach seinem Auftauchen in der Neubaugasse. Und zwar durch die nette Putzfrau, die immer das Stiegenhaus in unserem Haus wischte. Ich vermutete, dass sie selber eine Migrantin war, konnte es aber nicht mit Sicherheit sagen. Für mich klang ihr Deutsch nicht so perfekt, es sei denn, sie hat nur wegen mir versucht, mit mir in der „Ausländersprache" zu reden, damit ich sie besser verstehen könnte: *„Du kommen aus Afrika? Du in Graz arbeiten?"* oder *„Was arbeiten du hier in Graz?"* Der Briefträger zum Beispiel, der mich auch sehr mochte, war anders und sprach ganz normal mit mir. Eines Tages lud ich beide, die Putzfrau und den Briefträger, zu mir auf einen Kaffee in mein kleines Zimmer ein und war ganz begeistert, als sich beide Zeit dafür nahmen. Ich selbst hatte in Nigeria kaum Kaffee getrunken und wenn, dann höchstens Nescafé. Sie kamen, und ich kochte Wasser auf, gab Kaffeepulver in einen Filter, stellte ihn ohne Filteraufsatz in meine Kaffeekanne, und goss das Wasser darüber. Natürlich floss alles über, aber unbeirrt servierte ich ihnen „meinen Kaffee". Wir gaben Milch und Zucker dazu und tranken. Meine Gäste nahmen höflich kleine Schlückchen, ließen sich aber nichts anmerken. Irgendwann bemerkte ich, dass ich Kaffeepulver zwischen den Zähnen hatte und wurde ganz „blass". Ich entschuldigte mich und erklärte ihnen, dass ich erstens selten Kaffee trank, höchstens Tee, und dass ich seit dem Besuch eines Polizisten irgendwie nervös war und Angst hatte, obwohl ich nichts Unrechtes getan hatte. Ich erzählte ihnen von den gestohlenen Schuhen und was der Polizist zu mir gesagt hatte. Sie lächelten und meinten, dass der Kaffee ja wenigstens

warm war und bedankten sich für meinen guten Willen und die nette Geste. Die Putzfrau sagte, sie könne sich nicht erinnern, dass ein Mieter in diesem Haus sie jemals zum Kaffee eingeladen hätte, und dann erklärte sie mir, was genau passiert war: Eine alte Frau hatte angeblich bei der Polizei angerufen und gesagt:
„*Hier wohnt ein Schwarzer. Wir sind nicht sicher, ob er überhaupt gültige Papiere hat. Er geht immer sehr früh weg und kommt immer spät in der Nacht nach Hause.*" Aha – das erklärte auch, warum er schon in aller Herrgottsfrüh zu mir gekommen war.

SCHWARZFAHREN

Ein Bild, das in den 90er-Jahren an den Fenstern der Straßenbahnen klebte, hat mich immer beschäftigt. Es zeigte einen schwarzen Mann, der auf einem Weißen saß! Die ganze Welt wusste von Apartheid, von der Unterdrückung der Schwarzen in Südafrika, aber was sollte dieses Bild bedeuten? Jedes Mal, wenn ich in der Straßenbahn oder im Bus saß, beschäftigte mich dieses Bild, denn den Begriff „schwarzfahren" kannte ich damals noch nicht auf Deutsch. Doch immer wieder vergaß ich, Ingrid zu fragen oder mit ihr darüber zu reden. Als ich dann lernte, dass schwarzfahren bedeutete, illegal, ohne Fahrkarte zu fahren, fühlte ich mich irgendwie provoziert, zumal es auch in die Bildsprache als Wortspiel mit einer schwarzen und einer weißen menschlichen Gestalt übersetzt war. Es verleitete mich geradezu, genau das Gegenteil von dem zu tun, was intendiert war. Als ich beim „Schwarzfahren" erwischt wurde, und der Kontrolleur sagte: „Sie fahren schwarz", erwiderte ich frech: „Ja, das darf ich doch, denn ich bin ja schwarz oder nicht? Das ist doch mit diesem Bild gemeint, oder?" Irgendwann wurde das Bild aus den Bussen und Straßenbahnen entfernt, und ich war froh darüber.

Ich kaufte mir zwar später, als es für mich keine finanzielle oder „ideologische" Frage mehr war, meistens Fahrscheine, aber ab und zu verfiel ich doch noch der Verlockung des Schwarzfahrens.

Es gab damals noch den sogenannten Sechserblock für den Bus und die Straßenbahn. Ich hatte mir am Montag einen gekauft, aber ein Sechserblock reichte nur für drei Tage, um zum Deutschkurs und wieder zurück zu fahren. Eines Tages fuhr ich mit dem 63er-Bus mit einer am Vortag abgestempelten Fahrkarte in Richtung Afro. Ich war müde von der Spätschicht am Vorabend und war nicht aufmerksam genug. Auf einmal stand ein Kontrolleur in seiner blauen Uniform vor mir und verlangte nach dem Fahrschein. Ich gab ihm die Fahrkarte vom Vortag, in der Hoffnung, er würde nicht so genau hinschauen.

Er schaute die Karte vorne und hinten an und sagte:
„Die ist schon alt."
„Ja", sagte ich. *„Sie ist von gestern."*
„Schade", sagte er. *„Das macht 300 Schilling."*
„Ich habe leider kein Geld", sagte ich.
„Ja? Dann hole ich die Polizei."
„Machen Sie das", sagte ich, in der vagen Hoffnung, dass ich dann weglaufen könnte.
Er blieb neben mir stehen und bewegte sich nicht mehr weg, und langsam verließ mich meine Keckheit. Der Bus war gesteckt voll mit vielen StudentInnen, und es war mir plötzlich unglaublich peinlich. Der Kontrolleur forderte mich auf, mit ihm an der nächsten Haltestelle auszusteigen und unser Wortwechsel wurde immer lauter, sodass die Leute begannen, sich umzudrehen und ihre Hälse zu recken. Auf einmal kam ein junger Mann auf uns zu und sagte laut: *„Ich zahle für ihn."* Ich schaute ihn an und war sprachlos. Der Bursche holte seine Geldtasche heraus und bezahlte die 300 Schilling Strafe für mich. Was war das denn? Ich war beschämt und beschloss, mit dem Mann in Geidorf – an seiner Haltestelle – auszusteigen. Ich bedankte mich bei ihm und bat um seine Adresse und Telefonnummer, damit ich ihm sein Geld wiedergeben konnte. Es stellte sich heraus, dass er in Bruck zu Hause war und noch bei seinen Eltern wohnte, aber ich durfte ihn anrufen. Am Abend meldete ich mich bei ihm, und wir verabredeten uns für den nächsten Tag am Bahnhof, wo ich ihn vom Zug abholen sollte. Er kam an, ich gab ihm sein Geld zurück, und wir stiegen gemeinsam in die Straßenbahn, obwohl ich eigentlich mit dem Bus hatte fahren wollen. Da er aber noch mit mir reden und mich kennenlernen wollte, wollte ich nicht unhöflich sein. Schließlich war ich ihm ja

auch Dank schuldig. In der Straßenbahn blieb ich zunächst stehen und setzte mich nicht gleich neben meinen neuen Bekannten, weil ich noch nach vorne zum Fahrer gehen musste, um eine Fahrkarte zu kaufen. Doch ich war von unserem Gespräch abgelenkt und wartete zu lange. Die Straßenbahn hielt schon an der nächsten Station, und ich sah denselben Kontrolleur einsteigen, der mich schon am Vortag erwischt hatte! Schnell drängelte ich mich nach vorne, aber der Fahrer wollte mir keine Karte mehr verkaufen, weil auch er den Kontrolleur schon gesehen hatte. So wurde ich innerhalb von 24 Stunden ein zweites Mal vom gleichen Kontrolleur beim „Schwarzfahren" erwischt und musste die 300 Schilling noch einmal von dem jungen Mann ausborgen, dem ich sie eben erst zurückgegeben hatte! Der junge Mann entschuldigte sich bei mir, weil er sich mitverantwortlich fühlte, ging mit mir in die GVB-Zentrale am Jakominiplatz und erzählte dort unsere Geschichte, aber wir hatten keine Chance. Er fuhr wieder zur Arbeit, und ich versprach, ihm sein Geld am Ende des Monats zurückzuzahlen. Nach gut vierzehn Tagen rief ich wieder bei ihm an und erreichte nur seine Mutter, die mir mitteilte, dass er nicht mehr in Österreich war, weil er einen Job in Deutschland bekommen hatte. Auf diesen Mann warte ich heute noch, weil ich mich nochmals bei ihm bedanken und meine Schulden begleichen möchte.

GEORGE

Eines Tages verabschiedete ich mich nach dem Deutschkurs wieder einmal schnell von George, weil ich noch ein wenig schlafen wollte, bevor ich am Nachmittag zur Arbeit musste. Ich dachte noch kurz daran, George mitzunehmen, weil ich am Vortag etwas Köstliches (zumindest dachte ich so) gekocht hatte und ich ihn einladen wollte, mit mir zu essen, aber ich war ziemlich müde, und so verschob ich die Einladung wieder. Ich wollte nur ins Bett. Ich fuhr schnell nach Hause und nach meiner üblichen Routine – kochen, essen, kurz hinlegen – ging ich normal zur Arbeit und am nächsten Morgen wieder in den Deutschkurs, auf den ich mich immer mehr freute. Wir saßen alle im Kursraum, aber George fehlte. Wir dachten uns nichts dabei, denn George hatte zwar keine regelmäßige Arbeit, aber hin und wieder kleine Jobs, und wenn er danach zu müde war, um zum Deutschkurs zu gehen, blieb er manchmal zu Hause.

Plötzlich ging die Tür auf, ein Ghanaer aus einem Parallelkurs schaute herein, nickte mir zu und bat mich, zu ihm hinauszukommen. Auf dem Gang sagte er: „George is dead, Fred!"
„Spinnst du? Weißt du, was du da gerade sagst? Ich habe mich gestern von George draußen vor diesem Gebäude verabschiedet, und er war noch gesund und am Leben!"
„Ja, weiß ich", sagte er. „Ich habe ihn auch gestern am Nachmittag noch gesehen, aber er hatte angeblich in der Nacht einen Unfall. Ich muss jetzt in die Aufbahrungshalle, um ihn zu identifizieren. Kommst du mit?"
Ich lief in den Deutschkurs und begann ganz „nigerianisch" zu schreien: „George ist tot! George ist tot!" Damit war der Deutschkurs an diesem Tag been-

det. Wir gingen zu dritt hin, zwei Ghanaer und ich, und tatsächlich, George lag da, tot, und trug noch die Kleider von gestern. Wir standen alle stumm da, unfähig etwas zu sagen oder zu tun. Was war passiert? Niemand wusste es ganz genau. Nach dem Deutschkurs, der im Afro stattfand, soll George im Afro-Café herumgestanden sein, weil er nicht wusste, was er tun sollte. Er wohnte nach wie vor im Afro und brauchte nur vom Keller hinauf in den Kursraum oder ins Café zu gehen. Man sagte später, er sei im Café gesessen und hätte dort einen Afro-Franzosen kennengelernt, dessen französische Firma ihn nach Graz geschickt hätte, um hier die deutsche Sprache zu erlernen. Der Franzose hatte ein Auto und suchte jemanden, der Zeit und Lust hatte, mit ihm durch Graz zu fahren und ihm Graz zu zeigen. Natürlich wollte George mitfahren. Er hatte Zeit und Lust. Und so fuhren sie bald los.

Was dann passierte, weiß bis heute niemand. Ihr Auto durchstieß am späten Abend das Geländer der Radetzky-Brücke und stürzte in die Mur. Sie ertranken beide im Auto – ihre Leichen wurden noch in derselben Nacht geborgen. Die Untersuchungen ergaben keine Hinweise auf die Ursache und den genauen Hergang des Unfalls. Ein Zusammenhang mit Alkohol oder Drogen konnte nicht festgestellt werden. Was für ein mysteriöser, qualvoller Tod!

Seine Einsamkeit war George zum tödlichen Verhängnis geworden! Er hatte nichts zu tun gehabt und sich irgendwie die Zeit vertreiben wollen. Unfreiwillig zum Nichtstun verdammt – eine Situation, die auch vielen AsylwerberInnen schmerzlich vertraut ist, weil man oft ganz allein ist und nicht weiß, was man mit der vielen freien Zeit anfangen soll. **„An idle mind is the devil's workshop – ein untätiger Geist ist die Werkstatt des Teufels",** hatte mein Vater immer gesagt.

Wir fanden heraus, dass George einen Bruder in Deutschland hatte, den wir kontaktierten, und Georges Leichnam wurde mit der großzügigen Hilfe von Frau Mag. Wagner, die er während eines Studienaufenthalts in Prag kennengelernt hatte, in einem Sarg nach Ghana geschickt. Ich konnte ihn nicht einmal begleiten, weil ich weder Geld noch einen Aufenthaltstitel für Österreich hatte, um reisen zu können.

POST AUS NIGERIA

Kurz nach diesem traurigen und tragischen Ereignis musste Ingrid für eine Woche nach Bulgarien reisen, denn sie arbeitete damals auch nebenbei in Bulgarien, Tschechien und anderen Ländern und wirkte an der Weiterbildung von DeutschlehrerInnen mit. Es war ein Donnerstag, als mich ein Brief aus Nigeria erreichte. Ich freute mich sehr darüber, denn Briefe aus Nigeria waren leider immer eine Seltenheit, weil der Postweg sehr lange dauerte. Lange bekam ich meine Briefe über das Büro von Vati, und die Briefe wurden für mich ins Afro gebracht, weil ich von Montag bis Freitag dort im Deutschkurs war. Ich setzte mich also freudig erregt ins Café des Afro, riss den Brief auf, und dann traf mich fast der Schlag, denn mein Bruder Godwin schrieb:

„Es tut mir sehr leid, dass ich mit dieser Nachricht so lange warten musste ... Wie soll ich dir das überhaupt mitteilen?", schrieb er. *„Ich habe dir über den Tod von Onkel Obasohan* (den Vater meines Cousins in den USA), *der schon 75 Jahre alt war, geschrieben, ich habe dir geschrieben, dass Oma gestorben ist* (das hatte ich vor dem Abflug schon erwartet, denn sie war bereits über 90 Jahre alt gewesen) ...

Er brauchte lange, bis er schließlich zum Kern kam: *„Unser geliebter Vater ist gestorben! Er starb am 27. August 1989 – vier Monate nach deiner Abreise. Er hatte einen Unfall, der eigentlich nicht so schlimm war, aber die Ärzte haben leider eine Gehirnblutung übersehen, und als sie das erkannt haben, war es schon zu spät. Da war er bereits bewusstlos."*

Vier Monate lang hatte meine Familie nach meiner Abreise nichts von mir gehört. Mein Brief, den ich im Mai geschrieben hatte, erreichte Nigeria im

August! Wie konnte ein Brief von Österreich nach Nigeria vier Monate lang unterwegs sein? Eine Frage, auf die ich bis heute keine Antwort bekommen habe. Mein Vater war immer voller Unruhe gewesen, und sie hatten alle jeden Tag ungeduldig auf den Briefträger gewartet, aber er brachte nichts für sie. Und als der Brief endlich, sogar mit einem Foto von mir, ankam, lag mein Vater im Sterben. Godwin lief mit dem Brief hin, aber er hatte die Augen bereits zugemacht. Er atmete zwar noch, und sie schrien alle: *„Schau! Schau! Fred hat geschrieben, es geht ihm gut. Hier, schau! Er hat ein Foto mitgeschickt",* sie wussten aber nicht, ob er überhaupt noch etwas wahrgenommen hatte, und Stunden später starb er.

Godwins Brief fiel aus meiner Hand, und die Tränen liefen über mein Gesicht. Studenten, die in der Nähe standen, kamen zu mir und halfen mir, den Brief aufzuheben und fragten mich, was los sei. *„Mein Vater ist gestorben",* murmelte ich.

Ich stand da und redete mit mir selbst: *„Mein Vater ist seit mehr als einem Jahr tot und niemand hat es für nötig befunden, mich zu informieren?"* Ich wollte ihn wiedersehen, ihm meine Liebe zeigen, was ich nie getan hatte, und einiges gutmachen, vieles zurückgeben, beweisen und jetzt das! Ingrid war in Bulgarien und konnte nichts für mich tun. Ihre Kolleginnen und Freundinnen – Hildegard und Sigrid kümmerten sich sehr um mich. Ich rief Vati an und mit seiner und Muttis Hilfe, mit der Hilfe ihrer Töchter Erika und Dorit, der Hilfe von Angelika Vauti, Christine Reiter-Haas, Andrea Teller-Hörner, Waltraud Hödl (heute Hamah-Said), Stefan Doblhofer, Eva, Peter und vielen anderen gestaltete ich bzw. gestalteten wir einen Gedenk-Gottesdienst unter der Leitung von Studentenpfarrer Karl Schauer in der Leechkirche. Mehr als ein Jahr nach seinem Tod musste und durfte ich feierlich Abschied von meinem Vater nehmen. Ich hätte nicht gedacht, dass ich nach nur ein paar Monaten in Graz in der Lage wäre, so eine Feier auf die Beine zu stellen. Durch die Hilfe von so vielen Freunden und Bekannten war die Feier für mich berührend und schön: **„Schätze deine Größe nicht nach deinem Schatten"**, hatte mein Vater immer gesagt und ich war sehr, sehr stolz auf meine neu gewonnenen Freunde. Es war sehr schön, dass Ingrid es gerade noch schaffte, vom Flughafen aus Bulgarien kommend, bei der Messe dabei zu sein. Der Tod meines Vaters ist dennoch immer ein schmerzvoller Stachel in meinem Herzen geblieben, und ich begann ihn erst ein wenig zu verarbeiten, als ich endlich, im Jahr 1994 zum ersten Mal an seinem Grab in Nigeria stehen konnte.

1992 starb Dennis, einer meiner Brüder, den ich sehr geliebt habe, mit zehn Jahren an einer Gehirnhautentzündung. Und wieder kam mein Brief nicht rechtzeitig in Nigeria an. Man hatte mir mitgeteilt, dass Dennis im Krankenhaus lag und dass sie viel Geld brauchten, um die Rechnungen zu begleichen. Ich war zwar schon fast zwei Jahre in Graz, hatte aber nicht viel Geld, trotzdem wollte ich unbedingt etwas beitragen. Ich sprach mit Ingrid und sie gab mir 100 Dollar, die ich mit Expresspost verschickte. Mein Bruder starb leider einen Monat später, und das Geld ist bis heute bei meiner Familie nicht angekommen. Uns wurde das Geld aber von der Post zurückerstattet. Dort erklärte ein sehr netter Beamter, dass es nicht erlaubt sei, Geld in einem Kuvert zu verschicken, aber nachdem der Postbeamte meine Geschichte gehört hatte, zahlte er uns die 100 Dollar zurück!

Inzwischen hatte der sechste Monat an meinem Arbeitsplatz im Restaurant begonnen, als eines Tages mein Chef zu mir sagte:
„Es tut mir sehr leid, ich muss dich leider kündigen!"
Da ich von dieser Arbeit sowieso schon genug hatte, war ich nicht einmal besonders traurig und sagte zu ihm: *„Kein Problem, aber was ist mit meinem Urlaubsanspruch und mit meinem Urlaubs- und Weihnachtsgeld?"*
„Steht dir nicht zu!", sagte er. *„Den Anspruch bekommst du erst nach sechs Monaten."*
„Doch", sagte ich. *„Ich bin im sechsten Monat, und der ist auch bald vorbei."*
„Okay", sagte er. *„Geh und komm in einer Woche wieder. Ich werde mich inzwischen erkundigen, und wenn es dir zusteht, bekommst du das Geld auch von mir."*
Ich ging und war mir sicher, dass er sich verkalkuliert hatte.

Nach einer Woche kam ich wieder zu ihm, und er hatte ein Papier vorbereitet, auf dem eine Summe stand. Das Geld lag auf dem Tisch. Auf dem Papier stand eine für meine Verhältnisse große Summe, und er sagte: *„Hier ist das Geld, unterschreibe hier, und ich gebe dir das Geld."*
„Gut", sagte ich. *„Aber ich möchte das Geld zuerst nachzählen, bevor ich unterschreibe."* Er wurde nervös und ärgerlich und wollte mich überreden, zuerst

zu unterschreiben, was ich aber ablehnte, denn ich wollte unbedingt das Geld vorher zählen. Daraufhin zeigte er mir das Geld in seiner Hand und sagte: „Hier, ich habe heute nur 5.000 Schilling, aber den Rest zahle *ich in zwei Wochen!*"

„*Was? Ich soll für fast 20.000 Schilling unterschreiben und nur 5.000 bekommen? Nein*", sagte ich. „*Ich unterschreibe nicht und komme in zwei Wochen wieder, wenn das Geld komplett ist.*"

Er war stinksauer und forderte mich auf, das Lokal zu verlassen und in zwei Wochen wiederzukommen, was ich auch tat. Ich bekam schließlich das gesamte Geld, das mir zustand, und unterschrieb daraufhin sein Papier.

Vati fand für mich einen neuen Job in einem Gasthaus in der Nähe seines Büros. Ich würde als Küchengehilfe angestellt, sagte er mir, und ich freute mich, denn ich dachte, als Küchengehilfe müsste ich nicht mehr abwaschen, sondern vielleicht nur dem Koch assistieren. Außerdem sollte ich diesmal noch ein wenig mehr verdienen. Die Freude war verfrüht, wie ich bald feststellen musste. Ich musste wieder zum AMS gehen, weil ich noch kein ganzes Jahr gearbeitet hatte. Also musste die Firma für mich ein neues Ansuchen stellen. Wieder mussten alle Formulare ausgefüllt werden, und Ingrid bezahlte alle Stempelmarken, was mich überraschte, denn das erste Mal hatte der andere Chef alles selber bezahlt. Der Weg zur Arbeit war jetzt länger, aber ich bekam von Vati ein gebrauchtes Fahrrad. Allerdings musste ich nun manchmal bis ein oder zwei Uhr in der Früh arbeiten, weil ich nicht nur abwusch, sondern noch warten musste, bis alle anderen fertig waren, um dann zuletzt den ganzen Boden aufzuwaschen. Im ersten Restaurant hatte es noch eine Putzfrau gegeben, hier war ich „Mädchen für alles" und sollte nicht ganz 8.000 Schilling verdienen, das wären heute nicht einmal 600 Euro. Ich war nicht glücklich, ich wollte zwar arbeiten, aber nicht so. Ich sehnte mich nach einer befriedigenderen Arbeit, mit der ich mich mehr identifizieren konnte und die mich auch geistig ein wenig forderte. Ich besprach alles mit Ingrid und Vati und kündigte nach drei Wochen selber. Der Chef nahm alles sehr locker auf, aber gab mir für die drei Wochen nur 3.000 Schilling. „*Bitte*", sagte ich. „*Es war ausgemacht, dass ich fast 8.000 pro Monat verdienen sollte, und ich war jetzt fast vier Wochen hier.*" Doch er sagte, er hätte die Stempelmarken und dieses und jenes bezahlt. Ich wusste, dass nicht er das bezahlt hatte, sondern Ingrid. Trotzdem bedankte ich mich und ging ohne ein weiteres Wort. Am Ende des Monats bekam ich einen Brief vom Restaurant mit einem Scheck von über 5.000 Schilling. War das ein Irrtum, ein Scherz oder wollte man mich reinlegen? Ich war verunsichert, lief zu Vati und zeigte ihm den Scheck. Er wusste, dass ich schon 3.000 Schilling bekommen hatte und sagte nur: *„Das Geld gehört dir. Vielleicht sind sie doch draufgekommen, dass sie dir noch etwas schulden."* Da freute ich mich darüber und dachte an unser Sprichwort in Nigeria: **„Größe und Achtung eines Menschen kommen oft aus ihm selbst."**

Den Deutschkurs schloss ich nach weiteren sechs Monaten ab – trotz meines chaotischen und „schlampigen" Lebens. Eine Lehrerin, die ich sehr mochte und schätzte und die mit Ingrid eng befreundet war, sagte einmal zu mir, nachdem sie meine Hausübungen korrigiert hatte: *„Fred, du bist eigentlich ein guter Student und bestimmt sehr intelligent, aber du bist einfach zu schlampig!"* Ich verstand sie nicht ganz, nahm mein Wörterbuch zur Hand und schlug nach, was „Schlampe" bedeutete. Natürlich war ich stocksauer. Warum nannte sie mich eine Schlampe? Was hatte ich ihr getan? Ich fuhr auf der Stelle zu Ingrid und erzählte es ihr wütend. Sie lachte herzlich und erzählte mir, dass Henriette auch mit ihr geredet und gemeint hatte, ich könnte meine Sprachkenntnisse noch viel schneller und besser vervollkommnen, wenn ich nicht so „hudeln" würde und so schlampig wäre! Ingrid erklärte mir dann, was Schlamperei bedeutete und wir lachten gemeinsam über das Missverständnis – die deutsche Sprache ist wirklich nicht einfach!

Der Deutschkurs war vorbei, ich hatte eine Sprachergänzungsprüfung für die Uni abgelegt – was nun? Ich träumte noch immer davon, nach Amerika zu fliegen, aber wie, ohne Visum und Pass? Ich sprach mit Brother Austin, und er hatte eine, wie er meinte, großartige Idee. Ein Freund von ihm wäre bereit, nach Graz zu kommen, und ich könnte mit seinem Pass zurückfliegen. Der Freund würde die Sache schon regeln können. Ich war begeistert, mein Traum schien zum Greifen nahe! Egal wie, jetzt würde ich endlich nach Amerika ans College kommen und Jus studieren! Ich fuhr schnell zu Ingrid und erzählte ihr arglos und überschwänglich von der neuen Idee und dass ich Österreich nun doch bald würde verlassen können! Das hätte ich, wie sich herausstellte, in diesem Fall wohl nicht tun dürfen. Ingrid rief sofort meinen „Bruder" an

Mit Ingrid 1991

und fragte ihn, wie er sich das vorstellte und was passieren würde, wenn man mich bei einer illegalen Einreise in die USA aufgreifen würde? Austin verlangte nach mir am Telefon und stellte mich wütend zur Rede. Unsere Abmachung war gewesen, dass ich niemandem von unserem Plan erzählen durfte! Ich hatte es vermasselt, und auch Austin wusste nun keinen anderen Weg mehr. *„Das kannst du jetzt vergessen! Das ist abgehakt! Wir müssen weiter überlegen, aber im Augenblick fällt mir nichts mehr ein, wie ich dich zu mir holen kann"*, sagte er gekränkt. Ich fühlte mich elend. Was hatte ich mir nur dabei gedacht? Jetzt hatte ich meinen Bruder auch noch beleidigt und lächerlich gemacht.

Es dauerte eine geraume Zeit, bis Austin mir das verzieh und noch länger, nämlich bis 2012, bis wir uns endlich wiedersahen und Auge in Auge gegenüberstanden!

Jetzt saß ich in Graz fest. Alle „meine drei Familien" (Hennefeld, Neuhold und Ingrid) hatten versprochen, mir ein Ticket nach Amerika zu kaufen, wenn ich ein gültiges Visum bekommen würde. Drei Tickets, aber kein Visum! Also harrte ich weiter aus und hoffte, dass es bald so weit wäre.

„Du könntest dich doch auch hier an der Uni inskribieren, während du wartest", schlug Ingrid vor. Sie kannte noch einen Professor von ihrer Studienzeit an der Uni. Wir sollten zu ihm gehen, denn es gäbe gerade neue Fächerbündel an der Karl-Franzens-Uni, und er könnte mich beraten, welches Studium für mich geeignet sei.

Doch diese Art von Beratung war nicht das, worauf wir gehofft hatten. Jus wäre nichts für mich, weil ja die Gesetzeslage und das juristische System in Nigeria ganz anders seien als in Österreich und dann wäre mein Studium ja nutzlos. *„Und Englisch?"* *„Englisch wäre viel zu schwierig* für Sie", sagte er, und das sollte Ingrid doch eigentlich wissen, weil sie ja selber Englisch-Lehrerin sei und hier studiert habe. Wir waren beide sprachlos – was sollte das bedeuten? Ich hatte bereits einen Abschluss eines „College of Education" aus Nigeria und eine Lehrbefähigung als Gymnasiallehrer in Englisch, meine Schul- und Bildungssprache war Englisch – und ein Englischstudium in Österreich sollte zu schwierig für mich sein? Schwer enttäuscht von dem Verlauf dieses Gesprächs versuchten wir gar nicht weiter, hilfreiche Antworten zu bekommen, sondern verabschiedeten uns rasch.

Ein Studium wäre für mich natürlich auch aus finanziellen Gründen schwierig gewesen, deshalb musste ich mich schleunigst um eine neue Verdienstmöglichkeit umsehen. Ingrid durchforstete mit mir die Stellenangebote in den Zeitungen, und ich fand einen befristeten Job als Regalbetreuer bei Metro. Dort arbeitete ich ungefähr drei Monate lang, bis das Weihnachtsgeschäft wieder vorbei war und man mich nicht mehr brauchte. Das tat mir sehr leid, denn ich hatte mich dort sehr wohl gefühlt, weil ich als Regalbetreuer abends nach Geschäftsschluss ohne Kundenverkehr mit vielen netten KollegInnen in Ruhe meine Arbeit erledigen konnte. Wir konnten dabei laut lachen, reden oder sogar singen. Ich war sehr traurig, als ich wieder gehen musste.

Nach einer Woche bekam ich einen Anruf, ob ich noch einmal dort arbeiten wolle, aber da hatte ich bereits eine Zusage vom WIFI für die sogenannte Unternehmerschule erhalten. Vati hatte nämlich gemeint, es habe keinen Sinn, zu Hause zu sitzen und auf die USA zu hoffen. Er habe in der Broschüre des WIFI geblättert und sei der Meinung, ich solle die Unternehmerschule besuchen. Dann würde ich mich einerseits fortbilden, wäre intellektuell gefordert und bekäme andererseits mehr Einblick und Verständnis, wie gewisse Dinge in Österreich funktionierten. Er hatte auch schon über die Finanzierung dieser Bildungsmaßnahme nachgedacht. Da ich in Österreich schon gearbeitet hatte, hatte ich mittlerweile Anspruch auf ein kleines Arbeitslosengeld erworben, und Vati versprach, mir während dieser Zeit 1000 Schilling pro Monat zusätzlich zu überweisen, damit ich mir die Miete leisten und meine Lebenskosten decken konnte. Die Unternehmerschule dauerte drei Monate und sollte die Vorbereitung für ein WIFI-College zur Ausbildung als Außenhandelskaufmann sein. Ich wollte zwar weder in Österreich bleiben noch eine Schule besuchen, aber wieder wagte ich es nicht, Vati zu widersprechen. Er hatte mich so unterstützt und so viel Vertrauen in mich gesetzt – da konnte ich ihn nicht enttäuschen!! So war es schon beim Deutschkurs gewesen, und jetzt musste ich also auch noch eine Schule besuchen.

Zuvor war ich schon selbst beim Arbeitsmarktservice, dem AMS gewesen. Mein Berater, Herrn Spann, hatte mir die Ausbildungsrichtung Umwelttechnik empfohlen und mich dafür bereits vorgemerkt. Das AMS könnte mich für diese Ausbildung finanziell fördern. Ich und Technik?! Da hätte ich wohl über meinen Schatten springen müssen, aber ich war bereit, es damit zu versuchen. Jedoch hatte ich einen ganz besonderen „Freund" beim AMS, der mich nicht ausstehen konnte. Warum, ist mir bis heute ein Rätsel geblieben, da wir nie auch nur das geringste Problem miteinander gehabt hatten. Er hat wohl mein Gesicht nicht gemocht. Eigentlich kannten wir uns nicht einmal, aber wann immer er mich beim AMS sah (auch wenn er gar nicht wusste, ob ich zu ihm kommen würde oder nicht), rief er mir schon über den Gang zu: *„Ich bin nicht da und ich habe keine Zeit für dich!"* Bis heute weiß ich nicht, was ich falsch gemacht habe. Jedenfalls tat er alles in seiner Macht Stehende, um zu verhindern, dass ich über das AMS zu einer Ausbildung kam. Zunächst sagte er mir, ich hätte die Anmeldefrist für Umwelttechnik versäumt – was nachweislich gelogen war, wie ich später von einem anderen Berater erfuhr. Heute bin ich ihm sogar dankbar, denn eigentlich hat er mir sogar einen Gefallen getan. Wer weiß, ob aus mir jemals ein guter Techniker geworden wäre, denn technisch bin ich wirklich nicht begabt, und es hätte mich ohnehin Überwindung gekostet, trotzdem diese Ausbildung zu machen. Weil nun aus dem College für Umwelttechnik nichts geworden war, kam Vati auf die Idee, es mit dem College für Außenhandel zu versuchen. Das schien mir auch selbst realistischer, und ich stellte mir vor, dass ich ja auch irgendwann Geschäfte mit Nigeria machen könnte, unabhängig davon, ob das mit Amerika noch klappen würde oder nicht. Aber wir hatten die Rechnung ohne meinen „Freund" beim AMS gemacht. Mein Berater trug mich für die Teilnahme am Außenhandels-College ein und mein „Freund", der für Fortbildung zuständig war, löschte meinen Namen wieder aus der Datei. Ich schien plötzlich auf keiner Anmeldeliste mehr auf. Es ging noch eine Weile so hin und her, bis Vati erbost bei der Landesgeschäftsstelle des AMS anrief und Gott sei Dank bei Ing. Fritz Uitz landete. Vati vereinbarte für mich einen Termin mit ihm, und ich suchte ihn mit Ingrid in seinem Büro auf. Er schaute in meinem Akt nach, fand meinen Namen auf der einen Liste, aber nicht auf der anderen. Er telefonierte herum, fragte nach und verstand es nicht. Die Voraussetzungen für einen Besuch des Colleges für Außenhandel waren, dass man beim AMS als arbeitsuchend gemeldet sein und die Matura haben sollte, und ich hatte nicht nur die Matura, sondern auch die Berechtigung in Nigeria als Gymnasiallehrer zu arbeiten. Außerdem hatte ich schon die Sprachprüfung für die Uni abgelegt. Ing. Uitz sprach mit meinem „Freund" beim AMS, trug meinen Namen wieder in die Anmeldeliste ein, und nun blieb mein Name auf der Liste. Es waren 60 Leute für den Kurs angemeldet, und das WIFI wollte nur 20 TeilnehmerInnen aufnehmen. Wie es sich zutrug, dass ich unter den Aufgenommenen war, weiß ich nicht, aber es machte mich unglaublich glücklich. Der vorbereitende Kurs „Unternehmerschule" war für mich eigentlich gar nicht schwer, denn viele Dinge kannte ich schon aus den Fächern Economics oder Commerce in Nigeria. Außerdem war der Kurs am Abend und ich hatte zum ersten Mal nach fast einem Jahr wieder viel Zeit am Tag und konnte mich ein wenig in Graz umsehen. Hin und wieder half ich bei Vati im Büro und machte sonst, was mich interessierte.

Für das College bekam ich Geld vom AMS, Vati gab mir 1.000 Schilling monatlich, und zusätzlich fand sich noch eine Sponsorin für mich: Frau Edda Gellner, Vatis Geschäftspartnerin, die ich in seinem Büro kennengelernt hatte und die mich auch unterstützen wollte. Sie überwies während meiner Collegeausbildung ebenfalls 1.000 Schilling monatlich auf mein Konto. Zeitgleich bezog ich zum ersten Mal eine richtige Wohnung – zusammen mit Ingrid. Womit hatte ich das Ganze verdient?

Das College für Außenhandel war ziemlich anstrengend, da es wie eine Schule geführt wurde, mit Anwesenheitspflicht von Montag bis Freitag von acht Uhr morgens bis vier oder fünf Uhr nachmittags. Am Wochenende lernte ich in der Bibliothek wie für eine Diplomprüfung, wie Ingrid meinte. „EDV" war besonders schwer für mich. Ich hatte einen EDV-Lehrer, der nur im Dialekt redete. Ich saß da und hatte nach zwei Stunden absolut nichts verstanden. Nach drei oder vier Einheiten ging ich zu ihm und bat ihn ganz höflich, im Unterricht Hochdeutsch zu sprechen, wenn es möglich wäre, weil ich sonst keine Chance hätte, seinem Unterricht zu folgen. Er schaute mich an und sagte: *„Es tut mir leid, ich kann leider kein Hochdeutsch – der Dialekt ist meine Muttersprache!"* „Super!", dachte ich mir. *„Jetzt habe ich zwei Semester lang einen Deutschkurs gemacht, und hier ist ein Lehrer, der kein Deutsch spricht und trotzdem unterrichten darf!"*

Aus dieser Zeit am College für Außenhandel stammt auch eine kleine Episode aus meinem Leben, die für mich sehr erheiternd war und die ich immer wieder den Kindern in den Schulen erzählt habe: Wir hatten das Fach Lebensmittelkunde, und der Lehrer war wirklich lustig. Ich mochte ihn, weil er so genüsslich von Wein, Käse, und Schinken sprechen konnte. Es gelang ihm sogar, mir Appetit auf Käse zu machen, was nicht einmal Ingrid bis dahin geschafft hatte! Eines Tages wollte er in seinem Unterricht über exotische Früchte reden und brachte in einer Kiste sehr viel Anschauungsmaterial mit, unter anderem eine Kokosnuss.
Er holte das Ding heraus und sagte: *„Dies ist Kakao!"*
Dann hielt er einen langen Vortrag über den Anbau und die Verarbeitung von Kakao. Er kannte sich dabei sehr gut aus, aber die Frucht in seiner Hand stimmte ganz und gar nicht mit seinen Ausführungen überein! Ich machte eine Bemerkung darüber zu meinem Freund Heimo, der wohl die Gelegenheit witterte, den Unterricht noch mit etwas Spaß zu garnieren. Er lachte glucksend und sagte unüberhörbar laut:
„Der Fred meint, das ist nicht Kakao."
Der Lehrer – wie gesagt ein Netter – schaute mich überrascht an und sagte:

„Herr Ohenhen, wovon reden Sie? Sicher ist dies Kakao. Mit diesem Ding unterrichte ich schon seit Jahren in der Schule und auch am WIFI."
„Es tut mir sehr leid, Herr Lehrer", sagte ich. „Aber das ist leider eine Kokosnuss."
„Niemals", sagte er.
„Ich bin damit aufgewachsen, Herr Lehrer, glauben Sie mir."
„Okay", sagte er. „Wir machen das Ding auf, und wenn ich recht habe, bekomme ich eine Kiste Bier von Ihnen, und Sie bekommen eine Kiste von mir, wenn Sie recht haben."
Ich lachte, belustigt über seine Sturheit und sagte: „Okay."
Er machte die Nuss auf, und das weiße Fruchtfleisch der Kokosnuss lachte uns an.
Er wurde ganz blass im Gesicht und entschuldigte sich bei mir, aber ich warte noch heute auf meine Kiste Bier. Nach vielen Jahren traf ich den lustigen und netten Lehrer zufällig beim Einkaufen wieder. Es stellte sich heraus, dass er nicht weit von mir wohnte. Er erkannte mich sofort wieder, und wir wärmten die alte Geschichte auf und lachten herzlich darüber. Meine Kiste Bier erwähnte er mit keinem Wort. Ein Glück, dass ich eigentlich gar kein Biertrinker bin!

FAMILIE OFNER, MEINE VIERTE FAMILIE

Die Erste, die ich von Ingrids Familie kennenlernte, war ihre Schwester Lisi, die jüngste der drei Ofner-Mädels. Ingrid hatte mit ihrer Kollegin und Freundin Sigrid eine Reise nach Kuba unternommen, und Lisi hatte sich ihnen angeschlossen. Sie hatte ihr Auto in Graz abgestellt, und nach dem Kuba-Urlaub setzte sie Ingrid bei mir in der Neubaugasse ab, bevor sie sich wieder auf den Heimweg nach Mariahof machte. Leider hatte sie nicht sehr viel Zeit, deshalb wartete sie nur draußen im Auto, Ingrid holte mich schnell aus meinem Zimmer und stellte uns einander vor. Lisi und ich waren uns auf Anhieb sympathisch, und ich war sehr froh, dass diese erste Begegnung so positiv verlaufen war.

Seit ich mit Ingrid zusammen war, wollte ich ihre Familie kennenlernen, aber sie wollte nichts überstürzen, auch, weil sie vor noch nicht allzu langer Zeit eine langjährige Beziehung beendet hatte. *„Geduld, wir müssen noch warten"*, sagte sie mir immer. Nach dem Treffen mit Lisi wollte ich aber nicht mehr warten, sondern unbedingt sofort den Rest der Familie kennenlernen. Ich dachte, Ingrid hätte natürlich allen schon von mir erzählt! Und alle im Dorf würden es schon wissen: Ingrid hat einen neuen Freund, der ist schwarz und kommt aus Nigeria – oder so ähnlich stellte ich es mir vor! Ich glaube, dass Ingrid damals nicht so recht wusste, wie sie mir beibringen sollte, dass die Menschen in Adendorf, ihrem kleinen Heimatdorf mit damals vielleicht 100 oder 200 Einwohnern in der obersteirischen Gemeinde Mariahof, bestimmt noch nicht oft oder gar noch nie einem dunkelhäutigen Menschen jemals Auge in Auge gegenübergestanden waren. Ich hatte keine Ahnung, dass sie vorhatte, ihren Eltern die Wahrheit über ihren neuen Freund schonend und häppchenweise zu servieren. Aber ich war wie immer sehr ungeduldig. Eines Tages sagte Ingrid zu mir: *„Du, meine Eltern, meine Schwestern und meine Nichte sind heute in Graz und besuchen den chinesischen Zirkus. Ich hole sie nach der Show ab, und wir gehen Pizza essen. Komm doch mit."*

Das Pizzaessen interessierte mich zwar aus schon erwähnten Gründen herzlich wenig, aber ich wollte unbedingt nach Lisi auch Ingrids Eltern und ihre ältere Schwester Margret mit deren Tochter Olivia kennenlernen. Ich bin eigentlich ein sehr selbstbewusster Mensch, aber je näher der Zeitpunkt unserer Verabredung rückte, desto aufgeregter wurde ich. Also rief ich einen Freund an und bat ihn, mich zum Stadtpark zu begleiten, wo ich auf die Familie stoßen sollte. Doch es war schon Abend, als die erste Begegnung stattfand, die Beleuchtung im Stadtpark rund um das Zirkuszelt war schlecht, und Ingrid war wohl ebenso nervös wie ich, denn sie sagte nur kurz: *„Das ist Fred, ein Student und sein Freund. Sie kommen mit uns mit zum Pizzaessen."* Eine kurze Begrüßung im Halbdunkel, kurzes Händeschütteln ohne weitere erkennbare Reaktion, und unsere kleine Gruppe setzte sich in Bewegung quer durch den Stadtpark. Ingrid mit ihrer Familie voran, ich mit meinem Freund in einiger Entfernung hinterher. Als mein Freund und ich das Pizzalokal betraten, hatten alle schon am Tisch Platz genommen. Wir blieben stehen, da nahm mich Ingrid bei der Hand und sagte: *„Das ist Fred, und er ist mein Freund!"* Es war ganz ruhig am Tisch. Ingrids Mutter saß da und lächelte mich nur an, vielleicht hatte sie von Lisi schon etwas über mich erfahren. Ingrids Vater schien nichts geahnt zu haben, er wirkte völlig überrumpelt und schaute zunächst verwirrt, sagte aber kein Wort. Er war wie hypnotisiert. Stilles Erstaunen. Ingrid wurde die Spannung irgendwann zu viel, denn sie musste plötzlich ganz dringend aufs Klo, und ihre Schwester Margret versuchte die Situation zu retten. *„Setzt euch her"*, sagte sie aufmunternd. *„Was wollt ihr trinken?"* Wir bestellten. Es schien mir eine Ewigkeit, bis Ingrid zurückkam, denn niemand wusste so recht, was wir reden sollten. Ingrids Mutter lächelte mich immer wieder freundlich erwartungsvoll an. Das gab mir zwar Mut, aber wie sollte ich die Unterhaltung führen? Was sollte ich sagen? Es kamen nicht einmal die üblichen Fragen wie: *„Woher kommst du? Warum bist du überhaupt in Österreich? Was hast du vor? Willst du wieder nach Nigeria zurückkehren, und wenn ja, wann?"* Ich habe diese Fragen immer gehasst, aber in dieser Situation hätte ich mich sogar darüber gefreut, denn mittlerweile war ich schon sehr geübt darin, sie auf Deutsch zu beantworten. Doch es kam nichts. Wir schauten uns nur an, lächelten, räusperten uns – und dann kam Ingrid endlich wieder. Es war mir wie Stunden vorgekommen. Sie setzte sich zu mir, doch unsere Unterhaltung am Tisch lief schleppend. Bald wurden die Pizzen serviert, aber so wirklich Appetit kam bei niemandem auf. Ich war enttäuscht. Ich hatte mir das Ganze anders vorgestellt. Bald nach dem Essen standen mein Freund und ich auf. Wir mussten uns leider verabschieden.

Es war alles ein wenig anders gelaufen, als Ingrid und ich es uns vielleicht ausgemalt hatten. Als wir uns später in ihrer WG trafen, und die ganze Situation noch einmal in unserer Erinnerung ablaufen ließen, fiel uns erst auf, was wir alles nicht bedacht hatten – zum Beispiel, dass Ingrids Eltern gar nicht wussten, ob sie mit mir Englisch oder Hochdeutsch reden mussten oder ob ich vielleicht schon Dialekt verstand. Auf jeden Fall kamen wir zur Einsicht, dass wir das erste Treffen mit den Eltern anders hätten angehen sollen. So, auf diese Art, waren wohl alle Beteiligten ein wenig überfordert gewesen.

Ich kam im Jahr 1990 nach Graz, und es gab damals nur sehr, sehr wenige gemischte Paare auf der Straße zu sehen, wenn überhaupt. Oft gab es sehr dumme, beleidigende Bemerkungen, wenn Ingrid und ich zusammen spazieren gingen. Bemerkungen, die ich hier gar nicht wiedergeben möchte. Von den noch harmloseren vielleicht: *„Hast du hier niemand anderen gefunden, dass du mit dem zusammen bist?"* oder *„Kann er dich besser befriedigen?"* Es war für mich sehr seltsam, von sogenannten zivilisierten Menschen in einem zivilisierten Land Derartiges zu hören. Dort, wo ich herkomme, haben wir sehr viel Respekt weißen oder hellhäutigen Menschen gegenüber, obwohl uns die Geschichte der Apartheid in Südafrika oder die der Afroamerikaner in den USA bewusst ist. Ich wusste, dass es noch immer Diskriminierung und Rassismus gab, aber es war bereits 1990, und ich hätte mir niemals träumen lassen, dass Menschen, wenn ich mich in der Straßenbahn zu ihnen setzte, sofort aufstehen würden, was mir in Graz nicht nur einmal passiert ist. Es gab sogar Zeiten, in denen ich mich nicht mehr getraut habe, mich in der Straßenbahn oder im Bus zu setzen, sondern ich bin ganz im hinteren Teil des Busses oder der Straßenbahn gestanden und habe gewartet, bis ich wieder aussteigen musste. Denn: **Wer von einer Schlange gebissen wurde, läuft auch vor einem Regenwurm davon.**

Außerdem war ich immer verwundert über die vielen Fragen, die man mir über Nigeria oder Afrika stellte: *„Habt ihr Straßen, Autos, Flugzeuge, Coca Cola, Bier? Wohnt ihr in Häusern?"* und Ähnliches. Wie negativ und rückständig dieser Kontinent, mein Land und seine Menschen in der öffentlichen Meinung dargestellt wurden! Nein, später war ich nicht mehr ganz so überrascht, dass Ingrids Eltern ohne Vorbereitung nicht recht wussten, was sie mit mir anfangen sollten.

Ingrid und ich blieben zusammen, und meine Freundin tat alles, um ihren Vater und mich einander näherzubringen. Eines Tages kam er nach Graz, um etwas in Ingrids WG-Zimmer zu reparieren. Ingrid stand am Herd in der Küche und meinte, ich sollte bei ihrem Vater bleiben und ihm ein wenig bei der Arbeit zur Hand gehen. Wie sollte das funktionieren? Wir hatten ja bis jetzt kaum miteinander geredet! Opa, so nannte ich ihn später, konnte nicht Englisch, und in meinem Deutsch war ich auch noch nicht wirklich sattelfest. Außerdem wusste Ingrid zu diesem Zeitpunkt noch nicht, dass meine handwerklichen Fähigkeiten eher bescheiden ausgeprägt sind. Aber ich ging ins Zimmer, in dem ihr Vater auf einer Leiter stand. Da ich keine Ahnung hatte, wie ich mich nützlich machen sollte, hielt ich die Leiter fest, damit Opa nicht umstürzen konnte und wartete, bis er mir auf irgendeine Art Anweisungen geben würde. Als er jedoch etwas von unten brauchte, stieg er selber von der Leiter herab, holte sich das Werkzeug und kletterte wortlos wieder hinauf, statt mir anzudeuten, dass ich ihm etwas hinaufreichen sollte. *„Was mache ich hier?"*, dachte ich enttäuscht und ging zu Ingrid, verabschiedete mich, ohne mitzuessen und ging nach Hause. Damals habe ich Opas Verhalten als Zurückweisung empfunden, heute kann ich die Situation natürlich viel besser interpretieren. Ingrids Vater ist ein sanfter, zurückhaltender Mensch, der mir als einem „Fremden" niemals Anweisungen gegeben hätte, das wäre ihm unangenehm gewesen. Und Konversation zu machen, war nie „sein Ding" gewesen.

Es dauerte nicht lange, und mein zweites Weihnachten in Österreich nahte. Ich wurde nervös und traurig und hatte die Befürchtung, dass ich die Feiertage über allein sein könnte. Aber ich erhielt zwei Einladungen: Ingrid fuhr zu Weihnachten jedes Jahr nach Hause, und weil die Eltern dachten, dass sie vielleicht dieses Jahr wegen mir nicht kommen oder nicht lange bleiben würde, schlugen sie ihr vor, mich nach Mariahof mitzubringen, und das freute mich sehr. Kurz vor den Weihnachtsfeiertagen bekam ich auch eine Einladung von Vati und Mutti Neuhold, und ich musste ihnen leider absagen, weil ich die Einladung von Ingrids Eltern bereits angenommen hatte. Wir fuhren nach Adendorf, Mariahof und blieben eine ganze Woche. Ich aß Kekse und Süßigkeiten, wie noch nie zuvor in meinem Leben, vor allem Vanillekipferl, Husarenkrapferl und Guglhupf – Wörter, die für mich damals beinahe unaussprechlich waren und die ich deshalb zur Belustigung aller immer wieder wiederholen musste! Aber ich fühlte mich wohl, und jedes Mal lachten wir alle herzlich darüber.

Ich verliebte mich total und sofort in diese Familie. Es war mir wichtig, dass sie mich mochten und akzeptierten, weil aus dieser Familie meine eigene Familie werden sollte. Und diesmal gestaltete sich unser Zusammensein ganz anders als das erste Mal! Der Bann war gebrochen, meine Wünsche wurden mir von den Augen abgelesen, und sie taten alles, damit ich mich wohlfühlte. Wir gingen gemeinsam zur Kirche, Lisi fuhr mit mir in den nächsten Ort zum Einkaufen, und Opa versuchte, mir Eisstockschießen beizubringen. Dabei lernte ich viele Männer aus dem Dorf kennen, und alle überboten sich in ihren Versuchen, mich mit der Technik dieses Sports vertraut zu machen. Es gab viele Einladungen zu Wein und Kaffee, aber es gab keinerlei lästige Fragen. Ich besuchte mit Opa nicht nur die Eisbahn in Adendorf, sondern auch verschiedene andere Eisbahnen in der Umgebung, und ich gewann langsam den Eindruck, dass er es genoss und irgendwie stolz auf mich war. Wir mussten aber immer spätestens um halb zwölf Uhr mittags zu Hause sein, denn Oma – meine heutige Schwiegermutter – sah es gar nicht gerne, wenn wir beide uns zum Mittagessen verspäteten.

Ein kleiner Schock durchfuhr mich nur beim ersten Abendessen in Ingrids Familie. *„Bitte zu Tisch!"*, hieß es, und dann wurden Brote geschnitten, Speck, Schinken, und Käse (einige davon sehr übelriechend!) aufgelegt, Radieschen (die ich noch nie gemocht hatte), Tomaten und Gurken danebe drapiert und dann hieß es, das Abendessen wäre serviert. Ich ignorierte die Jausenplatte und freute mich auf das Abendessen, denn der Schweinsbraten zu Mittag hatte köstlich gemundet und die Reste davon, zusammen mit der Rindsuppe mit Fleischstrudeleinlage noch einmal als Abendessen zu bekommen, damit wäre ich mehr als einverstanden gewesen! Aber etwas anderes als Brot, Schinken, Käse und Gemüse wurde nicht aufgetragen.

Altenmarkt wurde wieder wach in mir, und ich wusste, dass ich die gut gemeinte Jause, zu der sich alle mit großem Appetit setzten, nicht würde essen können. Aber ich versuchte mir nichts anmerken zu lassen. Man möchte ja schließlich bei den zukünftigen Schwiegereltern nicht durch schlechte Manieren auffallen. Ich „litt und lächelte" – wie Fela Kuti, einer der besten Afro-Beat-Musiker Afrikas einmal sang: *„suffering and smiling ..."* In Nigeria essen wir dreimal am Tag warm, und Brot war für mich nach wie vor kein richtiges Essen. Doch ich war Gast und wollte mich entsprechend benehmen. Ich aß wenig, damit es nicht auffiel, und wir gingen früh ins Bett, aber um 22 Uhr begann mein Magen so zu knurren, dass ich nicht mehr einschlafen konnte und Ingrid inständig bat, noch einmal hinunter in die Küche zu schleichen und eine Eierspeise für mich zu machen. Natürlich blieb Ingrids Eltern das Klappern in der Küche nicht verborgen, und sie erschienen im Nachtgewand, um zu schauen, was da vor sich ging. Von da an gab es für mich bei den Schwiegereltern nie mehr ein kaltes Abendessen, und von jedem Mittagessen wurde eine Portion für mein Abendessen beiseite gestellt. In der Familie Ofner wurde während der Woche meist wenig Fleisch gegessen, aber wenn ich auf Besuch war, wurde immer eine Ausnahme gemacht. Ich freute mich immer schon auf Omas Küche und das Kartenspielen mit Opa, der mir „Schnapsen" beibrachte und der sich köstlich amüsierte, wenn ich bei „Hos'n obi" lautstark über mein Kartenglück jubelte.

Es gibt allerdings etwas, was mich damals ein wenig irritierte oder vielleicht sogar kränkte und was ich heute Gott sei Dank besser verstehen kann. Am Anfang sogar unserer Besuche in Adendorf kamen einige Onkel, Tanten und andere Gäste zu Besuch, und ich wurde ihnen als Student von Ingrid vorgestellt. Ich fragte mich, warum sie mich nicht als den Freund ihrer Tochter vorstellten. Ich wollte unbedingt sofort von der ganzen, das heißt von der erweiterten Familie akzeptiert und aufgenommen werden und vergaß dabei, dass auch die Eltern mit der Situation überfordert sein mussten, wenn sich sogar Ingrid schwergetan hatte, ihren Eltern gleich die volle Wahrheit zu präsentieren.

AFRIKABILDER IM KOPF

Aus heutiger Sicht kann ich die damalige Zurückhaltung – oder Vorsicht? – von Ingrids Eltern besser verstehen. Wenn Menschen in der Großstadt schon voller Vorurteile waren und in der Straßenbahn aufstanden, wenn ich mich neben sie setzen wollte, wenn erwachsene Menschen, sogar einige, die mit mir am WIFI-College waren, mich fragten, ob wir in Nigeria noch auf Bäumen wohnten, ob wir Flugzeuge hätten oder ob wir wirklich Lendenschurze trugen, warum sollten die Afrika-Bilder in den Köpfen mancher Dorfbewohner anders sein?

Eines Tages fuhr ich in Graz mit dem 31er Bus vom WIFI in die Stadt, und der Bus war so voll, dass viele Menschen stehen mussten. Eine Frau, um die 55 Jahre alt, stand neben mir und begann mit mir zu reden. Wir sprachen wieder über das Übliche, und obwohl ich diese Fragen schon nicht mehr hören konnte, blieb ich ruhig und höflich, denn die Frau schien nett zu sein. Plötzlich griff sie meinen Pullover an und sagte: *„Sie haben aber einen sehr schönen Pullover an."* Ich fühlte mich sehr geschmeichelt, lächelte und bedankte mich und dann sagte sie: *„Wissen S', ich bin's gar nicht gewohnt, dass Menschen aus Afrika so was Schönes tragen."* Der Bus war voll, und sie tat sich keinen Zwang an, leise zu reden. Alle schauten zu uns, und einige schüttelten den Kopf. Ich schämte mich sehr, ich war in meinem Stolz verletzt, war traurig und wütend zugleich und wusste leider in dem Moment nichts darauf zu sagen.

Wie sollte ich das alles einordnen? Ich war im Jahr 1989 zwei, drei Mal in Wien in der Disco gewesen, und in Graz war ich öfter mit Ingrid und ihren Freundinnen zum Squashen oder Billardspielen gegangen. Die Musik, die in den Discos oder Sporthallen lief, war meistens die Musik von Schwarzen aus Amerika oder England. Man hatte zwar kaum Erfahrungen mit dunkelhäutigen Menschen, aber ihre Musik wurde überall gespielt. Oft erlebte ich, dass Menschen sich interessiert mit mir unterhielten, solange sie dachten, ich käme aus den USA, aber sobald sie erfuhren, dass ich aus Nigeria kam, kühlte ihr Interesse merklich ab. **All fingers are equal, but some are more equal than others.** Schwarz war nicht gleich schwarz. Es ging nicht nur um die Hautfarbe allein, sondern auch, aus welchem Land oder Kontinent ich kam. Natürlich war mir ganz klar, dass Afrika nicht der reichste Kontinent der Erde war und dass es bei uns Kriege, Hunger, Armut, Kinderarbeit, staubige Straßen gab und, und, und. Die Liste ist lang, aber je mehr Menschen ich in Österreich begegnete und kennenlernte, desto mehr fiel mir auf, dass die meisten nur diese Seite Afrikas kannten. Selbst die wenigen positiven Vorstellungen waren oft eine Ansammlung von romantischen Klischees und Vorurteilen.

Natürlich haben wir alte Traditionen, bei denen manchmal noch Masken und sogar Baströcke getragen werden. Ich aber habe zum Beispiel 24 Jahre lang in Nigeria gelebt und habe weder das eine noch das andere je getragen. Man sagt, wir Afrikaner seien alle gute Tänzer und Trommler, aber ich habe in Nigeria in meinem ganzen Leben noch nie getrommelt. Blut habe ich übrigens auch noch nie getrunken – auch wenn man mich das oft gefragt hat – und ich sah weder meine Eltern noch meine Großeltern je welches trinken. Und ja, es werden leuchtend bunte Gewänder in Afrika getragen. Diese Trachten sind schön und farbenfroh, und ich habe Geschwister und Freunde, die sie gerne bei einem Fest, bei einer Hochzeit oder zur Kirche tragen, aber ich bin einer von vielen „jungen" AfrikanerInnen, die nie oder selten Tracht getragen haben, wohl aus demselben Grund, aus dem junge Frauen und Männer auch hier nicht so oft oder nicht gern Tracht tragen. Ich erinnere mich, wie ich hier das erste Mal auf dem Bahnhof ein Trachtenpärchen in Lederhose und Dirndl sah! Das war kein alltäglicher Anblick für mich, und ich schaute den beiden lange und belustigt nach und fragte mich, was das wohl für Gewänder waren, bis Ingrid mir erzählte, was die Tracht in der österreichischen Gesellschaft bedeutete.

Jahre später, als ich schon Projektleiter bei ISOP, einer Grazer NGO war, und im Rahmen unseres interkulturellen Projekts IKU mit drei Schulklassen an einer oststeirischen Hauptschule arbeitete, hieß es, dass nach dem Projekt ein Ehepaar in den Räumlichkeiten der Pfarre einen Dia-Abend zum Thema Afrika machen wollte, und man bat mich, mit Freunden – teils Afrikaner und teils Österreicher – die musikalische Umrahmung für sie zu machen. Ich war einverstanden, denn ich dachte, dass so ein Abend eine gute Chance wäre, die Eltern der Schulkinder zu erreichen und auf diese Art unser interkulturelles Projekt mit den Eltern noch zu vertiefen. Aber als die Bilder an der Wand erschienen, schämte ich mich in Grund und Boden und wäre am liebsten in ein tiefes Loch versunken. Ich hatte genug Armut in Nigeria gesehen, aber solche Bilder und diese angebliche „Realität" kannte ich nicht: Menschen, die Blut tranken, Menschen, die kein Feuerzeug oder Streichholz kannten und Menschen, die Tee nicht gekannt hatten, bis diese wunderbaren Österreicher dorthin gekommen waren! Die abgebildeten Menschen waren fast ausnahmslos alle nackt, und die Kinder saßen mit riesigen Bäuchen auf dem Boden herum. „Biafrakinder!" schoss es mir durch den Kopf.

Es war für mich und meine Freunde, mit denen ich die Musik gemacht habe – und viele der Besucher – unvorstellbar peinlich. Ich fühlte mich dabei von den Leuten unablässig beobachtet, und schließlich musste ich aufstehen und das Wort ergreifen. Ich stand auf, nannte meinen Namen und erzählte dem Publikum kurz von unserem IKU-Projekt und warum wir das Projekt überhaupt machten. Ich sagte ihnen, dass wir fünf Tage an der Schule mit ihren Kindern gearbeitet hatten und dass unsere ganze Arbeit, unsere Bemühungen, Vorurteile und Klischees abzubauen, gerade innerhalb einer halben Stunde zerstört worden waren. Ich wusste nicht, aus welchem Dorf oder aus welchem Land die Fotos waren, aber von 54 Ländern und von einem ganzen Kontinent so zu sprechen, nur weil man in einem Dorf solche Fotos gemacht hatte, sei meiner Meinung nach nicht angebracht. Man habe sich damit nicht nur über mich, sondern auch über „meinen" ganzen Kontinent lustig gemacht! Vielleicht sei beabsichtigt, an diesem Abend „Geld für Afrika" zu sammeln, und ich Depp sollte auch noch die Musik dazu spielen!

Ich verzichtete dankend auf mein Honorar für meinen „Beitrag". Es überraschte mich, dass das Publikum daraufhin klatschte und der Herr Pfarrer sich bei mir entschuldigte. Er erklärte anschließend, er hätte die Bilder einen Tag davor zum ersten Mal gesehen und das Ehepaar gebeten, sie nicht zu zeigen, da sie viel zu „grauslich" seien. Aber andererseits, wenn sie nicht so drastisch wären, würden die Leute vielleicht kein Geld spenden oder nicht genug!

„*Wo bin ich hier bloß gelandet?*", fragte ich mich oft, wenn ich mit den krausesten Vorurteilen konfrontiert wurde, aber gleichzeitig war mir auch bewusst, dass ich in diesem Land so viele unglaublich positive Erfahrungen gemacht hatte und dass viele Menschen hier, ohne mich vorher gesehen oder gekannt zu haben, mir immer wieder und oft eine Chance gegeben haben. Und jedes Mal, wenn ich unangenehme oder schlechte Erfahrungen machte – und deren gab es leider auch nicht wenige –, hielt ich mir vor Augen, dass es auch in Nigeria, in Afrika, überhaupt auf der ganzen Welt „solche und solche" Menschen gibt und richtete mich bei dem Gedanken an die vielen Menschen wieder auf, die anders waren und die mir mit so viel Offenheit und Liebe begegnet sind, die mich unterstützt haben und die Anteil daran haben, dass ich heute dort bin, wo ich bin.

Ich durfte mich ohnehin immer glücklich schätzen, denn Freunde von mir konnten andere Geschichten erzählen: von Eltern, die ihre Tochter vor die Wahl stellten: „*Entweder die Familie oder der Afrikaner!*" und keine Sekunde zögerten, das eigene Kind vor die Tür zu setzen, als sich das Mädchen für seinen afrikanischen Freund entschied. Einer solchen Situation war ich Gott sei Dank nie ausgesetzt. Auch die Frustrationen bei der Wohnungssuche blieben mir erspart, weil meine neue Familie in Graz das erste eigene Zimmer für mich gefunden hatte und Ingrid die weiteren Wohnungen für uns suchte und fand.

NEUE ARBEIT, NEUER AUFENTHALTSSTATUS

—

1991 wurde ich „Diplomierter Außenhandelskaufmann". Ingrid und ich zogen in eine Vierzimmerwohnung um, und die Suche nach Arbeit begann erneut, wobei ich insgeheim immer noch mit der Idee liebäugelte, in die USA auszuwandern. Mit Ingrids Hilfe schrieb ich viele Bewerbungen – Blindbewerbungen oder ich antwortete auf Zeitungsannoncen. Es hagelte Absagen, aber viele der Angeschriebenen antworteten nicht einmal. Nur im mündlichen Gespräch gab es Begründungen wie *„Wir brauchen nur Inländer." „Sie haben keine Erfahrung." „Ihre Sprachkenntnisse sind nicht ausreichend."* Nur selten wurde ich zu einem Vorstellungsgespräch eingeladen, die Begründungen für eine Absage waren oft zynisch, manches Mal geradezu grotesk: *„Sie sind für die Lagerarbeit viel zu schön, und ich würde nur meiner Frau einen Gefallen tun, wenn ich Sie anstellen würde."*

Ich besaß nach wie vor keine generelle Arbeitserlaubnis, sondern bekam nur die Arbeitsgenehmigung, um die eine bestimmte Firma speziell für mich ansuchen musste. Ich musste daher wieder einen Arbeitgeber finden, der neuerlich bereit war, alle Formulare für mich auszufüllen, und das machte die Suche nach einem Job auch mit meinem Diplom nicht leichter. Eines Tages sah ich in der Zeitung eine Annonce, in der eine internationale Firma für eine neu zu eröffnende Filiale in Feldkirchen bei Graz sieben MitarbeiterInnen suchte. Der Firmensitz war in Wien, und man sollte sich in Wien vorstellen. Ich rief in Wien an und sagte, dass ich Interesse hätte. Ich wurde sofort mit der Frau verbunden, die für den Aufbau der neuen Filialen zuständig war – Frau Tremmesberger – und sie lud mich gleich am Telefon zum Vorstellungsgespräch nach Wien ein. Bevor sie auflegte, sagte ich noch schnell:

„Wissen sie, ich bin dunkelhäutig und komme aus Afrika."
„Ja, und?"
„Ich wollte das nur erwähnen, bevor ich die Reise nach Wien vielleicht umsonst mache, denn viele Personalchefs haben mich sofort abgelehnt, als sie erfahren haben, dass ich dunkelhäutig bin. Sie sagten, es täte ihnen leid, aber sie nähmen nur Inländer."
„Wir sind eine amerikanische Firma", sagte sie. *„Und uns ist das egal, welche Hautfarbe oder Religion ein Mensch hat oder wo er geboren wurde. Die Arbeit und der Mensch stehen im Vordergrund und nicht, wie man ausschaut."*
Ich entschuldigte mich, und sie sagte mir, ich solle in zwei Tagen in Wien sein.
Ich eilte sofort zu Herrn Spann, meinem netten Berater vom AMS, und der meinte, dass ich das Geld für die Fahrt sogar zurückerstattet bekommen könnte.
Ich fuhr nach Wien, absolvierte mein Vorstellungsgespräch, und es hieß, ich könnte noch am selben Tag zur Probe arbeiten, wenn ich wollte, um zu sehen, wie alles funktionierte.
„Und was heißt das?", fragte ich vorsichtig.
„Sie sind genommen. Sie können zur Sekretärin gehen und bekommen von ihr das Formular für die Arbeitsgenehmigung, und wenn Sie nach der Probe nicht bleiben wollen, bekommen Sie den Lohn für den Tag ausbezahlt."

Wow! Nach nur zwanzig Minuten hatte ich einen Job, und ich würde fast zweimal so viel verdienen wie im Restaurant! *„America, I am coming!"*, jubelte ich innerlich, denn erstens war das eine amerikanische Firma – wenn das kein Zeichen war! – und zweitens könnte ich mir das Flugticket dann schon selber kaufen!

Ich wurde an Ort und Stelle in Wien eingeschult. Mein Pech war nur, dass es Mittwoch war, der schlimmste und stressigste Tag in der Firma. Ich war überall: Ich musste neue Kunden „anlegen", Ware aus dem Lager holen, bei der Kassa und bei der Information mithelfen. In der Hektik passierten mir viele kleine Fehler und Pannen, einmal fiel sogar mein Becher mit Saft um, und der Apfelsaft ergoss sich über einen der PCs, aber anstatt böse zu sein, lachten alle und beruhigten mich. Abends stimmte meine Kasse, und ich fuhr um 21 Uhr mit einem Formular und mit Stempelmarken in der Hand nach Hause.

Ich war der erste von sieben Leuten, die in der neuen Filiale in Feldkirchen beginnen sollten.

Nach weiteren Einschulungen in Wien und in Salzburg wurde ich als „Assistant Supervisor" eingestellt. Meine Aufgaben waren klar: Die Filiale in Graz leiten, wenn die Leiterin selbst nicht da war, Kassa, Kundenbetreuung, Ware übernehmen, gemeinsam mit den anderen das Lager betreuen sowie die Regalbetreuung. Die Arbeit machte mir sehr viel Spaß, vor allem, weil ich mit so vielen Menschen zusammenarbeitete. Wir hatten Kunden aus ganz Österreich und sogar aus Slowenien und Kroatien.

Man sprach davon, dass die Firma eine weitere Filiale in Slowenien aufmachen wollte und dort vielleicht einen Filialleiter brauchte. Mir wurde bewusst, dass ich mit meinem Aufenthaltsstatus in Österreich so einen Job nicht einmal annehmen könnte, weil ich noch immer Asylwerber war und nicht ausreisen durfte. Überhaupt war es schon öfter so gewesen, dass Ingrid Reisen machte – nach Bulgarien, Tschechien, Kuba oder Japan – und ich zu Hause bleiben musste, was uns beiden nicht leicht fiel.

Ich hatte nun einen Job mit einem Vertrag für längere Zeit, eine Lebensgefährtin, mit der ich zusammenwohnte – vielleicht war es an der Zeit, den Asylantrag, über den man noch immer nicht endgültig entschieden hatte, zurückzuziehen? Das war natürlich ein Risiko, denn wenn man mir kein Visum für Österreich gab, konnte ich abgeschoben werden.

Den Antrag für ein österreichisches Visum stellte ich in Slowenien, weil es hieß, der Erstantrag müsse aus dem Ausland kommen. Ingrid fuhr nach Maribor, schickte den Antrag von dort nach Österreich, und meine Papiere mit dem Visum wurden nach Laibach geschickt und mussten dort abgeholt werden. Ich fuhr mit Ingrid nach Laibach, und als wir die Grenze nach Slowenien passierten, zitterte ich. Was, wenn ich aus irgendeinem Grund meine Papiere in Laibach nicht bekam und nicht mehr nach Österreich einreisen durfte??

Nach einer endlos scheinenden Autofahrt und Stunden bangen Wartens in der österreichischen Botschaft in Ljubljana hielt ich endlich – nach drei Jahren in Österreich – mein erstes Visum für Österreich in der Hand! Froh und glücklich fuhren wir nach Hause und passierten ohne Angst die Grenze bei Spielfeld. Ich war in Jubelstimmung und rief umgehend meinen „Bruder" in den USA an. Ich teilte ihm mit, dass ich jetzt ein Visum besaß und fragte, ob das meine Reise nach Amerika leichter machen würde. Aber es hieß weiter warten.

LIZZY „IN AUSTRIA"

Mutti und Vati Neuhold wollten mir zum College-Abschluss eine große Freude machen und hatten eine wunderbare, berührende Idee. Sie eröffneten mir, dass sie bereit wären, jemanden aus meiner Familie für einen Monat nach Österreich zu holen und alle Kosten für Flug, Aufenthalt und Dokumente zu übernehmen.

Ich war überwältigt! Als Erstes dachte ich an meinen Bruder Godwin, aber er war im letzten Jahr an der Uni, stand vor seiner letzten großen Prüfung und wollte das Jahr nicht wiederholen. Also lud ich meine Schwester Lizzy und ihre kleine Tochter Precious ein, mich in Österreich zu besuchen. Einladung, Versicherung, Visum und Flugtickets – alles wurde von Vati und Mutti besorgt und bezahlt, damit ich nach fast vier Jahren endlich jemanden aus meiner Familie wiedersehen konnte.

Die Wiedersehensfreude war unbeschreiblich! Lizzy und ich lachten, weinten, umarmten uns, schrien durcheinander vor Aufregung und Glück! Gott sei Dank war in unserer Vierzimmerwohnung in St. Peter viel Platz, und Lizzy und die kleine Precious konnten ein eigenes Zimmer beziehen. Meine Schwester und ich hatten so viel zu besprechen: den Tod von Dennis, unserem Bruder, von Oma, Onkel und Papa, aber auch alles, was ich in der Zwischenzeit erlebt und durchgemacht hatte. Zum ersten Mal seit so langer Zeit war ich wieder mit jemandem aus meiner Familie zusammen, konnte meine Sprache sprechen, konnte mir so vieles von der Seele reden, und meine Neugier und mein Bedürfnis nach Nachrichten aus der Heimat waren unerschöpflich.

Mit Vati, Lizzy, Mutti und Dorit

So verbrachte ich viele Stunden mit Lizzy im Zimmer, während Ingrid sich mit der kaum zweijährigen Precious vertraut machte und sich ein weiterer Kulturschock für uns alle anbahnte: Lizzys und meine Gespräche waren laut und emotional, manchmal lachten wir laut und herzlich, manchmal weinten und klagten wir über die traurigen Geschehnisse, die hinter uns lagen, manchmal waren wir auch unterschiedlicher Meinung darüber, wie Ereignisse zu deuten waren oder was man hätte anders machen sollen – je emotionaler wir waren, desto lauter schrien wir. Wir merkten gar nicht, wie laut wir waren, bis auf dem Höhepunkt unserer „Auseinandersetzungen" Ingrid eines Tages die Nerven durchgingen und sie mit Tränen in den Augen in unser Zimmer stürmte: *„Hört auf zu streiten und euch anzuschreien!"*, fuhr sie mich wütend an. *„Du hast deine Schwester so lange nicht gesehen – willst du jetzt handgreiflich gegen sie werden? Wenn ihr nicht sofort aufhört, hole ich die Polizei!!"* Wir waren beide augenblicklich still und schauten Ingrid voller Bestürzung an. Was war mit ihr los? War sie jetzt verrückt geworden? Sie, die eigentlich immer ruhig und beherrscht war, stand in der Tür, schrie und wollte die Polizei holen? Nach einigen Schrecksekunden dämmerte mir, was in Ingrid vorgegangen sein musste. Ich übersetzte Lizzy schnell in unsere Sprache, was sie gesagt hatte, und da kannte Lizzy kein Halten mehr: Sie lachte, bis sie sich den Bauch halten musste, und Ingrid schaute verdutzt zwischen uns hin und her. Als Lizzy sich einigermaßen beruhigt hatte, umarmte sie Ingrid fest und herzlich, und die Welt war wieder in Ordnung. Denn wir hatten gar nicht gestritten – wir waren nur gut drauf und hatten uns so viel zu erzählen.

„Das Krokodil ist nur stark, wenn es im Wasser ist" – so lautet ein weiteres unserer Sprichwörter. Ich hatte mich mit meiner Schwester wohl und wie zu Hause gefühlt und dabei ganz vergessen, dass ich nicht in Benin City, sondern in Graz war. Wenn ich heute mit Nigeria telefoniere, geht Ingrid entweder in ihr Arbeitszimmer oder in die

Ingrid und Lizzy

Küche und macht jedes Mal die Tür hinter sich zu. Ich glaube sogar, dass die Nachbarn mich hin und wieder „schreien" hören. Ja, wir sind so – wir reden laut, und wenn wir uns freuen, wenn uns etwas Sorgen macht oder wenn wir fröhlich und „gut drauf" sind, bekommen es leider auch die Nachbarn mit. Oder die anderen Passagiere im Bus und in der Straßenbahn. Heute beobachte ich oft, wie die anderen Fahrgäste reagieren, wenn zwei oder drei AfrikanerInnen sich lautstark unterhalten. Man sieht, wie sie sich ärgern und den Kopf schütteln, weil sie dieses Benehmen unmöglich finden. Wie kann man im Bus nur so laut schreien? Tatsache ist, dass wir das leider gar nicht merken oder nicht daran denken, dass wir andere Menschen damit stören, denn niemand will zum Beispiel in einem Bus im Mittelpunkt stehen. Es ist aber vielleicht nicht nur ein Problem der AfrikanerInnen. Ich hatte eine Arbeitskollegin aus Spanien, die ähnliche Erfahrungen gemacht hat, wenn sie im Bus oder in der Straßenbahn telefoniert oder sich mit einem Bekannten unterhalten hat.

In Nigeria finden wir Lärm ganz normal. Wir hören die schwächelnden Motoren alter Autos, das Rattern der Stromgeneratoren, Musik aus Stereoanlagen mit Riesen-Lautsprechern, und wenn Kinder spielen, laufen und schreien sie, ohne dass die Erwachsenen sich gestört fühlen. Am Wochenende ist es ganz normal, dass Nachbarn um fünf Uhr früh aufstehen und sich freuen, dass sie an diesem Tag nicht zur Arbeit müssen. Dann beginnen sie manchmal laute Musik zu spielen, und niemand regt sich darüber auf. Als Ingrid das erste Mal mit mir in Nigeria war, war sie sehr überrascht, was für ein lautes Treiben um sieben Uhr morgens schon in unserem Haus herrschte. Sie lag noch im Bett und war noch nicht angezogen. Draußen waren Verwandte, Besucher, die Ingrid noch nie vorher gesehen hatten. Sie klopften laut an unsere Zimmertür, lärmten und lachten, und ich musste ihnen aufmachen, sonst wäre ich für meine Verwandten in Nigeria respektlos oder hochnäsig gewesen.

Der Besuch von Lizzy und Precious bot noch mehr „Stoff" für interkulturelle Lernprozesse, in diesem Fall auch für Ingrid, da sie sich Lizzy, Precious und mir gegenüber plötzlich in der Minderheit sah. Natürlich hatte meine Schwester neben Gastgeschenken wie afrikanischen Trachten und Schmuck auch einige Leckerbissen für uns mitgebracht: getrocknete Fische, Schnecken,

Lizzy, Precious und Julia Metyko, 1992

Pfeffer und anderes mehr. Lizzy kochte viel für uns, sehr mild gewürzt, wie sie glaubte, um Ingrids europäischen Gaumen nicht zu sehr zu reizen. Aber sogar ich hatte inzwischen Probleme, die „heißen" Speisen hinunterzubringen. Mit triefender Nase sah Ingrid ungläubig zu, mit welchem Genuss sich unsere kleine zweijährige Nichte das scharfe nigerianische Essen einverleibte, das uns die Tränen in die Augen trieb. Lizzy hingegen machte sich Sorgen, dass ihr Magen das ungewürzte Essen hier nicht gut vertragen würde.

Es war sehr spannend, meine Schwester und Precious herumzuführen und zu sehen, wie es ihnen in der neuen Umgebung erging. Vieles, obwohl nicht ganz gleich, erinnerte mich an meine Anfangszeit in Österreich. Meine Schwester beobachtete uns genau, versuchte alles nachzumachen und sich „anzupassen". Manchmal unterliefen ihr dabei allerdings kleine Beobachtungsfehler: So hatte sie zum Beispiel gesehen, dass wir unsere Freunde rechts und links auf die Wange küssten und ab sofort küsste sie alle Menschen, denen sie vorgestellt wurde, auch die, die wir nicht küssten. Die Reaktionen darauf waren sehr unterschiedlich: von peinlich berührt bis erschrocken, belustigt oder mit einer herzlichen Gegen-Umarmung. Aber Lizzy ließ sich nicht beirren – und ein Monat Aufenthalt in Österreich war schließlich nicht genug, um sie in die Feinheiten österreichischer Begrüßungsrituale einzuweihen. Ich bin mittlerweile schon mehr als 25 Jahre hier und fühle ich mich nicht jeder Situation souverän gewachsen.

Lizzy, Ulla (2. von rechts) und Familie Metyko

ICH WERDE ENTDECKT – ODER DER BEGINN MEINER ARBEIT MIT KINDERN IN ÖSTERREICH

———

Die Europäer haben in dieser Welt vieles „entdeckt", so wie Columbus angeblich Amerika entdeckt hat und andere Reisende Afrika ...

Ich wurde in Graz von meiner lieben Freundin Waltraud Hamah-Said entdeckt, wie sie gerne sagt, und wie sich das zugetragen hat, möchte ich an dieser Stelle kurz berichten.

Ich hatte einen Freund aus dem Deutschkurs, den ich sehr mochte – er war Kurde aus dem Irak. Er war im Krieg gewesen, traumatisiert und sehr introvertiert, aber mit mir redete er sehr viel über seine Familie und seine Erfahrungen im Krieg. Er war oft sehr traurig, aber immer höflich und ruhig. Er wohnte am Lendplatz, und wir gingen oft in den Stadtpark spazieren, wo wir nicht selten kontrolliert wurden. Jedes Mal, wenn man uns aufforderte uns auszuweisen, entschuldigte er sich bei mir mit den Worten: *„Es tut mir leid, Fred, sie haben uns wieder kontrolliert, weil sie glauben, ich sei ein Terrorist."* Immer wieder versuchte ich ihm das auszureden und sagte, dass es sicherlich nur darum ginge, ob wir beide eine Aufenthaltsbewilligung hätten und so weiter, aber er sah das Problem immer bei sich.

Eines Tages, es war 1991 oder 1992, gingen wir wieder durch den Stadtpark, kauften uns ein Eis, wurden wie immer kontrolliert und redeten über unsere Probleme, über Graz, über unsere Zukunft ... Als wir gerade die Kreuzung am Geidorfplatz überquert hatten, fuhr eine junge, dunkelhaarige Frau in einem blumigen Sommerkleid mit dem Fahrrad auf uns zu. Sie blieb stehen, stieg ab und sagte lächelnd an mich gewandt:

„Hallo, kann ich dich etwas fragen?"
„Ja, bitte?", sagte ich.
„Bist du Ben?"
„Nein", sagte ich.
„Auch egal", sagte sie. *„Woher kommst du?"*
„Ich komme aus Nigeria."
„Super! Wir machen am Samstag ein ‚Afrikafest'. Hast du Lust mitzumachen?"
„Was soll ich dort machen?"
„Nicht viel. Einfach dabei sein und mit den Kindern reden, vielleicht singen wir ein Lied zusammen und wir werden Hirse oder Couscous kochen, und du bekommst 300 Schilling, wenn du mitmachst."
„Hirse? Couscous? Was ist das?"
„Ja ... irgendein Gericht aus Afrika."
Aha, sie machten ein „Afrikafest" und brauchten einen Afrikaner, damit es logisch klang und besser aussah? Ich war zwar nicht ganz begeistert, aber ich hatte am Samstag Zeit, würde ein wenig Taschengeld bekommen und wollte herausfinden, wie ein „Afrikafest" in Österreich aussah.
„Okay, ich komme."
Sie schrieb die Adresse und die Uhrzeit für mich auf. Am Samstag kam ich wie ausgemacht und lernte zunächst ihre Kollegin Andrea kennen. Es gab aber weit und breit keinen Afrikaner außer mir, und ich verstand nicht, warum sie ein „Afrikafest" organisiert hatten. Wir sangen Lieder aus „Afrika", die sie selber mitgebracht hatten, und alle wollten von mir die Übersetzung haben. Nur leider kannte ich die Sprache nicht und hatte von diesen Liedern noch nie in meinem Leben gehört. Wir spielten Laufspiele, rannten herum, und die Kinder schienen viel Spaß zu haben, aber ich fühlte mich nicht ganz wohl, weil ich den Sinn der Sache noch immer nicht verstanden hatte.

Zum Schluss kochten wir Hirse oder Couscous, und ich sollte das Gericht vorstellen(!), aber meine Mutter hatte nie Hirse oder Couscous gekocht. Ich sagte irgendetwas, schließlich musste ich meine 300 Schilling auch verdienen, und alle waren zufrieden. Dann sagten Waltraud und Andrea: *„So, Kinder. Jetzt gehen wir in das Gebüsch und holen große Blätter, damit wir die Speise so essen* *können, wie das die Leute in Afrika machen!"* Da war meine Geduld am Ende, und die 300 Schilling waren mir in dem Moment auch egal. Ich konnte mich nicht mehr beherrschen.

"Woher wisst ihr, dass wir von Blättern essen? Ich bin in Nigeria geboren und aufgewachsen, und wir haben dort auch Teller und Besteck." Ich dachte an das alte Ehepaar, das mich beim Essen beobachtet hatte, um zu sehen, ob ich mit dem Besteck umgehen konnte. Sie waren alte Menschen, aber die zwei jungen Frauen waren Studentinnen, sie sollten es also besser wissen. Ich redete und redete und war in meinem Zorn kurz davor, mich zu verabschieden, aber sie baten mich zu bleiben, entschuldigten sich, und die Kinder durften dann doch von Tellern essen.

Das war die Geburtsstunde meiner Referententätigkeit in Österreich. Waltraud und ich waren einander nicht böse – wir haben noch oft herzlich über diese Geschichte gelacht, und sie ist mir eine gute Freundin geworden und bis heute geblieben. Sie nahm mich mit zu „Welthaus" (das früher Diözesankommission hieß), und ich durfte ab sofort mit „Welthaus" in Schulen und Kindergärten gehen, um den Kindern Informationen „aus erster Hand" über Afrika zu vermitteln. Damals war das für mich eine Art Nebenjob, und ich dachte nicht daran, dass daraus einmal meine Haupttätigkeit werden könnte.

FAMILIENGRÜNDUNG – GOOD BYE, AMERICA

1995 wurde in Ljubljana, Laibach, tatsächlich eine Filiale meiner amerikanischen Firma eröffnet, und ich war ausgewählt worden, gemeinsam mit zwei Kolleginnen aus Budapest und einem Kollegen aus Wien, die vierzehn MitarbeiterInnen aus Laibach in dem Shop zu unterstützen und die neuen einzuschulen. Ich sollte nur für einen Monat bleiben, bis sie aufsperrten, aber ich blieb beinahe fünf Monate und durfte diesen Shop in Laibach auch leiten. Ich bekam aber jedes Mal nur ein Visum für einen Monat und musste immer wieder zurück nach Österreich kommen, um das Visum für Slowenien in Österreich zu verlängern. Das war einer der Gründe, warum Ingrid und ich zu dem Entschluss kamen, dass es gut wäre, wenn ich die österreichische Staatsbürgerschaft beantragen würde, was ich nach einigem Überlegen und mit gemischten Gefühlen dann auch tat. Schließlich bedeutete das, dass ich die nigerianische Staatsbürgerschaft zurücklegen musste.

Ingrid und ich waren inzwischen schon fast sechs Jahre zusammen. Sie unterstützte mich immer vorbehaltlos bei allem, was ich tat, und ich weiß ehrlich gesagt nicht, was ich ohne sie und Mutti und Vati Neuhold getan hätte. Ich wäre vielleicht in einem Gefängnis in den USA gelandet oder man hätte mich nach Nigeria abgeschoben.

Ingrid war sehr wohl bewusst, dass mein amerikanischer Traum noch immer lebendig war, trotzdem reifte in ihr langsam der Wunsch, eine Familie zu gründen. Ich zögerte, denn obwohl ich mir immer eine Familie gewünscht hatte, hatte ich plötzlich Angst vor diesem Schritt. Standen wir finanziell denn schon fest genug auf den Beinen? War das nicht immer noch ein Wagnis? Außerdem würde es meine – oder unsere (?) – Reise nach Amerika weiter verzögern. Trotz meiner anfänglichen Bedenken willigte ich schließlich ein, und es dauerte nicht lange, bis sich herausstellte, dass Ingrid schwanger war.

Ich war voller Freude, Aufregung und Unruhe. Unser Kind sollte Ende Februar 1996 zur Welt kommen. Also bat ich die Firma, mich nach Österreich zurückgehen zu lassen, damit ich bei der Geburt unseres Kindes dabei sein konnte. Es wurde aber leider bald klar, dass die Firma in Wien vorhatte, die Filiale in Feldkirchen zu schließen. Man bot uns allen an, nach Wien zu gehen und dort zu arbeiten, aber ich lehnte ab und beschloss, stattdessen in Väterkarenz zu gehen und unser Baby zu betreuen. Im März 1996 wurde unsere erste Tochter Idia geboren, und es war für mich, wie für die meisten Eltern, der schönste Moment meines Lebens, so ein kleines Wesen in meinen Händen zu halten. Spätestens jetzt war auch für mich klar, dass ich den Traum nach Amerika zu gehen und dort Fuß zu fassen endgültig aufgeben musste. Ich hatte jetzt meine eigene Familie in Österreich, und hier war der Mittelpunkt meines Lebens.

Idia

Als Vater bei der Geburt meines Kindes dabei zu sein, war ein unbeschreibliches Erlebnis, aber um nichts in aller Welt hätte ich mir dies auch nur annähernd vorstellen können, als ich noch in Nigeria war. Das wäre, zumindest damals, ein unerhörter Tabubruch gewesen. Eine Geburt ist in Nigeria ein Ereignis, bei dem Männer nichts verloren haben, ein Erlebnis, das ausschließlich den Frauen gehört. So kostete es mich einige Überwindung, an der Schwangerschaftsvorbereitung teilzunehmen, und zum Glück hatte ich noch monatelang Zeit, mich mit dem Gedanken anzufreunden, dass ich dabei sein würde, wenn unser Kind seinen ersten Schrei tat.

Es war tatsächlich schön, in dem Sinne, dass es ein emotional überwältigender Moment war, aber wenn ich mit anderen Vätern über die Geburt ihrer Kinder rede, bin ich heute noch immer verwundert, wenn alle ausnahmslos sagen, dass es nur wunderschön und unbeschreiblich war. Es ist tatsächlich unbeschreiblich, wenn einem das zitternde, kleine Menschlein in die Hände gelegt wird, das von nun an dein Leben bestimmen wird, aber der Weg dorthin ist, ganz ehrlich gesagt, nicht nur schön: das viele Blut, das Leiden und die vielen Schmerzen der Frau. Ich konnte nichts tun, außer Ingrids Hände zu streicheln und beruhigend auf sie einzureden, ihr zu sagen, wie sie richtig atmen sollte – soweit ich selbst vor Aufregung überhaupt dazu imstande war. Und die kleine Idia spannte uns ziemlich auf die Folter, da sie offenbar beschlossen hatte, erst zweieinhalb Wochen nach dem errechneten Termin auf die Welt zu kommen. Sie hatte schon vor ihrer Geburt ihren eigenen Kopf.

Als 1999 unsere zweite Tochter Alice geboren wurde, hatte ich mich schon an meine Rolle als werdender Vater gewöhnt. Doch als auch Alice keine Anstalten machte, sich an den errechneten Geburtstermin zu halten – der war schon wieder mehr als eine Woche überschritten – wurde ich von der Hebamme zu noch mehr (!) Mitarbeit eingeteilt, um die Geburt zu beschleunigen ... So erlebte ich innerhalb von drei Jahren die zwei „schönsten" Momente meines Lebens.

Zum ersten Mal Vater zu werden, war für mich aufregend und aufwühlend, wie wohl für jeden Mann. Dazu kamen aber noch die neue Rolle, die ich hier als europäischer Vater in Karenz spielte, und schließlich auch noch Zukunftsängste. Ich konnte mir nicht vorstellen, wie wir von einem Gehalt eine Familie

Alice

ernähren würden – würde Ingrids Gehalt ausreichen? Eigentlich sollte doch die Frau zu Hause bleiben und ich als Vater für die Familie sorgen – das sagte mir zumindest meine Erziehung, und so kannte ich das von Nigeria her. Aber zum Zeitpunkt von Idias Geburt hatte ich nicht einmal einen Job, und das war sehr erniedrigend für mich und kränkte mich in meiner Mannesehre, obwohl ich versuchte, es zu verbergen.

Außerdem wird in Nigeria eine Frau nach der Geburt von allen umsorgt und muss sich selbst um nichts kümmern. Ihre Mutter oder Schwiegermutter zieht für drei bis fünf Wochen bei ihr ein und erledigt alles für sie: einkaufen, waschen, putzen, das Baby baden und wickeln und anderes mehr. Die Schwangerschaft, die Geburt und die Zeit danach werden als eine große Reise und schwere Arbeit gesehen, und die Frau sollte nichts anderes tun als zu essen, das Kind zu stillen und zu schlafen. Ingrid hingegen musste bei beiden Kindern nach acht Wochen Mutterschutz wieder arbeiten gehen. Das belastete mich sehr und gab mir oft das Gefühl, versagt zu haben, auch wenn Ingrid mir immer wieder sagte, sie würde die Arbeit vermissen, wenn sie nur zu Hause wäre.

AUSLÄNDERBEIRAT UND ÖSTERREICHISCHE STAATSBÜRGERSCHAFT

Im Jahr 1996, im Jahr von Idias Geburt, wurde vom Grazer Gemeinderat die Gründung eines sogenannten „Ausländerbeirats" beschlossen, der die Grazer Stadtpolitiker in allen Belangen beraten sollte, die „Ausländer", also MigrantInnen betrafen. Ich wurde zum ersten Vorsitzenden eines „Ausländerbeirates" in Österreich gewählt – in den anderen Bundesländern wurden erst später Ausländerbeiräte installiert. Ich leitete dieses Gremium bis Ende 1996 und musste diese Funktion bald wieder niederlegen, weil ich, schneller als erwartet, die österreichische Staatsbürgerschaft verliehen bekam.

Der Weg dahin war allerdings auch mit einigen denkwürdigen Episoden gespickt. So habe ich noch lebhaft vor Augen, wie ich das Ansuchen um die Staatsbürgerschaft beim zuständigen Referatsleiter abgeben wollte.

„Mhm, warum sind Sie ledig?", wollte er wissen.
„Ich habe eine Lebensgefährtin, aber wir sind nicht verheiratet", sagte ich nur.
„Seit wann sind Sie mit Ihrer Freundin zusammen?", fragte er weiter.
„Seit mehr als fünf Jahren", sagte ich.
„Und warum sind Sie nicht verheiratet? Sie sind Christ, haben ein Kind und sind mit Ihrer Freundin seit fünf Jahren oder mehr zusammen. Sie müssen heiraten, sonst bekommen sie die Staatsbürgerschaft nicht von mir."
„Warum muss ich heiraten, nur weil Sie das möchten?"
„Gehen Sie", sagte er und nahm nicht einmal meinen Antrag entgegen.
Es war alles sehr verwirrend. Suchte man Arbeit, so hieß es: *„Du brauchst*

ein Visum." Und suchte man um ein Visum an, so hieß es: *„Du brauchst eine Arbeit!"* Wenn man zur Landesregierung ging und ein Visum oder die Staatsbürgerschaft beantragen wollte, hieß es: *„Du brauchst eine Arbeit oder geh heiraten!"*
Ich ging frustriert nach Hause und wusste nicht, was ich tun sollte, denn damals wurde in den Medien oft thematisiert, dass MigrantInnen nur heirateten, damit sie die Staatsbürgerschaft bekamen oder arbeiten konnten. *„Sie nutzen alle unsere Frauen aus!"*, hieß es, und jetzt verlangte ein Beamter selbst von mir, dass ich heiratete, bevor er meinen Antrag überhaupt annahm!

Das erinnerte mich an ein Erlebnis mit einem pensionierten Polizisten in Gleisdorf. Ich war zu einer Veranstaltung eingeladen und sollte über Migration und die Gründe dafür mitdiskutieren. Er saß im Publikum, und zum Schluss stand er auf, stellte sich vor und sagte: *„Wissen Sie, was mich nervt und ärgert? Warum kommt ihr alle hierher, ohne eure Frauen? Ihr kommt her und nehmt uns unsere Frauen weg, und das geht mir auf die Nerven."* Worauf ich antwortete: *„Ich glaube, es gibt genug Frauen für uns alle."* – Und alle lachten.

Am nächsten Tag bat ich Ingrid, für mich zur Staatsbürgerschaftsabteilung der Landesregierung zu gehen und den Antrag abzugeben. *„Bitte"*, sagte ich. *„Du brauchst niemanden etwas zu fragen, gib einfach den Antrag ab."*
Sie erfüllte meine Bitte, und nach drei oder vier Monaten rief mich Mutti an und sagte:
„Fred, dein Ansuchen um Staatsbürgerschaft ist durchgegangen und du kannst das Dokument ab sofort abholen!"
„Abholen?"
„Ja", sagte sie, der Referatsleiter hätte sie soeben angerufen und ihr mitgeteilt, dass ich aufs Amt kommen sollte. Ich war verwundert, aber auch froh, dass es kein weiteres Interview gab.
„Du weißt eh, dass wir die Kosten dafür übernehmen werden", sagte Mutti weiter, und ich war vollkommen sprachlos vor Überraschung. Ich hatte nicht mehr damit gerechnet, dass man meinem Antrag so ohne Weiteres stattgeben würde, noch hatte ich damit gerechnet, dass ich selbst nicht einmal die Kosten dafür würde tragen müssen! Ich wusste nicht, was ich sagen sollte. *„Danke!"*, brachte ich gerade noch heraus und legte ohne ein weiteres Wort auf.

Die gesamte Summe betrug an die 20.000 Schilling, die ich damals nicht besaß und die ich mir hätte ausborgen müssen. Aber ich bekam das ganze Geld von meiner neuen Familie und musste nicht einmal einen Groschen davon zurückzahlen!

Ich erhielt also die österreichische Staatsbürgerschaft, und danach heirateten Ingrid und ich am 26. Dezember 1996 in Mariahof, ohne Druck eines Beamten und ich mit dem besten Gefühl, dass ich meine Freundin nicht ausgenutzt hatte! Wir hatten eine „ökumenische Trauung" mit Thomas Hennefeld aus der evangelisch-reformierten Kirche und dem katholischen Pater Erhard Rauch, da ich evangelisch bin und Ingrid katholisch. Und am selben Tag in derselben Kirche wurde Idia getauft.

Ingrid und ich kurz vor der Hochzeit mit Trauzeugen Volker

IKU UND ISOP

IKU – AUS EINEM STROHHALM WIRD EIN VOGELNEST

Natürlich bekam ich, nachdem ich Staatsbürger geworden war, einen „Stellungsbefehl". Ich wurde zur Musterung beim Bundesheer vorgeladen und entschied mich für den Zivildienst. Ich wollte meinen Zivildienst unbedingt bei der Caritas ableisten. Wieder hatte ich sehr viel Glück, denn ich wurde dem Bereichsleiter Thomas Rajakovics zugeteilt und sollte bei der Betreuung zweier Flüchtlingsheime mitarbeiten. Ich sollte Taschengeld auszahlen, die Menschen dort betreuen, kleinere Reparaturen vornehmen oder größere melden und anderes mehr. Ich konnte mich mit dieser Arbeit sehr gut identifizieren, vor allem, weil ich die Probleme der Flüchtlinge aus eigener Erfahrung genau kannte: das Gefühl der Ohnmacht und des Angewiesenseins auf Hilfe, die nagende Ungewissheit, ob und wohin die Reise weitergehen wird, die Tatsache, dass man nicht arbeiten darf und zur Untätigkeit und zum Warten verurteilt ist … Es gab im Vergleich zu meiner Zeit mehr Angebote für Deutschkurse, aber wie heute dennoch zu wenige, denn es gab nicht genügend Kursplätze für all jene, die Deutsch lernen wollten. Die Heimbewohner stellten mir oft Fragen, auf die ich keine Antwort hatte, und was ich besonders schlimm fand, war, dass in den Heimen die Ehemänner von ihren Frauen getrennt waren. Trotzdem schätzte ich meine Arbeit und erlebte in dieser Zeit wunderbare zwischenmenschliche Begegnungen. Ich freute mich unter anderem sehr darüber, dass ich bei zwei verschiedenen Hochzeiten gebeten wurde, als Beistand dabei zu sein, was ich sehr gerne getan habe.

Eines Tages ging ich zu Thomas Rajakovics und sagte ihm, dass ich mit den AsylwerberInnen gerne ein Projekt machen würde, statt diese Menschen nur im Heim zu betreuen. Es sollte ein Projekt sein, das ihnen die Chance gab, etwas Sinnvolles zu tun, während sie auf den Ausgang ihrer Asylverfahren warteten. Sie hätten ein wenig Abwechslung von ihrem Heimalltag, und, da viele von ihnen AfrikanerInnen waren, könnten sie mir zum Beispiel dabei helfen, die Afrika-Vorstellungen, die hierzulande kursierten, ein wenig zurechtzurücken, wenn sie mich bei meiner Referententätigkeit begleiten dürften. *„Schreib ein Konzept",* sagte Thomas. *„Und wenn es gut ist, spreche ich mit meinem Chef, Helmuth Paar, und dann schauen wir."* Ich freute mich riesig und schrieb ein grobes Konzept von etwa einer Seite. Der Kern meiner Idee bestand darin, Kindern, vor allem kleinen Kindern in Kindergärten, Begegnungen mit Menschen aus Afrika zu ermöglichen, damit sie möglichst früh in Kontakt mit Menschen anderer Hautfarbe kamen, noch bevor sie Ängste und Vorurteile entwickeln konnten. Für die AfrikanerInnen aus dem Caritas-Heim in der Leonhardstraße, das ich mit betreute, sollte das eine Möglichkeit sein, selber aktiv etwas für ihre Integration zu leisten. Sie würden aus dem Heim herauskommen und mit mir in die Kindergärten gehen, auch wenn sie erst geringe Sprachkenntnisse hatten. Sie würden kein eigenes Programm machen, sondern mich nur begleiten und mir assistieren. Aber durch diese Außenkontakte würden sie ihr Deutsch praktizieren und verbessern, und es würde für sie eine starke Motivation sein, die Sprache möglichst schnell zu erlernen. Auch wenn man „nur" mit kleinen Kindern redet und spielt, kann man neue Wörter hören und verstehen lernen. Die AsylwerberInnen würden durch die Begegnung mit PädagogInnen und Eltern – zum Beispiel bei Elternabenden oder Festen – vielleicht neue Bekannte und Freunde finden und das Gefühl haben, gebraucht zu werden und sinnvolle Arbeit zu leisten. Man sollte es auch ermöglichen, dass sie auf diese Art zumindest ein bisschen Geld verdienen konnten, damit sie wenigstens ansatzweise ein Gefühl von Selbstständigkeit und Eigenverantwortung bekamen.

Afrika stand thematisch im Mittelpunkt meines Konzepts, und es trug daher auch den Namen „Begegnung mit Afrika". Thomas war begeistert, vor allem, weil ich die Leute aus dem Heim miteinbeziehen wollte, denn damals war sehr oft zu hören, dass die Flüchtlinge nur Drogen verkauften und Schmarotzer des Sozialsystems seien. Er sprach mit Helmuth Paar, und der gab grünes Licht, solange es die Caritas nicht zu viel kosten würde. Ich als Zivildiener verursachte ohnehin keine zusätzlichen Kosten, ein leer stehendes Büro und

alles, was ich sonst noch an Infrastruktur brauchte, war vorhanden, sodass ich unverzüglich mit der Umsetzung meiner Idee beginnen konnte.
Für mich war es wichtig, dass die Begleitpersonen Geld bekamen – egal wie wenig – und ich suchte nach Partnern. Ich nutzte meine Kontakte zu „Welthaus" (damals Diözesankommission), beriet mich mit Christine Reiter-Haas, die wiederum mit ihrem Chef Dietmar Schreiner sprach und prompt bekam ich Geld für mein Projekt (20.000 Schilling) zugesagt, das sofort auf das Caritas-Konto überwiesen wurde. Jeder Kindergarten, der beim Projekt mitmachen wollte, sollte für acht bis zehn Projekteinheiten einen Kostenbeitrag von 1.000 Schilling leisten. Also hatten wir genug Geld für die Begleitpersonen und noch etwas übrig für Fahrtkosten.

Das Problem war nur, wie ich zu Kindergärten kommen würde, die bei so einem Projekt mitmachen wollten. Daher nahm ich ein Telefonbuch zur Hand und begann, die Kindergärten der Reihe nach anzurufen und von zehn angerufenen KindergartenleiterInnen sagten acht: *„Kommen Sie doch vorbei und lassen Sie uns gemeinsam darüber reden."* Ich fuhr hin und sechs sagten sofort zu – das Projekt war geboren! Die zehn AfrikanerInnen, die ich aus dem Heim in der Leonhardstraße als Begleitpersonen ausgesucht hatte, Frieda, Hakim, Victor, Joy, Toure und noch fünf weitere, waren wunderbar! Drei von ihnen leben heute noch in Graz, einige sind nach England, in die USA oder nach Kanada gegangen. Sie waren sehr interessiert und dankbar, dass sie diese Arbeit machen konnten. Sie waren sehr froh, dass sie eine „Beschäftigung" hatten, und gemeinsam erstellten wir ein Programm für kleine Kinder, obwohl damals noch keiner von uns wirklich wusste, wie man am besten mit so kleinen Kindern arbeitet.

Ich wollte noch mehr Kontakte zu Kindergärten bekommen, also rief ich Frau Christa Almberger an, die damals Referentin für Kindergärten der Katholischen Kirche in der Steiermark war, und bat sie, mir zu erlauben, zu den Sitzungen für die LeiterInnen mitzukommen, um ganz kurz unser „Afrikaprojekt" vorzustellen. Sie stimmte zu, und obwohl ich nicht wusste, wo ich nach meiner Zivildienstzeit arbeiten würde, hatte ich innerhalb kürzester Zeit zwölf Kindergärten, die bereit waren, im Jahr 1999 ein Projekt mit uns zu starten.

Eines Tages traf ich mich wieder einmal mit Fritz Uitz vom AMS, den ich seit unserer ersten Begegnung vor meiner WIFI-Ausbildung kannte und schätzte. Wir hatten uns inzwischen mehrmals wiedergesehen und auch persönlich kennengelernt, und ich wusste, dass er sich für mich und meinen Werdegang freundschaftlich interessierte. Er war bereits informiert, dass ich auch im Bereich Erwachsenenbildung Fuß fassen wollte, und ich erzählte ihm von meinem Erfolg mit den Kindergärten, aber auch von der Angst, dass ich nicht wusste, wie es nach meinem Zivildienstjahr weitergehen würde. Die Caritas konnte nicht sagen, ob ich angestellt werden oder auf Honorarbasis weiter arbeiten sollte – Letzteres gefiel mir gar nicht. Fritz sprach von einem gewissen Herrn Mag. Reithofer, der Geschäftsführer eines Vereins für „Innovative Sozialprojekte", kurz ISOP, war. Mit ihm sollte ich einmal reden. ISOP, an den Namen erinnerte ich mich, denn ich hatte mich dort auf eine Zeitungsannonce hin schon einmal beworben, aber leider nie eine Antwort erhalten. *„Ich weiß nicht so recht",* sagte ich zögerlich. *„Ich werde ihm sagen, dass du ihn anrufen wirst",* sagte Fritz. *„Außerdem könntest du vielleicht einmal für einen oder ein paar Tage für ISOP etwas machen oder anbieten."* Er gab mir Robert Reithofers Nummer, ich rief an, wir vereinbarten einen Termin und trafen uns an einem kleinen Gartentisch im ISOP-Gastgarten direkt neben dem Parkplatz in der Dreihackengasse. Wir saßen einander gegenüber, Robert Reithofer rauchte genüsslich eine Zigarette nach der anderen und machte zunächst ein bisschen „small talk as usual", wohl, weil er merkte, dass ich anfänglich nervös war. Doch die Situation entspannte sich rasch, und wir fanden sogar gleich zu einem vertraulichen „Du".

„Ich habe von Ing. Uitz gehört, dass du ein paar Ideen hättest", kam er zur Sache. *„Magst du mir davon erzählen?"*

„Na ja, eigentlich sind es drei Ideen, die mir für Graz vorschweben. Die eine ist, so etwas wie Afro-Nächte oder Feste zu organisieren, auf denen sich Zuwanderer und Einheimische zwanglos begegnen können, damit man die gegenseitigen Berührungsängste abbauen kann. Ich habe gehört, dass es in Graz Freizeiteinrichtungen und Lokale gibt, in die „AusländerInnen" nicht hineingelassen werden, zum Beispiel in Diskotheken oder in manche Gasthäuser. Ich denke, dass es hier viel zu tun gäbe."

Es waren damals mehrfach Medienberichte erschienen, die über derartige Vorfälle berichteten. Besonders oft waren AfrikanerInnen bzw. Menschen mit anderer Hautfarbe von dieser Ausgrenzung betroffen, und es wurde mir immer stärker bewusst, dass man der Bildung und Ausbreitung von Stereotypen und rassistischen Denkmustern unbedingt vorgreifen und etwas entgegensetzen musste.

Fred Ohenhen will alle steirischen Kindergärten im Drei-Jahres-Rhythmus besuchen   SOMMER/H. LUNGHAMMER (2)

Afrika zum Angreifen gibt Vorurteilen keine Chance

Beim Projekt „Iku" treffen sich Schwarz und Weiß im Kindergarten.

Rund 1200 Schwarzafrikaner leben in Graz. Keine große Zahl und doch: Die Angst vor dem Fremden sitzt bei manchen Österreichern tief. „Ein besorgter Vater wollte verhindern, dass wir in den Kindergarten kommen, er befürchtete, wir würden seinem Kind Drogen verkaufen", erzählt Fred Ohenhen. Der Schwarzafrikaner besucht im Rahmen seines Projekts „Iku" seit zwei Jahren Kindergärten und Schulen und versucht das Problem bei der Wurzel zu packen.

„Die Idee hinter dem Projekt ist, dass Kinder schon früh Kontakt mit Menschen anderer Hautfarbe haben", erklärt Ohenhen. Das Wort Iku kommt aus der nigerianischen Benin-Sprache und bedeutet „spielend erleben". Fünf bis sechs Mal besuchen Ohenhen und seine Mitarbeiter einen Kindergarten, um dort mit den Kindern zu trommeln, zu singen, Stoffe zu bedrucken, zu kochen und um zu spielen. Den Abschluss bildet ein großes Afrikafest. Viele Kinder seien am Anfang noch skeptisch, aber „nach dem zweiten oder dritten Mal haben sie uns ins Herz geschlossen und wollen die Jause mit uns teilen."

„Die Kinder sind ganz begeistert und fragen immer, wann der Fred denn das nächste Mal kommt", bestätigt auch Karla Bernhart, Leiterin des Magistratskindergartens Harterstraße, einer von 27, die das Projekt in diesem Jahr durchführen. Ohenhen hat in Nigeria Englisch und Religion studiert und dort als Lehrer gearbeitet. Bereits seit acht Jahren führt er in der Steiermark ähnliche Projekte mit Erwachsenen durch, Iku

Eintracht zwischen Schwarz und Weiß

wird vom Verein Isop, der Caritas und dem Welthaus getragen.

Bei dem Projekt profitieren nicht nur die Kinder, sondern auch Kindergärtnerinnen, Eltern und Mitarbeiter. „Manche Schwarzafrikaner sind schon seit vier Jahren in Österreich und haben keinen einzigen österreichischen Freund", weiß Ohenhen. Die Besuche im Kindergarten sind auch für sie eine Möglichkeit, Kontakte zu knüpfen und ihren Wortschatz zu erweitern.

Ohenhen will alle steirischen Kindergärten im Drei-Jahres-Rhythmus besuchen. Über mangelnde Nachfrage kann er sich nicht beklagen, für das nächste Jahr gibt es schon 15 Voranmeldungen.   **Alexandra Neumayer**

FRED OHENHEN

„**Für mich** ist es ein wichtiges Anliegen über die Menschen zu sprechen, die als Ausländer, als Asylanten immer wieder Spielball der Politik werden und die als rechtlose Randgruppe der jeweiligen Befindlichkeit der Volksseele einfach ausgeliefert sind."   HELGE SOMMER

Fred Ohenhen ist Angestellter der ISOP und leitet das Projekt IKU

Berichte aus der „Kleinen Zeitung", 24. und 25. Juni 2000

Die mediale Berichterstattung über Themen wie Zuwanderung und Migration war zwar teils kritisch reflektiert, transportierte aber je nach Leserpublikum und politischer Ausrichtung auch rassistische Stereotypen und xenophobe Ideen und Weltanschauungen, die auch von politischen Parteien aufgegriffen und verstärkt wurden – der dunkelhäutige Ausländer, der Drogen verkauft, zwielichtige Fremde, die Frauen belästigten, Sozialschmarotzer, die gekommen waren, den Wohlfahrtsstaat zu plündern – diese Bilder durften sich nicht verfestigen. AsylwerberInnen, Schutzsuchende, Menschen, die ohnehin oft schon durch ihr vorausgegangenes Schicksal schwer geprüft waren, durften nicht auch noch pauschal kriminalisiert, vorverurteilt und verdächtigt werden. Dadurch schloss man sie doch von Vornherein von jeglicher Integration und gesellschaftlicher Partizipation aus!

„Integriert sein, Teil der Gesellschaft sein, bedeutet doch zum Beispiel auch, dass man seine Freizeit verbringen kann wie, wo und mit wem man will. Musik hören oder machen, tanzen, gemeinsam feiern kann Menschen zusammenbringen und (innere) Türen öffnen. Deshalb würde ich sehr gerne ‚Afro-Nights' veranstalten", erklärte ich Robert euphorisch.

Die zweite Idee, die ich ihm vortrug, waren Familienfeste. Schon damals wurde MigrantInnen immer wieder fehlender Anpassungswille unterstellt. Man sagte, sie blieben lieber unter sich, wollten die Sprache nicht erlernen, würden sich nicht genug bemühen, Kontakte zu knüpfen. Warum unternahmen sie nicht größere Anstrengungen, sich zu integrieren? Es wurde und wird aber immer wieder übersehen, dass man sich als Neuankömmling anfangs wohl mehr in der eher passiven Rolle eines Gastes oder Besuchers sieht und sich über eine ausgestreckte Hand freuen würde. Man sieht sich selbst nicht unbedingt in einer Position, von der aus man selbstbewusst auf andere zugeht. Viele MigrantInnen haben Scheu, den Mund aufzumachen – weil sie der Sprache (noch) nicht mächtig sind und sie sich oft nicht willkommen, sondern bestenfalls toleriert oder geduldet fühlen. So kann man sich nicht leicht integrieren, man braucht ein freundliches, offenes Gegenüber. Das wusste ich nur zu gut aus eigener Erfahrung. Schon damals, 1999, lebten in Graz Menschen aus über 140 Nationen, von denen viele tatsächlich nur mit Personen aus ihrem eigenen Kulturkreis verkehrten und keinen Kontakt zu ÖsterreicherInnen oder Angehörigen anderer Bevölkerungsgruppen hatten. Mit eigenen Festen für in- und ausländische Familien könnte man hier vielleicht für mehr Bewegung und Annäherung sorgen.

Robert saß da, rauchte und hörte zu. *„Und Idee Nummer drei?"*

*„*Drittens würde ich gern die Arbeit fortsetzen und ausbauen, die ich während meiner Zivildienstzeit begonnen habe und worin ich von der Caritas und der Diözesankommission unterstützt werde. Ich würde gerne in Schulen und Kindergärten gehen und mit Kindern, Eltern und PädagogInnen arbeiten, um etwas gegen Rassismus, Vorurteile und Ausgrenzung zu tun. Niemand wird als Rassist geboren, aber ich glaube, dass es eine gute Prävention ist, wenn Kinder, die noch klein und unvoreingenommen sind, positive Erfahrungen mit Menschen aus anderen Kulturkreisen machen. Das kann sie offen und neugierig machen, und wir können gemeinsam darauf hinarbeiten, dass sie von klein auf interkulturelle Kompetenzen erwerben, die sie später für ein Leben in unserer Gesellschaft brauchen werden."*

Robert schaute mich an, nahm einen tiefen Zug von seiner Zigarette und sagte schließlich: *„Willst du nicht für ISOP arbeiten? Also, wenn du möchtest, könntest du sofort anfangen. Deine Ideen gefallen mir."*

Ich war sprachlos, denn eigentlich war ich ja gar nicht gekommen, um mich zu bewerben, denn eine konkrete Stelle war meines Wissens nicht ausgeschrieben und auf meine Bewerbung von vor einem Jahr hatte ISOP nicht einmal reagiert! Und nun saß ich hier vor dem Geschäftsführer, und er war bereit, mich sofort anzustellen! *„Hmm"*, sagte ich überrascht. *„Ich weiß nicht. Die Ideen habe ich bei der Caritas entwickelt. Aber ich bin mir eh nicht sicher, ob die Caritas überhaupt Möglichkeiten hätte, mich anzustellen."*

„Du kannst jederzeit beginnen, überleg es dir und lass es mich wissen".

Ich begann im September, bekam ein Büro im dritten Stock in der Dreihackengasse und erhielt den Auftrag, die genannten Projekte zu planen und ins Laufen zu bringen. Caritas und Diözesankommission beziehungsweise Welthaus bekundeten ihr Interesse, das Projekt weiterhin mitzutragen und das AMS stieg mit ein, sodass IKU als Beschäftigungsprojekt des AMS auch Arbeitssuchenden Stellen anbieten konnte. So wurde im Jahr 1999 das Projekt

IKU geboren – ich war „Projektleiter", doch hatte ich zu diesem Zeitpunkt noch keinen einzigen festen Mitarbeiter.

Von Beginn meiner Arbeit bei ISOP an waren mir die sogenannten Afro-Nächte ein besonderes Anliegen – ich war jung und die Vorstellung eines unkomplizierten, vorurteilsfreien Begegnungsraumes für Menschen aller Kulturen und verschiedenster Herkunft beflügelte mich.

Die Afro-Nächte, so formulierten wir auf unseren Werbe- oder besser gesagt Einladungsflyern, sollten ein „Signal gegen die zunehmende Fremdenfeindlichkeit" und „Beispiel für gelebte Interkulturalität" sein, ein Zeichen dafür, dass ein unverkrampftes und bereicherndes Miteinander möglich ist. In angenehmer Atmosphäre, bei Musik, Tanz und Essen wollten wir Orte der Begegnung und des Dialogs schaffen – bei afrikanischer, südamerikanischer, asiatischer, arabischer, aber auch österreichischer Musik, sowohl live als auch „aus der Konserve". Dazu gab es ein Angebot an internationalen Speisen. Die Afro-Nächte boten einen Ort, an dem jeder willkommen war, ungeachtet seiner Herkunft, Hautfarbe, Religion oder welch anderer „diskriminierender" Merkmale auch immer. Dieses Projekt begleitete uns mehr als vierzehn Jahre lang in Graz. Es gab Veranstaltungen unter dem Motto Afro-Salsa-Nacht, Afro-Orientalische Nacht, Reggae-Night, Afro-Balkan-Nacht, Afro-Steirische Nacht, Samba-Nächte und viele andere mehr. Im Jahr 2013 beendeten wir das Projekt der Afro-Nächte – einerseits aufgrund von Sparmaßnahmen und andererseits, weil wir dachten, es sei Zeit für neue Ideen und Aspekte ...

Das eigentliche Hauptprojekt meiner neuen Aufgabe bei ISOP aber trug den Namen IKU, das heißt „Spielend erleben" – nach einem Wort aus meiner Muttersprache Edo. Zwischen 1990 und 1998 hatte ich schon für verschiedenste Organisationen – neben Caritas und Welthaus zum Beispiel für Südwind, ARGE Jugend gegen Rassismus und Gewalt, das Afro-Asiatische Institut, für LFI, BFI oder RPI und andere – als Referent für interkulturelle Bildungsfragen in Schulen und Kindergärten gearbeitet. Manchmal hatte ich auch nur ReferentInnen dieser Organisationen begleitet. Ich hatte mich dabei oft unwohl gefühlt, hatte mich manchmal geschämt oder war gekränkt, weil ich mich als Objekt des Mitleids oder als „Schaustück" vorgeführt fühlte.

Das sollte bei unserem eigenen Projekt IKU nicht passieren. Doch in unserer Anfangszeit sagte mir eine Kindergärtnerin einmal vor Projektbeginn am Telefon: *„Fred, wenn du das erste Mal zu uns kommst, bitte bring echte Afrikaner mit!"*

„Was meinst du mit ‚echte Afrikaner'?", fragte ich. *„Die meisten, die im Projekt mitarbeiten sind gebürtige Afrikaner – aus Nigeria, Ruanda, Äthiopien, Kamerun, Angola oder Ghana."*

„Du weißt schon, was ich meine", sagte sie. *„Sie sollten eben wirklich schwarz sein!"*

Die Bilder von Afrika, die Vorstellungen und Annahmen über MigrantInnen, die Vorstellungen über die Ziele von interkulturellem Lernen, vieles, was ich bisher im Rahmen von interkultureller Bildungsarbeit erlebt und erfahren hatte, stimmte mich nachdenklich.

Ich nahm mir vor, in die Bildungsarbeit verstärkt die eigene Sichtweise einzubringen, nicht nur „Objekt" zu sein, über dessen Land und Kultur aus eurozentristischer Perspektive gesprochen wird, sondern meinen eigenen, authentischen Erfahrungshintergrund einzubringen, wenn über Afrika, über mein Land, über meine Kultur, über Migration und Integration gesprochen werden sollte.

In meiner Arbeit als Referent habe ich verschiedene Ansätze interkultureller Bildungsarbeit miterlebt. Den einen ging es um politisch-kritische Fragestellungen aus der Perspektive der Entwicklungszusammenarbeit, und ich sah mich in der Rolle, globale Verteilungsgerechtigkeit einzufordern, aber auch politische Missstände und Fehlentwicklungen zu bestätigen oder zu erklären. Andere suchten „positivere" Zugänge, zum Beispiel über kulturelle Besonderheiten Afrikas, angefangen bei Trommelmusik bis zur Herstellung afrikanischer Masken. Beide Ansätze vermittelten aber für mein Gefühl nicht, dass es mehr Gemeinsames als Trennendes zwischen Menschen verschiedenster Kulturen gibt, eine ausreichend große Schnittmenge, um in erster Linie den Menschen im anderen zu entdecken und zu respektieren.

Ich wollte mit dem Projekt IKU einen Weg dazwischen suchen, einen Weg zwischenmenschlicher Begegnung, der die oben genannten Ansätze zwar miteinschloss, aber vor allem ein positives Identifikationsangebot sein sollte. Die Idee war, Kindern schon im frühestmöglichen Alter positive Erfahrungen mit Menschen aus anderen Kulturkreisen zu ermöglichen. Das würde ihnen später helfen, vorurteils- und angstfrei auf andere zuzugehen und sich etwa bei der Beurteilung von Menschen mit Migrationshintergrund auf ihr eigenes Urteil und ihre eigene Erfahrung zu verlassen.

Ich wollte im Projekt vorrangig MitarbeiterInnen mit Migrationshintergrund bzw. aus den unterschiedlichsten Ländern anstellen. IKU entwickelte sich weg vom ursprünglichen „Afrika-Projekt" hin zu einem interkulturellen Projekt, das über die Begegnung mit AfrikanerInnen hinausging. Unser Ziel war es, Kinder und junge Menschen zu aufgeschlossenen und vorurteilslosen BürgerInnen einer pluralistischen, vielfältigen Gesellschaft zu erziehen. Die

Besuch aus Afrika. Es gibt verschiedene Möglichkeiten, etwas mehr über Ausländer in Österreich zu erfahren. Die Schüler der Volksschule Proleb bekamen Besuch aus Afrika. Im Rahmen des Projektes „IKU - spielend erleben" von Fred Ohenhen wurden die Kinder fünf Tage lang mit afrikanischen Gepflogenheiten und Tänzen vertraut gemacht. Ermöglicht wird das Projekt vom Verein „ISOP", dem Arbeitsmarktservice und dem Land. K.K.

Bericht aus der „Kleinen Zeitung", 6. Dez. 2001

Bilder von den Afro-Nächten und Familienfesten

Stadt Graz allein, mit EinwohnerInnen aus mehr als 140 Nationen, repräsentierte diese Vielfalt, und diese sollte auch in der Zusammensetzung unseres Projektteams zum Ausdruck kommen. Menschen aus Deutschland, Italien, Mexiko, Brasilien, Ägypten, Polen, Bosnien oder dem Kosovo, aber auch aus Österreich arbeiteten bei IKU, und viele MigrantInnen konnten so aus erster Hand über ihr Herkunftsland berichten und ihr Wissen und ihre Ressourcen ins Projekt einbringen. Gleichzeitig konnte ich damit Arbeitssuchenden über die Zusammenarbeit mit dem AMS die Möglichkeit geben, eine sinnvolle und erfüllende Arbeit zu leisten.

Später wurde nach den AFRO-NÄCHTEN und IKU noch das Projekt der FAMILIENFESTE in Graz und anderen steirischen Gemeinden realisiert, denn auch im Kontext der Familie ist es wichtig, die zunehmende soziokulturelle Vielfalt unserer Gesellschaft wahrzunehmen, zu akzeptieren und damit konstruktiv

Wie Integration Schule macht

Fred Ohenhen hat vor zehn Jahren das Projekt „IKU" gegründet, um Rassismus den Nährboden zu entziehen. Seine Bilanz über Integrationsarbeit mit Kindern.

Berührungsängste abbauen: Fred Ohenhen kämpft seit zehn Jahren spielerisch gegen Vorurteile BINDER

Das Anti-Rassismus-Projekt „IKU – spielend erleben" feiert heuer sein zehnjähriges Bestehen. Wie fällt Ihre Bilanz aus?
FRED OHENHEN: Im ersten Jahr waren wir nur damit beschäftigt, überhaupt in Schulen und Kindergärten reinzukommen. Heute sind wir ein Jahr im Voraus ausgebucht.

Mit Ihrem Projekt wollen Sie Kindern und Jugendlichen die Angst vor dem Fremden nehmen. Wie funktioniert das in der Praxis?
OHENHEN: Im Kindergarten auf spielerische Weise – mit Singen, Tanzen, Kochen und Märchenerzählen. Die Kinder dürfen uns auch angreifen und versuchen, ob sich die schwarze Farbe abreiben lässt. Mit Schulkindern versuchen wir in die Tiefe zu gehen. Ausgrenzung hat schon fast jeder erlebt – weil er zu dick ist, oder nicht modisch gekleidet ist. Wie fühlt sich das an, nicht dazuzugehören? Das versuchen wir ihnen zu vermitteln.

Lässt sich über Kinder die Welt verändern?
OHENHEN: Ja, weil Kinder aus ihren Erfahrungen, die sie im Alltag machen, ihr Weltbild kreieren. Außerdem reden sie mit ihren Eltern darüber und erzählen zu Hause vom Projekt. Auch auf diesem Weg passiert Bewusstseinsbildung. Außerdem halten wir Elternabende ab und machen Schulungen für Pädagoginnen und Pädagogen.

Wie weit ist die Pädagogik im Umgang mit den Themen Rassismus und Ausgrenzung?
OHENHEN: Teilweise werden diese Themen schon sehr gut aufgearbeitet. Aber es gibt immer noch Kindergärten oder Schulen, die mir stolz ihr „Afrika-Projekt" präsentieren und dann kleben im Gruppenraum Plakate mit Lehmhütten und schwarze Figuren in Baströcken. Es gibt also durchaus noch Aufholbedarf.

Ist Ihr Team immer willkommen, oder gibt es auch Eltern, die sich gegen dieses Projekt stellen?
OHENHEN: Meistens ist unser Team willkommen. Vor allem am Land sind unsere Elternabende gut besucht, und es gibt auch von dieser Seite ein echtes Interesse an unserer Arbeit. Ich habe aber auch schon erlebt, wie ein Vater versucht hat, das Projekt an der Schule seines Kindes zu verhindern, weil er überzeugt war, dass wir den Kindern Drogen verkaufen würden. Oder eine Mutter, die Angst davor hatte, dass die Kinder mit Krankheiten anstecken könnten.

Wann ist Integration für Sie ehrlich?
OHENHEN: Wenn Österreicher mit Migrationshintergrund einen Bus fahren, Polizisten sind, im öffentlichen Dienst arbeiten und als Politiker die Zukunft dieses Landes aktiv mitgestalten. Heute kann ich mir als Österreicher mit Migrationshintergrund oft nicht mehr erwarten, als toleriert zu werden. Und Toleranz ist nicht Integration.
INTERVIEW: PETRA PRASCSAICS

IKU FEIERT 10 JAHRE
Das Projekt: Seit 1999 setzt sich IKU für Integration an Schulen ein. Gefördert wird dies von Stadt Graz, Land, AMS u. a.
Das Fest: Heute feiert IKU sein Zehn-Jahr-Jubiläum im Grazer Dom im Berg; Beginn um 17 Uhr; Eintritt frei.

Gelungenes Afrikaprojekt in der Volksschule Mureck K.K.

Afrika als Thema eines Projektes

Eine Woche lang drehte sich in der Volksschule Mureck alles um Afrika. Unter der Leitung von Lehrerin **Karin Ringer**, die sich Unterstützung vom Grazer Verein ISOP (Innovative Sozialprojekte) mit Fred Ohenhen geholt hat, wurde eine spannende und lehrreiche Projektwoche abgehalten. Auf spielerische Art begegneten die Kinder Menschen, Leben und Kultur aus Afrika. Natürlich wurde das Erlebte dann auch präsentiert. Lieder wurden gesungen, es wurde getanzt und sogar eine afrikanisch-steirische Modenschau stand auf dem Programm. Das Publikum war begeistert und ein Vater meinte gar: „Gut, dass ich heute frei bekam. Wer diese Fest versäumte, ist selbst schuld." (ANZEIGE)

Bericht aus der „Kleinen Zeitung", 14. Dez. 2003

Bericht aus der „Kleinen Zeitung", 18. Nov. 2009

umzugehen. ArbeitskollegInnen, NachbarInnen oder die SchulkollegInnen unserer Kinder und deren Eltern – immer häufiger sehen wir uns Menschen gegenüber, die in verschiedensten Teilen Europas, in verschiedensten Teilen der Welt geboren und aufgewachsen sind und die nun als gleichberechtigte BürgerInnen in unserer Gesellschaft leben wollen und leben. Das führt nicht selten zu Ablehnung und Ausgrenzungen, mit denen MigrantInnen oft nur schwer umgehen können. Auch bei den Familienfesten ging es darum, Barrieren abzubauen, Begegnungsorte zu schaffen, Familien unterschiedlichster ethnischer, nationaler oder religiöser Zugehörigkeit zusammenzubringen, um durch positive Begegnungen den gesellschaftlichen Zusammenhalt zu fördern.

Integrationspädagoge Ohenhen: „Da siehst du die unterschiedlichsten Hautfarben – und es sind alles Deutsche" FUCHS

Ein weltläufiger Grazer

Fred Ohenhens IKU gastierte in internationaler Breite in Deutschland.

FRIDO HÜTTER

Man könnte von einer internationalen Eingreiftruppe sprechen, die sich da unter Führung Fred Ohenhens in die brandenburgische Provinz begab. Ihre Mitglieder stammten aus Turkmenistan, dem Kosovo, Nigeria, Ghana, Äthiopien und Ruanda.

Drei Wochen lang führten sie an zwei Schulen im deutschen Annaburg und Jessen vor, was Fred Ohenhen hierzulande seit über elf Jahren äußerst erfolgreich praktiziert: Interkulturelles Kennenlernen, kurz IKU genannt. Der gebürtige Nigerianer hat dabei ein auf verschiedene Schultypen abgestimmtes Programm entwickelt, im Rahmen dessen sich die Schüler der Verschiedenheit, aber auch der Übereinstimmungen zwischen verschiedenen Kulturen bewusst werden. Ziel ist der Abbau von unnötigen Ängsten und Hürden.

Afrikabild

Er selbst bietet den besten Schlüssel dazu: Ohenhens bezwingender Freundlichkeit und wacher Intelligenz kann man sich schwerlich entziehen. Und wenn es ein Beispiel für gelungene Integration bei gleichzeitigem Erhalt der kulturellen Identität gibt, dann ist es Fred Ohenhen: „Uns ist es wichtig, dass sich das Afrikabild in Europa nicht auf Konflikte, Korruption oder Katastrophen beschränkt," sagt er. Offenbar ging er das bisher so erfolgreich an, dass ihn die Einladung aus Deutschland ereilte.

Wiewohl eben von dort häufig von rassistischen Ausbrüchen zu berichten ist, staunte Ohenhen über die Integration in den Klassen: „Da siehst du die unterschiedlichsten Hautfarben und fragst, wie viele Länder hier versammelt sind," erzählt er, „und dann bekommst du die Antwort: Das sind alles Deutsche."

Den erwähnten Farbkatalog bietet auch die Familie Ohenhen: Gemahlin Ingrid stammt aus Mariahof, die bildhübschen Töchter Idia und Alice-Marie sind eine zauberhafte Melange aus beiden. Und alle sind sie Grazer.

ZUR PERSON

Fred Ohenhen, geboren am 14. August 1966 in Benin City.
Studien: Englisch, Exportwissenschaften.
Seit 1989 in Graz, österreichischer Staatsbürger.
Erster Vorsitzender des Grazer Migrantenbeirates.
IKU-Projektleiter bei Isop.

Wahl zum Steirer des Tages in der „Kleinen Zeitung", 23. Dez. 2010

CHRONIK

AFRIKA IM FOKUS. Kinder zeichnen ihr Bild von Afrika. Bei der Initiative kommen Migranten an Schulen.

AFRIKA ERLEBEN. Fred Ohenhen erzählt Geschichten aus seinem Land. Das Projekt ist im Rennen für den Integrationspreis.

‚Ohne Angst verschieden sein'

INTEGRATIONSPREIS. Ein starkes Miteinander ist eine Notwendigkeit für die Wirtschaft.

Man kann nicht jung genug sein, um Menschen anderer Hautfarbe, Religion oder Sprache zu begegnen", sagt Fred Ohenhen. Die Erfahrung mit dem „Anderssein" und „Andersartigem" soll freilich positiv ausfallen. Dafür sorgt der Projektleiter von „IKU" (in der nigerianischen Muttersprache: „Spielend erleben"). Das Projekt ist für den Österreichischen Integrationspreis nominiert.

Fred Ohenhen stellt in Schulen und Kindergärten mit viel Enthusiasmus den afrikanischen Kontinent vor. Durch Geschichten- und Märchenerzählen, Tänze und Spiele, die ähnlich jenen von österreichischen Kindern sind. Die Kleinen basteln afrikanische Masken, kochen und essen afrikanische Gerichte, malen ihr „Bild von Afrika". Familie und Freunde sind eingeladen. Anfangs staunen die Kinder, werden dann neugierig. Ohenhen zieht die Kinder mit Humor schnell auf seine Seite. Am Ende wird oft das ganze Schulhaus in eine afrikanische Welt verwandelt.

Mitarbeiter von IKU stellen freilich auch andere Kulturen und Bräuche dar. Sie wollen Berührungsängste, Scheu und Vorurteile gegenüber dem Fremden abbauen. Ihr Motto: „Ohne Angst verschieden sein" (Zitat des deutschen Philosophen und Soziologen Theodor W. Adorno).

Austausch mit Sinn. Das Leben von Migranten ist durch Isolation geprägt, wenn sie nur untereinander oder mit Beratern aus Betreuungseinrichtungen Kontakt haben. Relativ selten kommt es zu einem befriedigenden Austausch mit Menschen der Mehrheitsbevölkerung. Vielmehr spielen hier

> ‚Die Energie und die Ideen der Zuwanderer stärken uns im Wettbewerb.'
> — Georg Kraft-Kinz

MEHR NEWS
Der Österreichische Integrationspreis

■ **DIE INITIATIVE** starteten ORF, der Verein „Wirtschaft für Integration" und die österreichische Wirtschaft im Vorjahr. Damals wurden 362 Projekte eingereicht, die zum interkulturellen Zusammenleben und zur Integration von Zuwanderern beitragen.

■ **FORTSETZUNG.** Auch heuer werden in den vier Kategorien „bilden und befähigen", „fördern und unterstützen", „anpacken und initiativ sein" und „unternehmen und arbeiten" Preise verliehen. Das Preisgeld beträgt insgesamt 10.000 Euro. Die Jury hat bereits entschieden, aber das Ergebnis bleibt bis zur Preisverleihung am 7. Juni im Haus der Industrie in Wien geheim.

allzu oft Missverständnisse und Ängste herein.

Deshalb haben der ORF, der Verein „Wirtschaft für Integration" und die österreichische Wirtschaft 2010 den Integrationspreis ins Leben gerufen. „Integration ist nicht nur eine Sache der Menschlichkeit, sondern auch wichtige Voraussetzung, um Wohlstand und Wohlbefinden unserer Gesellschaft sicherzustellen", sagt Wiens Bürgermeister Michael Häupl.

In der Bundeshauptstadt etwa hat bereits mehr als ein Drittel der Bevölkerung Migrationshintergrund. Ein Drittel der Wiener Einzelunternehmer sind Migranten. Fest steht: Die Wirtschaft ist auf gelungene Integration angewiesen. Die meisten Migranten sind ja auch im erwerbstätigen Alter. „Ihre Energie und Ideen stärken uns im Wettbewerb", urteilt Georg Kraft-Kinz, Obmann des Vereins „Wirtschaft für Integration". Der Preis ist somit Teil einer Zukunftsstrategie. Teil eines Brückenschlags zwischen alten und neuen Österreichern.

Bericht aus der Zeitung „Österreich", 2011

DIE 17 BEZIRKE

REDAKTION: LISSI STEINER & KLAUS KRAINER, TEL. 0 31 6/60 51-0, redaktion.graz@woche.at

HOFFNUNG FÜR LIEBENAU ▶
LR Kurzmann nimmt seine Regierungskollegen in puncto Südgürtel beim Wort. S. 18/19.

Fred Ohenhen hat in seinem Leben schon viel erlebt – auch Negatives. Trotzdem hat er das Lachen nie verloren.   Fotos: privat (4), WiM/Sator

Mehr Toleranz als oberstes Ziel

Sein Name steht für Integration – Fred Ohenhen kämpft für mehr Toleranz, Respekt und Verständnis untereinander.

lissi.steiner@woche.at

Traiskirchen, was ist das?" Als man **Fred Ohenhen** im Jahr 1989 per Bus von Wien nach Traiskirchen fährt, weiß er nicht einmal, dass er gerade in ein Flüchtlingslager gebracht wird. Ursprünglich wollte der aus Nigeria stammende Ohenhen ja zu seinem Cousin nach Amerika, nachdem er in seinem Heimatland als Demonstrant aufgefallen war. Aber dann kam alles anders.

„Ich wollte über Österreich in die Schweiz, dafür hatte ich ein Tagesvisum für Österreich. Auf Anraten eines Mitreisenden bin ich aber in Wien ausgestiegen. Das war ein Fehler, denn von dort brachte man mich als Asylwerber nach Traiskirchen." Wochen der Ungewissheit folgten. „Ich konnte ja nicht einmal Deutsch, um mich zu verständigen." Danach brachte man Ohenhen in ein 300-Seelen-Dorf in Niederösterreich. „Das war eine schreckliche Zeit. Ich hatte keine Möglichkeit, etwas zu tun. Daher tat ich nichts außer essen und schlafen." Sein Cousin organisierte sogar einen Studienplatz in den USA, den Ohenhen aber nicht annehmen konnte, da er vom Land Österreich kein Visum für die Ausreise bekam. „Sogar über Selbstmord beginnt man da nachzudenken, weil man so verzweifelt ist." Doch zum Glück wendete sich dann das Blatt für den sympathischen Nigerianer.

„Fühle mich als Österreicher"
Eine befreundete Familie in Wien knüpfte den Kontakt zur Familie Neuhold in Graz, zu denen sich Ohenhen mit dem Zug aufmachte. „Ein unbekannter Mann wartete auf mich am Bahnhof – das war am Vormittag des Faschingsdienstags 1990." Gemeinsam fuhren sie gleich zur Uni, um Ohenhen für einen Deutschkurs anzumelden. Dort lernte er dann auch seine zukünftige Frau **Ingrid** kennen, die er 1996 heiratete. „Ich habe gewartet, bis ich offiziell die österreichische Staatsbürgerschaft erhielt, und habe dann erst geheiratet. Ich wollte nicht, dass man mir vorwirft, ich würde nur heiraten, um in Österreich bleiben zu können." Die zwei Kinder **Idia** und **Alice** machten das Glück dann noch perfekt. „Ich fühle mich als Österreicher, auch wenn ich nicht so aussehe."

Heute arbeitet Ohenhen als Projektleiter bei „ISOP" (siehe auch Infos, unten) und versucht so mit seinem Team – allein begonnen, hat Ohenhen mittlerweile schon elf Leute aus neun Ländern in seinem Team –, gegenseitige Toleranz und Respekt zu vermitteln. „Für die Zukunft würde ich mir wünschen, dass man einfach jedem Menschen eine Chance gibt. Man kann sich nicht integrieren, wenn man von Anfang an weggeschupft wird."

PROJEKTINFO

Seit August 1998 ist Fred Ohenhen bei „ISOP – Innovative Sozialprojekte" als Projektleiter tätig. Sein Hauptprojekt ist „**IKU – Spielend erleben**". In Kooperation mit dem AMS, „esf", der Stadt Graz, dem Land Steiermark, dem Bundesministerium für Wirtschaft, der Caritas und dem Welthaus wird in Kindergärten und Schulen schon über die Grenzen Österreichs hinaus interkulturelle Bildungsarbeit geleistet. Eines der aktuellen Projekte ist „Wir sind Graz" an der VS Triester (Foto l.). „80 Prozent der Schüler haben Deutsch nicht als Muttersprache. Es ist wichtig, sich gegenseitig zu respektieren und zu akzeptieren", erklärt die interkulturelle Pädagogin **Barbara Pirker**, die seitens der VS Triester für das Projekt verantwortlich zeichnet, welches in Zusammenarbeit mit der ARGE Jugend realisiert wurde.

Mittendrin statt nur dabei! Fred Ohenhen in der Volksschule Triester

Bericht aus der „Woche", 2011

ALLTAG MIT IKU – ERFAHRUNGEN AUS DER PRAXIS

„*Afrika, das ferne, unbekannte und schöne Land!*", sagten PädagogInnen oft schwärmerisch bei Besprechungen vor Projektbeginn. „*Land!?*", dachte ich anfangs fragend, aber mit der Zeit begann ich zu verstehen, warum „Afrika" sowohl als Bezeichnung für Land als auch für Kontinent diente. Viele Menschen hier sind noch nie in Afrika gewesen, hatten im Schulunterricht praktisch nichts über Afrika, geschweige denn einzelne Staaten Afrikas erfahren, kannten keine AfrikanerInnen, und die Bilder, die sie mit Afrika assoziierten, waren eine Mischung aus Medienberichten über Kriegs- und Dürrekatastrophen, aus bunten Tourismusprospekten mit Safariangeboten und exotisch gewandeten Wüsten- oder Savannenbewohnern, Dokumentationen über Afrikas Tierwelt oder Impressionen aus Spielfilmen wie „Die Götter müssen verrückt sein".

Viele Fantasien – auch romantisch verklärte – prägen das europäische Bild von Afrika. Man hat das Gefühl, sogar, wenn jemand nach Afrika fliegt, um zu berichten, ist der Bericht schon im Kopf, bevor das Flugzeug gelandet ist. Man fliegt nur noch hin, um das passende Foto dazu zu schießen.

Krieg, Hunger, Krankheiten, Dürre, Lehmhäuser, Dschungel, wilde Tiere, Massai- und Samburu-Krieger, rot bemale Himba-Frauen und -Männer, das sind die Puzzleteile, aus denen sich das gängige Afrika-Klischee zusammensetzt. Doch an welches Land denkt man dabei – Nigeria? Ghana? Senegal? Tschad? Ruanda? Kongo? Oder doch vielleicht Ägypten, Marokko, Algerien oder Südafrika?

Wenn wir im Rahmen des Projekts Kinder, Jugendliche oder auch die Erwachsenen bitten, ihre Assoziationen zu Afrika und zu Europa zu notieren, so stehen in der afrikanischen Spalte viele Begriffe: Musik, Tanz, Tiere, Aids, Kriege, Armut, Hunger, so viele Menschen, so viele Kinder, keine Rechte für Frauen und anderes mehr. In der Spalte für Europa steht: Reichtum, Bildung, Kultur, Überfluss. Unglaublich, aber wahr ist, dass es vielen schwerfällt, spontan zehn afrikanische Länder zu nennen. Und dabei ist es egal, ob man diese Übung mit Kindern, Jugendlichen, Eltern, PädagogInnen oder PolizistInnen macht, die Resultate sind fast immer dieselben.

Interessanterweise wird Afrika eher selten mit Konsumgütern, zum Beispiel mit Lebensmitteln wie Kaffee oder Kakao assoziiert. Im Jahr 1992 wirkte ich einmal bei einem Fest in der Weststeiermark mit, und es wurde viel über die Länder des Südens diskutiert. Die Mit-DiskutantInnen und Festgäste waren von der Veranstaltung begeistert, die Stimmung ausgesprochen entspannt und positiv. Um den Tag zu beschließen und abzurunden, hieß es, man könne nun Kaffee aus Afrika trinken und eine Mehlspeise probieren, die eine Afrikanerin zubereitet hatte. Ich schaute erwartungsvoll ins Publikum, doch niemand ging zum Buffet. Keiner traute sich den Kaffee zu trinken, bis die Dame, die ich begleitet hatte, energisch aufforderte: *„Man kann den Kaffee trinken, der schmeckt wirklich köstlich!"*

Ich fragte mich, woher dieses Zaudern, diese Reserviertheit kamen. War den Menschen nicht bewusst, dass Kaffee sowie Kakao und viele andere Lebensmittel (oder zumindest deren Bestandteile), die sie so selbstverständlich konsumierten, aus Afrika kommen? Kaffee wird heute weltweit getrunken und genossen. Tatsache aber ist, dass der Kaffee in Äthiopien, in Afrika, zu Hause ist und vermutlich ursprünglich aus der äthiopischen Region Kaffa stammt. Woher kommen eigentlich die Kakaofrüchte, ohne die es in Europa keine Kakaogetränke und keine Schokolade gäbe? Woher kommen Ananas oder Mangos in den heimischen Supermärkten? Natürlich auch aus anderen Erdteilen, aber ein großer Anteil dieser Lebensmittel stammt aus afrikanischen Ländern. Äthiopien ist beispielsweise der fünftgrößte Kaffeeproduzent der Welt, das Land mit der weltweit größten Kakaoproduktion ist die westafrikanische Elfenbeinküste, die ein Drittel der weltweiten Ernte des Jahres 2012 produzierte.

Wenn man sich jedoch nicht ständig daran reiben will, dass viele Dinge (noch) nicht so sind, wie man sie gerne hätte, tut es gut, hin und wieder einmal die Perspektive zu wechseln. Inspiriert wurde ich dazu das erste Mal durch die österreichische Filmsatire aus dem Jahr 1992 „Das Fest des Huhnes", in der afrikanische Forscher das unbekannte, rätselhafte Österreich erforschen und seltsame Rituale und Gebräuche entdecken (kollektives Biersaufen, Schenkelklopfen und anderes).

Unwissenheit und Vorurteile gibt es natürlich auf beiden Seiten, und so versuchte ich mir ins Gedächtnis zu rufen, welche Bilder ich mit Europa verbunden hatte, bevor ich Nigeria verließ. Internet für Privatanwender gab es damals noch so gut wie gar nicht, das World Wide Web steckte noch in den Kinderschuhen, und so kannte ich Europa nur aus Büchern, aus dem Unterricht an Gymnasium und Universität und aus dem Fernsehen. Aber viele Informationen waren veraltet, viele Klischees stammten noch aus der Kolonialzeit oder überhaupt aus dem Reich der Mythen und Legenden.

Wenn ich mich heute an all die Vorurteile erinnere, die in meiner Kindheit in den Gesprächen unserer Eltern oder Lehrer über Europäer (pauschal und nicht differenziert!) kursierten, muss ich wirklich schmunzeln und kann mir gut vorstellen, wie umgekehrt Vorstellungen über Afrika entstanden sein müssen. *„Die Europäer waschen sich nicht oft, weil sie keine Zeit dazu haben, deshalb riechen sie wahrscheinlich übel und ihre Zähne sind sehr schlecht. Sie sind faul, weil die ganze Arbeit für sie von Maschinen erledigt wird; trotzdem machen sie so viele Pausen bei der Arbeit und trinken ständig Kaffee."*

Aber gleichzeitig wurde uns immer vermittelt, dass wir sehr viel Respekt vor Europäern haben müssten, weil sie alles entwickelt hatten, was das moderne Leben ausmachte und weil sie Hilfe und „Geschenke" (Entwicklungshilfe) nach Afrika schickten. Man fand in Nigerias Medien in den 70er- und 80er-Jahren kaum etwas Negatives über Europa oder die Europäer. Alle Weißen, die ich in Nigeria kennengelernt hatte, wurden zuvorkommend und mit viel Respekt behandelt – der einzige hellhäutige Mann zum Beispiel, der zu meiner Zeit an unserer Uni studierte, war für uns exotisch und interessant – und begehrt bei den Mädchen.

Präsentation von Kakaofrüchten

Nur wenige wollten sich daran erinnern, dass die Europäer sich als Kolonialherrn aufgespielt, Landstriche, ja ganze Länder gewaltsam in Besitz genommen hatten und rücksichtslos afrikanische Ressourcen ausgebeutet hatten. In der Wahrnehmung der Mehrheit dominierte trotz alldem ein positives Bild von Weißen, den „Oyibos".

Was Kinder im IKU-Projekt aber trotz aller Informationen über Afrika im Allgemeinen und spezifische Länder und Regionen im Besonderen immer noch sehr beschäftigt, ist die Tatsache der unterschiedlichen Hautfarbe. Um interkulturelles Vorwissen und möglicherweise bereits „fossilierte" Vorurteile in unserer Arbeit mit Kindern zu erheben, erhalten die Kinder vor und während des Projekts Hausaufgaben, die sie mit ihren Eltern bearbeiten sollen. Unter anderem sollen sie dabei die Frage beantworten, warum so viele Menschen in Afrika dunkelhäutig sind. Die Ergebnisse dieser Befragungen sind immer wieder interessant, witzig, kreativ – manchmal einfach umwerfend! Allerdings bleiben sie von Eltern leider häufig unkommentiert und unwidersprochen. Manche Kinder erklärten das Rätsel der dunklen Hautfarbe zum Beispiel so: *„Wegen der Tarnung, damit die gefährlichen Tiere sie in der Nacht nicht sehen."* Oder: *„Weil sie so viel Schokolade essen."* Oder: *„Das weiß ich nicht genau, aber der liebe Gott hat sie wahrscheinlich stehend geschaffen, weil die Fußsohlen und die Handflächen hell sind."*

In unseren Projektstunden reden und spielen wir mit den Kindern, und die Kinder dürfen uns auch angreifen und sich überzeugen, dass wir „echt" sind und dass die Hautfarbe, mit der wir geboren sind, nicht „abfärbt". Viele Kinder, die diese Übung seltsam finden, sagen: *„Nein, ich möchte dich oder deine Haut nicht angreifen"*, aber sie strecken doch meistens ihre Hände aus. Wenn ich dann sage: *„Darf ich euch auch angreifen, denn ich muss herausfinden, ob eure Hautfarbe eigentlich echt ist"*, lachen sie laut, und spätestens dann ist das Eis gebrochen, und das Angreifen oder Nebeneinandersitzen wird auf einmal normal. Einmal hat mir ein Kind bezüglich unserer unterschiedlichen Haut-

Arbeit im Kindergarten – Thema Hautfarbe

farben Folgendes erklärt, was mich auch sehr zum Nachdenken gebracht hat: *„Wenn eine weiße Frau und ein schwarzer Mann gemeinsam ein Kind bekommen, dann ist das in etwa so, wie wenn ein Elefant und eine Ameise gemeinsam ein Kind hätten – hat mir der Papa gesagt."* Ich hätte ganz gern gewusst, was der Papa sonst noch alles gesagt hat.

Ich bin kein ausgebildeter Kindergartenpädagoge und wusste anfangs nicht, was mich bei der Arbeit mit kleinen Kindern erwarten würde. Die Idee, die sich bewährt hat, war, die Kindergärten mehrmals innerhalb von drei Monaten zu besuchen, damit die Kinder zwischen den Terminen Zeit haben, das Ganze zu verarbeiten und zu verdauen. Natürlich wussten wir, dass die Arbeit mit den Kindern nicht viele Früchte tragen würde, wenn man die Eltern nicht mit ins Boot holte. Sie mussten ins Geschehen eingebunden werden, über die Kinder musste man auch den Dialog mit den Eltern suchen, denn was nützt die ganze Auseinandersetzung, wenn die Kinder über Freundschaft, über Ausgrenzung, über die Bedeutsamkeit von Sprache nachdenken und zu Hause Dinge hören wie: *„Scheiß-Neger!"*, *„Scheiß-Türken!"*, *„Scheiß Jugos!"* oder *„Ausländer raus!"*

Oft waren die Kinder bei unserem ersten Besuch sehr reserviert, hielten Abstand, einige weinten sogar. Manche teilten sich kindlich-unverblümt gleich mit: *„Geh weg!"*, *„Mach mich nicht schwarz!"* oder *„Ich mach da nicht mit,* *meine Mama hat gesagt, Afrikaner stinken. Ich soll nicht zu nah zu dir gehen."* Ein Kind in Graz – es war im Jahr 2000 – weinte bei all unseren vier Besuchen, sobald es uns sah. *"Tante, die Afrikaner!",* schrie das Mädchen angstvoll und blieb die ganze Zeit nur bei der Pädagogin. Am Ende des Projekts, als sich alle schon von uns verabschiedet hatten und wir im Begriff waren, den Kindergarten zu verlassen, lief sie zu mir, umarmte mich und fragte: *"Kommst du wieder?" "Nein",* sagte ich. *"Das Projekt ist leider vorbei! Jetzt musst du dich doch freuen, dass ich nicht mehr komme!" "Bitte, bitte komm noch mal!",* bettelte sie – ihre Angst schien mit einem Mal verflogen. War sie nur froh und erleichtert, dass es vorbei war, oder war sie wirklich traurig? War der Bann gebrochen worden, weil ihre Eltern uns beim Abschlussfest so herzlich begrüßt hatten?

Dass sich der Erstkontakt manchmal schwierig gestaltet, das ist bis heute so geblieben. Was fremd ist, bringt oft Angst und, damit einhergehend, manchmal auch Aggression mit sich. Umso interessanter ist es zu beobachten, wie schnell die Stimmung umschlagen kann und gerade die Kinder, die anfangs am stärksten mit Ablehnung und Zurückhaltung reagierten, dann beim zweiten Besuch schon auf uns zulaufen und uns umarmen oder sogar miteinander streiten, weil sie alle neben uns sitzen wollen. Es musste bei den weiteren Besuchen schon oft ausgelost werden, wer im Turnsaal und wer bei der Jause neben einer/einem vom IKU-Team sitzen darf. Es ist schön, wenn die Kinder sogar bereit sind, ihre mitgebrachte Jause mit uns zu teilen und uns von sich aus Geschichten von Zuhause erzählen. Manchmal sagen sie auch ganz stolz: *"Schau, meine Mama oder mein kleiner Bruder hat Angst vor dir, aber ich nicht."* In solchen Momenten glaube ich, dass wir dem Ziel des Projektes zumindest schon einen kleinen Schritt nähergekommen sind. Immer wieder bekommen wir auch Rückmeldungen von Eltern, dass ihr Kind noch nie so gerne in den Kindergarten oder in die Schule gegangen ist wie während der Projekttage, dass ihre Kinder noch nach Jahren die Lieder auswendig singen können oder dass sie das T-Shirt, das sie mit den Adinkra-Stempeln aus Ghana (Adinkra = Symbolsprache aus Ghana und Elfenbeinküste) bedruckt haben, Tag und Nacht tragen wollen. Manche schicken uns nach Monaten und sogar nach Jahren noch E-Mails, Briefe und Zeichnungen, weil sie oft an das Projekt zurückdenken und weil sie die Begegnung mit uns in so schöner Erinnerung haben.

Kleinen Kindern im Alter von drei bis sechs Jahren kann man keine Vorträge halten, man ist da und spielt mit ihnen österreichische und internationale Spiele, singt steirische Lieder, Lieder in verschiedenen afrikanischen Sprachen, tanzt, kocht und bastelt gemeinsam, kleidet sich und macht die Haare auf österreichische oder afrikanische Art. Es geht darum, eine Vertrauensbasis zu schaffen und um das Überbrücken, aber auch Schätzen von Unterschieden und das Entdecken von Gemeinsamkeiten. Es geht darum, zu lernen *„ohne Angst verschieden zu sein"*, wie es Robert Reithofer so gerne in Anlehnung an Theodor W. Adorno ausdrückt, und was man allen Bemühungen von IKU als Motto groß voranstellen kann. Die Kinder lernen ganzheitlich und lustbetont, sie gewinnen Mut und Selbstvertrauen und geben das, was sie dabei gewonnen haben, ganz nebenbei an ihre Geschwister, Eltern und Freunde weiter.

Der Ablauf unseres IKU-Projektes an Schulen (Volks-, Haupt- und Neue Mittelschulen oder Gymnasien) unterscheidet sich etwas von jenem in Kindergärten. Im Kindergarten steht die Begegnung und der Abbau von Ängsten und Scheu im Vordergrund, das gemeinsame Spielen, Basteln und Kochen

Wir probieren Kochbananen

Bei IKU kochen die Kinder „afrikanisch"

– auch wenn die Kinder oft sehr skeptisch sind, wenn es heißt, wir kochen etwas „Afrikanisches". *„Das esse ich nicht"*, sagen viele dann. *„Ich mag nicht ‚Afrikanisch' essen."* Doch ein Gericht, das wir sehr häufig kochen, ist das „Leisi", ein Reisgericht mit geschnittenem Fleisch und Gemüse. Es wird ähnlich zubereitet wie das österreichische Reisfleisch, sieht gleich aus und schmeckt eigentlich auch sehr ähnlich – aber die Kinder sind skeptisch, weil es „afrikanisch" ist. Wir sagen ihnen, dass sie nur wenig nehmen sollen und lieber nachholen, wenn es ihnen schmecken sollte. Nach dem Kosten kommen die meisten, um mehr zu holen, einige holen mehrmals nach und sagen dann: *„Das*

Adinkra-Symbole

ist ab heute mein Lieblingsessen." Viele Eltern sagten uns nach dem Projekt: *„Wissen Sie, mein Kind hat Reisfleisch nie gemocht, aber Leisi darf ich immer wieder machen, und wir mussten sogar das Kochbuch vom Projekt IKU kaufen, weil das Kind sichergehen wollte, dass wir Leisi nach dem richtigen Rezept kochen."*

Gemeinsam kochen und essen ist auch in den Schulen immer wieder ein Eisbrecher, und die Kinder und Jugendlichen sehen, dass man hier wie dort ähnliche Speisen genießen kann. Das zweite Gericht, das bei kleinen und großen ProjektteilnehmerInnen sehr beliebt ist, sind die gebratenen Kochbananen, die die meisten noch nicht kennen, aber schätzen lernen als etwas, das für die afrikanische Küche so typisch ist wie das Wiener Schnitzel für Österreich.

Gemeinsames und Unterschiedliches – im Wechsel wird beides probiert und wertgeschätzt. Und was auf kulinarischer Ebene funktioniert, klappt dann meist auch auf anderen Ebenen. Mit etwas größeren Schulkindern und Jugendlichen kann man sich den Themen Migration, Integration, Ausgrenzung, Rassismus und Vorurteile schon viel direkter nähern. Viele Kinder und Jugendliche haben schon selbst Erfahrungen mit Gruppendruck, Ausgrenzung, sozialer Isolation oder Mobbing machen müssen, andere haben diese Erfahrungen bereits bei Freunden miterlebt oder zumindest bei anderen wahrgenommen. Deshalb erkennen sie, dass die Mechanismen von Fremdenfeindlichkeit und Rassismus eigentlich sehr ähnlich sind. Sie begreifen, dass jeder in seinem Leben auch einmal „auf der anderen Seite stehen" kann. Sei es durch den Wechsel aus einer vertrauten Umgebung in eine neue, fremde, etwa wenn man umzieht, die Schule wechselt oder ein Auslandssemester absolviert, oder sei es, weil man auf irgendeine Weise nicht der vorherrschenden „Norm" entspricht.

So erzählte mir ein Kind während des Projekts an einer Schule in Graz einmal: *„Weißt du, niemand möchte mit mir in der Pause spielen, sie sagen, ich bin zu dick!"* Ein anderes junges Mädchen, eine geborene Österreicherin, berichtete mir wiederum, wie es ihr ergangen war, als ihre Familie von Graz in die Oststeiermark übersiedelte: *„Die anderen Kinder wollten nicht mit mir spielen. Sie sagten: ‚Du bist nicht wie wir, und du redest auch ganz anders als wir!'"* Sie konnte nur Hochdeutsch sprechen und keinen steirischen Dialekt.

„NEGER" IST JA NICHT SCHLECHT GEMEINT ...

Ein anderes Thema, das sowohl von uns als auch von Kindern, Eltern und PädagogInnen immer wieder angesprochen wird, ist die Frage der Begriffswahl: *„Wie sagt man zu dir – schwarz, dunkelhäutig oder Neger?"*

Kinder sind da eigentlich sehr flexibel und lernfähig, aber Erwachsenen ist oft schwer beizubringen, warum sie „Neger" heutzutage nicht mehr verwenden sollten, sind doch viele mit den Begriffen „Negermusik" für Jazz, „Negerbrot", „Negerkuss" oder dem Kinderlied von den „Zehn kleinen Negerlein" aufgewachsen.

Ich denke, es gibt wohl inzwischen einen Konsens der Mehrheit, dass das Wort „Neger" abwertend ist. (Wer es – noch immer – nicht glaubt, konsultiere den Duden: *„Die Bezeichnung Neger gilt im öffentlichen Sprachgebrauch als stark diskriminierend und wird deshalb meist vermieden."*) Trotzdem und obwohl manche PädagogInnen und sogar Schul- oder KindergartenleiterInnen uns selbst eingeladen haben, weil sie ein interkulturelles Projekt durchführen wollen, vergessen sie, im alltäglichen Sprachgebrauch auf politische Korrektheit Rücksicht zu nehmen. Oder geht es vielen beim Projekt ohnehin nicht um interkulturelle Inhalte, sondern vorrangig um den Unterhaltungsfaktor, ums Trommeln und Tanzen?

Folgende Geschichten mögen zeigen, wie Theorie und Praxis oft auseinanderklaffen:

Ich kam mit meiner langjährigen Kollegin Marie Claude aus Ruanda im Jahr 2015 in eine große steirische Volksschule mit mehr als 200 SchülerInnen, und wir wurden vom Direktor ganz freundlich empfangen. Weil wir zu früh dran und die Kinder noch nicht im Turnsaal waren, begannen wir mit dem Herrn Direktor über dies und jenes zu plaudern und kamen schließlich zum heiklen Thema der Gemeindezusammenlegungen in der Steiermark. Wir waren uns alle zwar einig, dass das eigentlich eine gute Sache ist, aber ich machte den Fehler und fragte ihn, wie groß die umliegenden Gemeinden eigentlich seien, und da schaute er mich an und sagte ganz ernsthaft: „Groß? Nein, groß sind die gar nicht – das sind alles nur Negerdörfer!!"

Ich traute meinen Ohren nicht: Wie konnte ein Direktor mit mehr als 20 MitarbeiterInnen und über 200 SchülerInnen aus mehr als zwölf Nationen – einige davon auch dunkelhäutige – mich für ein Projekt gegen Rassismus und den Abbau von Vorurteilen einladen und dann, im Jahr 2015, so unüberlegte Scherze machen? Gerade ihm sollte doch bewusst sein, dass derartige Begriffe heute nicht mehr in Gebrauch sind und dass sich dunkelhäutige Menschen

Eine noch ungeschälte Kokosnuss

Ohenhen kämpft gegen Rassismus

Seit zwölf Jahren ist Fred Ohenhen unterwegs, um bei Schülern, Lehrern und Eltern für Toleranz und Respekt für alle zu werben.

Afrika ist Teil der einen Welt und ein Kontinent mit vielen Gesichtern

Kelvin hält eine Nuss in die Höhe. „Ist das eine Haselnuss?", fragt Thomas. Er hat noch einen Versuch frei. Schließlich ist man sich einig, dass es eine Kokosnuss ist. Das zwölfköpfige IKU-Team rund um Fred Ohenhen macht derzeit Station an der Volksschule Sacre Coeur in Graz. Und während in der Vorschule Früchte erraten werden, gestalten die höheren Klassen mit Marie Claude eine Afrikakarte, trommeln mit Dawit oder schauen sich mit Judith und Mercedes Fotos an. „Die Angebote sind auf die jeweilige Altersgruppe abgestimmt", erklärt Ohenhen. Gefragt werden darf alles: „Warum seid ihr von Afrika nach Österreich gekommen?", will etwa Valerie wissen. Als Flüchtling, zum Studieren und wegen der Liebe. Oder: „Wie viele Dörfer gibt es in Afrika?" Eine unbeantwortbare Frage. „Afrika ist Teil der einen Welt und wir wollen den Schülern die vielen Gesichter dieses Kontinents näher bringen", erläutert der Projektleiter. Man arbeite gegen Ausgrenzung, Vorurteile und Rassismus. Oder wie Anja meint: „Rassismus bedeutet, dass wir weiß sind und andere schwarz und damit schlecht. Aber das stimmt nicht." **MONIKA SCHACHNER**
Infos und Anmeldung: www.isop.at/iku

Bericht aus der „Kleinen Zeitung", 15. Mai 2011

Steirisch-afrikanische Modeschau

gekränkt oder beleidigt fühlen, wenn man sie nach wie vor verwendet. Kinder kann man für ihren Sprachgebrauch noch nicht verantwortlich machen, und ältere Menschen haben oft nicht mehr nachvollzogen, dass der Begriff „Neger" eine starke Bedeutungsverschlechterung erfahren hat und heute als nicht mehr politisch korrekt empfunden wird. Aber bei Menschen in verantwortungsvollen, führenden Positionen könnte man dieses Wissen doch voraussetzen. Der Umdenkprozess in solchen Fragen sollte eigentlich gerade von den Personen getragen werden, die eine Vorbildfunktion innehaben!

Gäbe es hier schon im Vorfeld von den Erwachsenen mehr Aufmerksamkeit und Sensibilität, dann würde es nicht mehr so häufig passieren, dass Kindergartenkinder, die oft schon erwartungsvoll am Fenster stehen, wenn unser Projektteam das Auto parkt, aufgeregt rufen: *„Tante, Tante, die Neger san doooo!"*

Natürlich sind wir nicht begeistert, wenn die Kinder uns so nennen, aber warum sollte ich einem fünfjährigen Kind böse sein, wenn es dieses Wort verwendet? Mir ist es lieber, die Kinder sind, wie sie sind – ehrlich und unverkrampft, statt Nettigkeit und Höflichkeit zu heucheln, ohne zu verstehen, warum „Neger" als herabwürdigend empfunden wird.

Einmal sprach ich mit Volksschulkindern in einer Schule in der Nähe von Leibnitz über bestimmte Bezeichnungen für andere Menschen, die heute noch gebraucht werden, aber nicht (mehr) zulässig sind, wie z. B. Eskimo, Zigeuner etc. Ich fragte die Kinder, die gerade sieben Jahre alt waren, wie sie mich nennen würden, wenn sie nicht wüssten, wie ich heiße? Es kam alles, nur die Bezeichnung „Neger" nicht, obwohl ich eigentlich darauf wartete. Die Kinder nannten alle möglichen Namen, nur „Neger" kam nicht vor. Ich fragte sie nach einer kurzen Pause, ob sie den Begriff Neger überhaupt kennen würden. „Ja", sagten sie. „Aber die Lehrerin hat gesagt, heute dürfen wir dieses Wort nicht verwenden." „Heute?", fragte ich nach. „Ja, was sagt ihr dann morgen, wenn ich nicht mehr da bin?" „Neger!", schrien alle, und die Lehrerin wurde ganz blass.

Aber ich war und bin immer wieder überrascht, wie offen und lernfähig Kinder sind. In einer kleinen Schule in der Obersteiermark stellte ich den Kindern folgende Frage: *„Stellt euch vor, ihr fahrt mit Mama oder Papa nach Graz, kommt in die Stadt und seht einen dunkelhäutigen Menschen und Papa oder Mama fragt: ‚Schau Kind, da sind Neger, sind das nicht der Fred und der Dawit, die bei euch in der Schule waren?' Was sagt ihr zu den Eltern?"*
Worauf ein achtjähriges Kind aufzeigte: *„Ich würde sagen, Papa, das sind Dunkelhäutige, Schwarze oder einfach Afrikaner!"*
„Und wenn der Papa dann sagt: ‚Kind, das hab ich nicht schlecht gemeint, ich hab das immer so gesagt, denn wir sind so aufgewachsen!'"
„Dann sage ich: ‚Papa, das war gestern, und heute ist das anders!'"
So habe ich gelernt, wie einfach, klar und logisch Kinder argumentieren. Wir hoffen und wünschen uns von den Kindern, dass sie auch zu Hause den Eltern viel über das Projekt erzählen, und so die Eltern dazu bringen, über ihre Vorurteile und Witze nachzudenken. **„Es ist keine Schande, wenn ein Blinder einen Gelähmten nach dem Weg fragt"**, sagt man in Nigeria und es bedeutet, dass wir alle voneinander lernen können.

Auch ich habe auf verschiedenen Ebenen immer wieder von den Kindern lernen können, und sie haben mich oft zum Staunen gebracht – manchmal auch zum Nachdenken.

Vor einigen Jahren besuchte ich einen Kindergarten in Graz, und es war Zeit für die Jause. Es gab ein Buffet, und jedes Kind konnte hingehen und nehmen, worauf es Lust hatte. Ein kleines Mädchen, das neben mir saß, ging zum Buffet, nahm nur eine einzige Apfelscheibe und setzte sich wieder auf seinen Platz.

Ich sagte zu ihr: *„Das ist aber sehr wenig, du kannst sicher mehr nehmen."*

„Ja", gab sie zurück. *„Das weiß ich eh. Aber weißt du, wenn ich fertig bin, gehe ich noch einmal hin, denn ich mag nicht so viel auf einmal nehmen und nachher wegwerfen, wenn ich nicht mehr essen kann. Der liebe Gott mag Verschwendung nicht!"*

Ich schaute dieses vierjährige Mädchen an und schluckte. Wir kochen in Nigeria immer viel zu viel, weil man nie weiß, ob nicht vielleicht jemand vorbeikommt, der etwas essen möchte – Freunde, Verwandte, Nachbarn … **„Schau dem Wanderer nicht ins Gesicht, sondern in den Magen"**, sagen wir und deshalb ist immer etwas zum Essen vorbereitet, wenn man in ein Haus kommt. Freunde und Besucher werden eingeladen, mitzuessen, aber leider wird auch gerade deshalb viel zu viel weggeworfen. Und hier saß ein vierjähriges Mädchen und sagte mir ins Gesicht, dass es schlecht ist, Essen wegzuwerfen, weil es viele Menschen gibt, die hungern.

TROMMELN

Ich frage mich oft, warum sowohl unser Projekt als auch Afrika als Ganzes immer mit Trommeln in Verbindung gebracht wird. Es gibt in unserem Projektteam niemanden, der dort, wo er geboren wurde, jemals als Trommler gearbeitet hat bzw. viel mit Trommelmusik zu tun hatte. Im Projekt stehen das Miteinander und das vorurteilsfreie Aufeinanderzugehen im Mittelpunkt. Um die Kinder zu erreichen, wird Musik gemacht, aber auch gekocht, es werden Power-Point-Präsentationen gezeigt und vieles andere mehr. Die vielen Gesichter des Kontinents Afrika mit allem Drum und Dran sollen gezeigt werden: die Dörfer, aber auch die Großstädte – das Schöne und das Hässliche; die Tiere, die Seen, die Berge und vieles mehr. Wir machen mit den Kindern zum Beispiel auch ein Geografie-Puzzle, damit sie sehen, dass Afrika ein Kontinent mit 54 Ländern ist, die unterschiedlich groß sind und denen es wirtschaftlich unterschiedlich gut geht und so weiter. Die Kinder sollen in diesem Unterricht Staaten Afrikas kennenlernen und zum Beispiel auch einige von den mehr als 2.000 Sprachen hören, von denen keine „Afrikanisch" heißt. Getrommelt wird in den acht bis zehn Projektstunden im Kindergarten in Summe höchstens eine Stunde.

Und dennoch, was bleibt bzw. mit dem Projekt assoziiert wird, ist das Trommeln. So rufen mich immer wieder PädagogInnen an und sagen: *„Herr Ohenhen, wir haben uns das ganze Jahr mit dem Thema ‚Um die Welt' beschäftigt. Könnten Sie vielleicht einmal vorbeikommen, um mit den Kindern zu singen und zu trommeln?"* Und wenn ich ihnen dann sage: *„Es tut mir sehr leid, aber ich möchte nicht als Trommler bei Ihrem Projekt auftreten"*, kommt als Antwort: *„Ja, ich versteh schon, aber Afrika ist für die Kinder halt das Trommeln,*

das Trommeln kommt bei allen immer sehr gut an ... und es sollte den Kindern ja auch Spaß machen." Ja, Spaß ist wichtig, aber wir machen kein Projekt, um vorgefertigte Meinungen zu bestätigen oder um neue Vorurteile in die Welt zu setzen. Ich habe oft das Gefühl, dass viele PädagogInnen gar nicht verstehen, worum es uns im Projekt geht und für sie selber oft nur das Trommeln im Vordergrund steht. Dass Trommeln und Singen nur Mittel zum Zweck sind, um die Kinder zu erreichen und dass sie vor und nach dem Projekt die angesprochenen Themen weiter bearbeiten sollen, dass es um Zusammenleben, Integration und Abbau von Ängsten geht, das nehmen viele leider nicht zur Kenntnis. Warum eigentlich nicht?

So besuchte ich zum Beispiel am 3. Dezember 2014 mit meiner Frau und zwei Freunden ein Lokal in Graz. Gut gelaunt nahm ich den Mantel meiner Frau und ging zur Garderobe, um ihn aufzuhängen. Auf dem Weg dorthin sah ich an einem Tisch eine Lehrerin sitzen, von der ich wusste, dass sie mich kannte und sehr schätzte, weil sie das sehr oft betonte und sich unzählige Male für meine Arbeit bedankt hatte. Seit mehr als sieben Jahren besuche ich sie nämlich mit meinem IKU-Team an ihrer Schule, und wir verbringen dort je zwei Stunden in zwei Klassen. Jedes Mal ging es dabei um Themen wie Rassismus, Vorurteile, Migration, die afrikanische Kultur und um ein friedliches Zusammenleben, da die Hälfte oder mehr der SchülerInnen in diesen Klassen Migrationshintergrund haben. In den fast 100 Minuten wird viel geredet, Plakate werden gestaltet, Geschichten vorgelesen, am Beginn oder am Ende ein Lied gesungen oder ein Tanz gemacht, und wenn es sich noch ausgeht, trommeln

wir gemeinsam auch zehn Minuten lang, aber die Zielsetzung unseres Unterrichts ist und bleibt die Sensibilisierung der Jugendlichen für interkulturelle Inhalte und ein friedliches Zusammenleben in der Klasse, in Graz und in der Gesellschaft allgemein.

Ich traf also die Lehrerin mit ihrem Mann, und sie waren sichtlich erfreut, uns zu sehen. Ich machte sie mit meiner Frau bekannt und sie uns mit ihrem Mann und einem Ehepaar, das mit am Tisch saß. Bei ihnen stellte sie mich mit den Worten vor: *„Das ist Herr Fred Ohenhen, mit ihm machen wir schon lange ein Projekt in der Schule und er – ehm, ehm – leitet die Trommeltruppe von der ISOP!"* Da war es für mich vorbei mit der guten Laune. Ich musste mich sehr bemühen, mich im Zaum zu halten, denn jedes Mal, wenn ich – egal wo – ein neues Projekt beginne, erkläre ich: *„Wir sind keine Trommler, wir haben das Trommeln erst in Graz gelernt"*, aber entweder hören die Menschen gar nicht zu oder ihre Meinung steht schon unverrückbar fest. Afrika und Afrikaner, und deshalb auch das IKU-Projekt, ist für viele immer noch gleichbedeutend mit Trommeln, was es aber nicht ist und auch nicht sein soll.

Im Gegenteil, wir möchten mit IKU genau dieses eindimensionale Bild zurechtrücken. Wir möchten zeigen, dass Afrika und die Afrikaner mehr als nur Trommler sind und dass man dort nicht mit einer Trommel geboren wird,

„Musik im Blut hat" und den ganzen Tag nur singt und tanzt. Das Projekt dauert im normalen Verlauf an einer Schule drei bis neun Tage, wir verbringen mit den Kindern und Jugendlichen zehn, zwölf Unterrichtsstunden pro Klasse und in dieser Zeit wird höchstens 60 Minuten getrommelt!

„Ah, Sie sind Musiker und sind ins Ausland eingeladen?", sagte der Beamte wie selbstverständlich beim Finanzamt, als ich eine Bestätigung brauchte, um nachzuweisen, dass ich in Österreich lebe und versichert bin, damit ich im Ausland meiner Referententätigkeit nachgehen kann. *„Nein"*, sagte ich verärgert, *„ich bin kein Musiker, sondern Lehrer und fahre dorthin, um Seminare zu halten!" „Ach so ..."*, kam als Antwort.

Natürlich versuche ich die Menschen zu verstehen, aber warum bleiben die Gedanken immer dieselben, auch wenn viel mehr angeboten wird?

Um die festgefahrenen Bilder in den Köpfen der Menschen verändern zu können, brauchen wir nicht nur pädagogische Arbeit in Kindergärten und Schulen, sondern mehr Menschen mit Migrationshintergrund, die nicht nur in Sozialbereichen, sondern zum Beispiel auch bei der Gemeinde, bei der Polizei, beim AMS, in der Politik und in Führungspositionen tätig sind, damit in der Gesellschaft mehr und mehr ankommt, dass MigrantInnen viele Fähigkeiten und Kenntnisse haben.

Ich bin in Nigeria geboren, habe dort studiert, machte in Graz das College für Außenhandelskaufmann und die Unternehmerschule und arbeite seit mehr als 15 Jahren als Projektleiter bei ISOP für interkulturelles Lernen. Im Laufe dieser Jahre erhielt ich einige Anerkennungen, unter anderem die Multikulticard des Afro-Asiatischen Instituts, wurde mit meinem Projekt für den Integrationspreis nominiert, wurde Grazer des Jahres usw., aber ich bin kein Trommler! Nicht, weil etwas Schlechtes daran wäre zu trommeln – es ist eine von vielen Möglichkeiten, die wir im Projekt methodisch einsetzen, sondern, weil ich nicht darauf reduziert werden möchte. Genauso möchte ich, dass das Projekt IKU als interkulturelles Projekt in allen seinen Facetten wahrgenommen wird und nicht als Trommelkurs, reines Musikprojekt oder nur etwas mit Unterhaltungswert.

EIN SCHWARZER REFERENT?

DER BERG KOMMT NIE ZU DIR, DU MUSST IMMER ZUM BERG GEHEN

In meiner beruflichen Laufbahn in Österreich habe ich einiges mit- oder durchmachen müssen. Ich kann mich noch ganz genau erinnern, als ich am Anfang meiner Referententätigkeit stand, es war 2000/2001. Eines Tages wurde ich eingeladen, über Migration, Rassismus, Vorurteile und die Probleme des Zusammenlebens in der Gesellschaft zu reden. Ich freute mich sehr darüber, machte ein Vorgespräch mit der zuständigen Frau, und wir beide fanden, dass ich ein gutes Programm zusammengestellt hatte. Stolz packte ich meine Unterlagen am Seminartag ein und freute mich sehr auf die zwei Tage zu je acht Stunden. Die Seminarleiterin begleitete mich in den Vortragsraum, und als sie mich als Referenten für die nächsten zwei Tage vorstellte, wurde es ganz still. Zwei Männer bestanden darauf, dass ich wieder gehen sollte, weil sie einen „Schwarzen" als Vortragenden nicht erwartet hatten, außerdem, was sollte ich ihnen überhaupt beibringen – was das für eine Zumutung sei, von mir unterrichtet zu werden! Es wurde fast eine Stunde lang diskutiert und gestritten, ob ich bleiben oder gehen sollte! Ich stand da wie angewurzelt, und mir ging es schlecht dabei. Ich hörte zu, wie sie – ohne mich überhaupt noch wahrzunehmen – argumentierten und über mich sprachen:

„Nein, Sie haben uns nie gesagt, dass der Referent schwarz ist"
„Doch, das habe ich Ihnen mitgeteilt, sogar woher er kommt."

Man merkte, dass es einigen von ihnen langsam peinlich wurde, und ich verstand nicht, warum es nicht um das Thema ging, wofür sie mich eingeladen

Elternabend

hatten, sondern um meine Hautfarbe. Ich wurde sauer und grantig und war gerade dabei, meine Sachen zusammenzupacken, als eine Frau aufstand und sagte, es gehe ihr alles auf die Nerven. Es gehe langsam zu weit, wie die zwei sich aufführten und fast alle Referenten ungut behandelten. Sie habe sehr wohl gewusst, dass ich komme, und sie wäre bereit, endlich mit der Arbeit zu beginnen. Und wenn die beiden keine Lust hätten, dann sollten sie den Raum verlassen und nach Hause gehen. Es wurde wieder ganz still, alle blieben, und die zwei Seminartage fanden doch statt. Komischerweise blieben auch die zwei Streithähne, kamen auch am nächsten Tag wieder, machten alle Übungen mit und entschuldigten sich sogar am letzten Tag des Seminars! Entschuldigungen sind immer gut, sie sind aber oft keine Salbe für die Wunde, die sie verursacht haben.

Ich denke aber auch oft an eine Begebenheit Ende der 90er-Jahre an einer Grazer Abendschule. Die SchülerInnen sind erwachsen, arbeiten und sitzen abends wieder in einer Schulklasse, um ihre Matura nachzuholen. Die Lehrerin, die mich einige Jahre lang immer wieder eingeladen hatte, sagte mir eines Tages nach einer Unterrichtseinheit: *"Siehst du diesen jungen Mann? Ich bin sehr überrascht, dass er heute dabei war und mitgemacht hat, denn er hat seine Probleme mit ‚Schwarzen'. Kompliment Fred, der Mann ist aus der Kirche ausgetreten, weil seine Pfarre einen dunkelhäutigen Pfarrer bekommen hat und er Probleme hatte, aus der Hand eines schwarzen Priesters die Kommunion zu empfangen!"* Natürlich schluckt man dann und wird nachdenklich. Manchmal frage ich mich, was PädagogInnen empfinden, wenn sie so etwas hören und wie es ihnen damit geht, wenn sie uns davon berichten? Es ist sicher für sie auch nicht leicht.

Wie aber soll man als Betroffener so viel Respektlosigkeit und Arroganz, vielleicht Aggression verkraften? Indem man weiß und immer daran denkt, dass man ein Ziel vor Augen hat. Das Ideal und den Wunsch, dass es besser werden möge, aber auch die Gewissheit, dass man seinen Teil gegen Rassismus und Vorurteile leisten muss für ein besseres Miteinander. Für unsere Kinder und unsere Zukunft ...

Eine Mitarbeiterin des AMS, die unser IKU-Projekt betreut hatte und nach einem Abschlussfest zu mir kam, um sich bei mir zu bedanken, betonte, wie wichtig es sei, mit unserer Arbeit bei den Kindern zu beginnen, aber auch die Eltern einzubeziehen. Sie erzählte von einem Vater, der zu ihr während des Festes einige unschöne Dinge gesagt und anschließend sarkastisch gemeint hatte: *„So ein Projekt unterstützt ihr vom AMS? Warum?"* Worauf sie antwortete: *„Ja, wegen Leuten wie dir!!!"*

Diese Antwort war sehr schlagfertig und mutig und zeugte von Zivilcourage. An ihre Worte denke ich immer, wenn die Situation kritisch oder oft auch beleidigend wird. Und leider sind die Erfahrungen, die man mit Erwachsenen im Rahmen von Projekten und Schulungen hin und wieder macht, im wahrsten Sinne des Wortes erschütternd. Bei einem Seminar mit Tagesmüttern/Tagesvätern im Jahr 2013 bat ich die Teilnehmerinnen herumzugehen, die anderen mit ausgestreckter Hand zu begrüßen und ein kurzes Gespräch zu führen. Eine Frau machte die Runde, doch als sie zu mir kam, sagte sie: *„Ich kann dieses Spiel mit Ihnen nicht machen, ich kann schwarzen Menschen nicht die Hand geben!"* Ich dachte, mich verhört zu haben, doch schlagartig waren alle im Raum verstummt, und ich wusste nicht, wie ich das Seminar nun fortführen sollte. Ich entschied mich dafür, meine Sachen zu packen und das Seminar abzubrechen. Es war vorgesehen, dass wir zwei Seminarabende

Elisabeth Pötler

Nicht immer die anderen

Fred Ohenhen gibt vieles vor und niemals auf.

Fred Ohenhen leistet seit 15 Jahren interkulturelle Bildungsarbeit. Sein neuestes Projekt: ein Film zum Thema Integration.

Eine Armlänge, vor dem Körper ausgestreckt – das ist die Entfernung, die sich manche Menschen einprägen. Sie versuchen, sich daran zu gewöhnen, hier, in Österreich, nicht näher an ihr Gegenüber heranzurücken. Die anderen lernen zuweilen, dass ein Näherrücken kein Angriff auf ihre Privatsphäre bedeutet. Kulturelle Unterschiede zu verstehen, zu überbrücken und die Arme zu öffnen, auch für jene, die Vorbehalte haben: Das ist das Spezialgebiet von Fred Ohenhen. Der 47-Jährige, der vor 23 Jahren aus Nigeria nach Österreich kam, ist ein Anti-Diskriminierungs-Arbeiter an vorderster Front. Ein Markenzeichen: sein warmes, herzliches Lachen.

Damit steckt er auch viele Kinder an, die er im Zuge seiner interkulturellen Bildungsarbeit an Kindergärten und Schulen besucht. Dahinter steckt das Projekt „IKU" des Vereins Isop, das er seit 15 Jahren leitet. „Niemand wird rassistisch geboren", sagt Ohenhen. In den Kursen will er Begeisterung für andere Kulturen wecken, Begegnung schaffen. Es wird gespielt, getanzt oder gekocht – und geredet: Wer erlebt Ausgrenzung und wie fühlt sich das an? „Manche Kinder sind am Anfang skeptisch, am Schluss wollen sie nicht, dass ich gehe", sagt er. Die Workshops sind ein Jahr im Voraus ausgebucht. Seine Kurse hält Ohenhen unter anderem auch für Polizeischüler/innen, um sie für kulturelle Unterschiede zu sensibilisieren. „Oft sind es nur Kleinigkeiten und Missverständnisse, die zu Konflikten führen können", sagt er. Und: „Idiot/innen gibt es leider in jedem Kulturkreis."

Herzblut steckt auch in seinem aktuellen Projekt: Es ist der 24-minütige Film „Integration (AnDerS)" von Isop, umgesetzt von Schüler/innen der Ortweinschule. Ohenhen hat dafür Menschen des öffentlichen Lebens interviewt und jene, die Diskriminierung erlebt haben. Zu Wort kommen auch ein Polizeidirektor, Journalist/innen sowie Menschen mit Behinderung oder Jugendliche. Was er mit dem Film aussagen will? „Integration betrifft nicht jene, die aus anderen Ländern kommen." Denn erstens werden auch andere Personen ausgegrenzt – etwa wegen ihrer sexuellen Orientierung – und zweitens: „Für Integration muss die ganze Gesellschaft etwas tun – also jede und jeder. Nicht immer nur die anderen", sagt er. Den Film möchte er auch bei Elternabenden, begleitend zu den Schulworkshops, zeigen. Denn: Es gibt sie immer noch. Menschen, die sich weigern, ihm die Hand zu geben. Wie jene Frau, der Ohenhen bei einer seiner Schulungen begegnete. Zuerst war er innerlich wütend, dann traurig. Dann hat er seinen Kurs gehalten. Wie er die Kränkung wegsteckt? Er überlegt und lächelt: „Wegen solchen Menschen muss ich meine Arbeit machen. Das zeigt, wie wichtig sie ist."

Fred Ohenhen ist 1966 in Benin City geboren. Er studierte in Nigeria Englisch und Religion und arbeitete als Lehrer. Lebt seit 1989 in Graz. Ohenhen ist bei Isop Projektleiter im Bereich Intekulturelle Bildung. Als Referent ist er an verschiedenen Bildungseinrichtungen tätig und hält etwa Fortbildungen für Kindergärtner. Er ist verheiratet und hat zwei Kinder.

Megaphon-Interview zum Film „Integration Anders", Jänner 2014

lang miteinander arbeiten sollten, und ohne das Modul, das das letzte vor ihrer Prüfung war, würde keine der auszubildenden Tagesmütter ein Zeugnis bekommen.

„*Es tut mir leid*", sagte ich. „*Ich werde jetzt meine Sachen packen, auf das Honorar verzichten und morgen dem Büro mitteilen, warum ich dieses Seminar*

„Den Schwachen eine Stimme geben"

Akzeptanz statt Toleranz: Fred Ohenhen will Integration neu denken – auch abseits von Migration.

GERNOT EDER

Unter dem Motto „Integration (anders)" präsentieren Sie heute Abend einen Film von Ortwein-Schülern, in dem Sie Politiker, Polizisten, Journalisten, Jugendliche oder Sozialarbeiter interviewt haben. Was wollen Sie damit erreichen?
FRED OHENHEN: Bei dem Thema Integration geht es nicht nur um Migranten, sondern um alle Menschen, auch um jene, die nicht in die Norm passen, sei es wegen Krankheit, Behinderung, wegen ihrer Sexualität oder Hautfarbe. Es geht darum, den Schwachen und Leisen eine Stimme zu geben. Integration ist eine Tatsache und sie geht uns alle etwas an.

Die Steiermark hat nun seit drei Jahren ein eigenes Ressort für Integration. Was hat sich dadurch verbessert?
OHENHEN: Wir sind auf dem Weg. Die Politik ist wichtig, aber wir alle sind zuständig. Es kann im Jahr 2013 nicht sein, dass jemand zusammengeschlagen wird, weil er homosexuell ist. Oder der Islam: Das ist eine seit Langem anerkannte Religion, und Politiker schüren Ängste damit. Warum? Weil viele zu wenig informiert sind.

Sie fordern Akzeptanz statt Toleranz – warum?
OHENHEN: Wird jemand toleriert, wird er geduldet. Wer will das schon? Wir alle wollen akzeptiert werden. Um jemanden zu akzeptieren, muss man ihn nicht lieben. Es tut nicht weh.

Wann wäre ein Integrationsressort überflüssig?
OHENHEN: Ich denke, nie. Integration bleibt Prozess. Aber wir brauchen mehr Vielfalt in allen Bereichen.
INTERVIEW: JULIA SCHAFFERHOFER
Integration (AnDerS). Heute, 18 Uhr, Präsentation & Diskussion mit Adina Mircioane, Lisa Rücker, Alexander Ceh, Kurt Flecker, Johannes Schwarz u. Frido Hütter (Moderation). Isop Graz. www.isop.at

Bericht aus der „Kleinen Zeitung", 14. Dez. 2013

abgebrochen habe." Wie sollte eine Frau, die eine Ausbildung zur Kinderbetreuerin bzw. Tagesmutter macht, mit Kindern aus anderen Ländern oder mit Kindern anderer Hautfarbe klarkommen? Wie konnte man so eine Frau Kindern und Eltern zumuten, die vielleicht nicht in der Lage sind, zu sagen: „Ich lasse mein Kind nicht bei Ihnen, denn ich bin nicht auf Sie angewiesen." Ich war mehr als wütend, wütend auf mich, den lieben Gott, meine Hautfarbe, auf die Gesellschaft und auf die Welt ... Wie konnte so etwas im Jahr 2013 noch passieren? Eine Frau, die vorhatte, mit Menschen zu arbeiten, konnte mir die Hand nicht geben, nicht, weil ihre Religion ihr das verbot, nicht, weil sie eine ansteckende Krankheit hatte, sondern wegen meiner Hautfarbe! „Nein, das schaffe ich einfach nicht!", hatte sie gesagt.

Später fragte mich einmal eine Journalistin, der ich diese Geschichte erzählte, wie ich heute damit umgehen würde, sollte mir so was noch einmal passieren. Ich schaute sie an und lachte: „Wissen Sie, was einen nicht umbringt, macht einen härter. Menschen wie diese Frau sind der Grund für meine Arbeit. Wenn es solche Menschen nicht gäbe, dann hätte ich überhaupt keinen Grund mehr, diese Arbeit zu machen."

In dem Augenblick des Seminars war ich verletzt – und es tut heute noch weh – aber als ich nach einer Stunde Diskussion dabei war, den Kursraum zu verlassen, machten mir die Teilnehmerinnen schließlich etwas klar: *"Du bringst uns Toleranz und Respekt bei und möchtest uns alle wegen einer Frau bestrafen? Sollen wir jetzt alle, obwohl wir nichts getan haben, auf unser Zeugnis verzichten, weil eine Person dich beleidigt und gekränkt hat?"* Ich dachte nach, dachte an all die Vorurteile und Pauschalverurteilungen, gegen die ich kämpfte, dachte an die Drogendealer, die ich nicht kannte, aber deretwegen ich immer wieder angesprochen wurde … und am Ende machte ich weiter. Bis heute bereue ich jedoch, diese Frau nicht aus dem Seminar geworfen zu haben. Wie kann sie mich ablehnen und trotzdem mein Wissen mitnehmen? Sie kam am nächsten Tag und tat so, als ob nichts gewesen wäre. Alle aus dem Kurs – außer dieser Frau – und sogar die Leiterin des Vereins entschuldigten sich bei mir. Irgendwann gab die Frau dann zu, dass ihr Bruder eine Frau aus Brasilien geheiratet hatte, die sie zwar mochte, aber die hier in Österreich „alles von öffentlichen Stellen zugeschoben" bekäme. So dürfe sie etwa Kurse besuchen, auf die sie als gebürtige Österreicherin keinen Anspruch hätte.

Bedauerlich an dem ganzen Vorfall fand ich trotz der Entschuldigungen der Seminar-TeilnehmerInnen auch, dass niemand von ihnen die Courage hatte, dieser Frau etwas entgegenzusetzen, obwohl sie geschockt wirkten. Sie hätten sich von ihrer Kollegin distanzieren können und Zivilcourage beweisen, wie die Frau in der folgenden Geschichte:

Eine Frau fuhr in Graz mit der Straßenbahn. Neben ihr saß ein kräftiger, muskulöser Mann, der sofort drei dunkelhäutige Männer indirekt ansprach, die im hinteren Teil des Waggons standen. Er wandte sich an die Frau neben ihm und sagte ganz laut:

„De do – wos mochen de in Österreich?"

„Ja, was glaubst du – arbeiten tun wir!", erwiderte einer der drei von hinten.

„Ha!", sagte er, zur Frau gewandt, „wos orbeiten denn de?"

„Im Krankenhaus!", gab der Dunkelhäutige zur Antwort.

„Im Krankenhaus? Wos mochen de da?", sagte er, die Augen verdrehend.

„Dein Arsch putzen tun wir", kam die Stimme von hinten.

„Also, von de lass i mein Arsch net putzen."

Die Frau neben ihm reagierte zunächst nicht, stand dann auf, machte ein paar Schritte, blieb stehen und drehte sich zu ihm: *"Dann bleiben Sie in Ihrem Scheiß sitzen!"*, rief sie ihm zu und stieg schnell aus.

Damit war die Diskussion in der Straßenbahn endgültig beendet.

DROGENDEALER

—

Eines Tages wurde mir von der Direktorin einer Schule mitgeteilt, dass ein Vater zu ihr gekommen sei, um das Projekt IKU an ihrer Schule zu verhindern. Er sei Polizist und könne nicht zulassen, dass Afrikaner hierher kämen, um ein Projekt zu machen – das seien doch alles Drogendealer! Ich fragte mich, wie dieser Polizist mit mir bei einer Verkehrskontrolle umgehen würde – würde er mich wie einen normalen Bürger behandeln oder würde er mich nach Drogen durchsuchen? Die Direktorin ließ sich allerdings von ihm nicht beirren, setzte sich durch, und das Projekt fand statt.

Nach Abschluss des Projekts kam der Polizist (was ich sehr geschätzt habe) zu mir und sagte: *„Herr Ohenhen, ich bin der Vater, der das Projekt verhindern wollte. Wissen Sie, warum?"* *„Nein"*, sagte ich.

„Ich bin Polizist, und Sie müssen verstehen, dass ich in meinem Job Afrikaner oder Ausländer nur treffe, wenn ich sie verhafte bzw. wenn sie straffällig werden!" „Ah ja", dachte ich, „so ist das – **,Ein fauler Zahn lässt alle anderen stinken – ein Finger berührt das Öl und alle werden verschmiert.'"** Mir fiel ein, wie ich an einem wunderschönen Sommernachmittag mit einem Freund auf einer Bank im Stadtpark gesessen war. Wir hatten uns in der Innenstadt ein Eis gekauft, waren durch die Herrengasse geschlendert und wollten im Stadtpark eine kleine Rast unter schattigen Bäumen einlegen, das Ambiente rundherum und die kleine Brise genießen. Innerhalb einer Stunde blieben drei Menschen bei uns stehen und fragten, ob wir „Stoff" hätten. Anfangs wussten wir nicht, was sie eigentlich von uns wollten, bis ein Vierter kam und sagte: *„Was? Ihr habt nichts? Ich hab gedacht, alle Schwarzen rauchen oder nehmen was."* Wir

Integration gelehrt

GRAZ. Im Polizei-Bildungszentrum geht man neue Wege. Auch das Thema Migration und Integration ist ein wichtiger Bestandteil der Aus- und Fortbildung geworden. „Interkulturelles Lernen" nennen sich Seminare, die im Bildungszentrum stattfinden und bei denen Migranten als Referenten auftreten.

Fred Ohenhen, Österreicher mit nigerianischer Herkunft, beim Referat   POLIZEI

Bericht aus der „Kleinen Zeitung", 6. Nov. 2010

schauten ihn verständnislos an, wussten nicht, was wir tun sollten und verließen schließlich den Stadtpark. Das war das Ende eines schönen Sonntagnachmittags, den wir wie normale Bürger genießen wollten. Seither meide ich den Stadtpark.

Erfahrungen wie diese machte ich nicht nur im Stadtpark. Es passierte auch in der Nähe des Bahnhofs, in der Keplerstraße, als ein junger Mann sein Auto anhielt, seine junge Freundin aus dem Auto sprang, zu mir hinlief und fragte, ob ich „was Braunes" hätte? Als ich sie nur fragend ansah, erkannte sie sofort, dass ich nicht wusste, wovon sie sprach und sprang wieder schnell ins Auto, bevor ich reagieren konnte.

Ein anderes Mal parkte ich mein Auto vor meinem Büro in der Annenstraße. Es war früh am Morgen, ich wollte gerade das Gebäude betreten, als eine junge Frau mich nach dem Weg zum ISOP-Hauptgebäude fragte. Ich erklärte es ihr und ging hinauf in mein Büro. Kurz danach musste ich noch einmal hinunter zu meinem Auto, weil ich etwas vergessen hatte. Da stand die junge Frau mit den blauen Haaren wieder vor mir. Sie habe den Weg nicht gefunden, sagte sie. *„Dann kommen Sie mit hinauf in mein Büro, von meinem Fenster aus sehen Sie die Türme der Sankt-Andrä-Kirche, daran können Sie sich orientieren. Das Hauptgebäude ist gleich vis-à-vis."* Ein, zwei Meter von der jungen Frau entfernt stand ein älteres Ehepaar und schien die Szene mitzuverfolgen. Ich hielt sie für die Eltern der jungen Dame, denn die ältere Frau sagte zu ihrem Mann:

„Jetzt gehen wir auch mit." Wir gingen alle vier hinauf, und ich begann zu zeigen und zu beschreiben, worauf die vermeintliche Mutter zu ihrem Mann sagte: *„Also ist … also doch nicht – komm, gehen wir wieder."*

Sie verließen eilig mein Büro, und ich fragte das Mädchen: *„Waren das nicht deine Eltern?" „Nein!",* sagte sie überrascht. Da wurde mir klar: Sie hatten mich auf frischer Tat ertappen wollen! Und noch bevor ich ihnen nacheilen und sie zur Rede stellen konnte, waren sie schon aus dem Haus verschwunden.

Alle diese Erfahrungen zogen an meinem inneren Auge vorüber, als dieser Polizist beim Abschlussfest versuchte, mir seine Beweggründe für sein Verhalten zu erklären. Sicherlich, er war dafür angestellt, für Recht und Ordnung zu sorgen. Wenn alles in unserer Gesellschaft gut und reibungslos funktionieren würde, bräuchten wir wohl keine Polizei. Trotzdem … *„Verhaften Sie denn Österreicher oder weiße Österreicher nie?",* fragte ich ihn. *„Ähm, ja, Sie haben eh recht",* sagte er drauf. In Nigeria sagen wir: **„Auch schwarze Kühe geben weiße Milch",** und meinen damit, dass es egal ist, welche Farbe die Kuh hat, sie gibt Milch, und das ist positiv.

Viele Erwachsene und sogar etliche PädagogInnen sind sich rassistischer Denk- und Verhaltensmuster gar nicht bewusst, und es braucht oft nur einen kleinen Anstoß in die richtige Richtung. Deshalb war ich sehr stolz, als mir in Südtirol eine Kinderbetreuerin bei einer Übung sagte: *„Ich schäme mich heute dafür, dass ich einem Kind aus Pakistan, das versucht hat, mich in den Ferien auf dem Hauptplatz zu umarmen, diese Umarmung verweigert habe, weil ich mich unwohl fühlte und nicht sicher war, ob die Leute aus dem Ort nicht vielleicht zuschauen."* Und eine andere Frau aus derselben Gruppe sagte: *„Ich schäme mich auch dafür, dass ich mir immer automatisch die Hände gewaschen habe, wenn ich Kinder aus Asien umgezogen habe, aber ich mache das nie, wenn ich Kinder aus Südtirol umziehe!"* Ich fand es hochanständig und bewundernswert von ihnen, dass sie das so offen zugaben, aber noch schöner und mutiger fand ich, dass sie das vor all ihren KollegInnen taten! Die Wirkung war ungeheuer, und im Raum mit 20 PädagogInnen wurde es so ruhig, dass man eine Stecknadel hätte fallen hören können.

DIE AFRO-NACHT UND DER FISCHKOPF

—

Sehr häufig, wie man allein schon in Europa beobachten kann, betreffen Kulturunterschiede die Alltagskultur des Essens und Trinkens. Wer sich, wie meine Tochter, längere Zeit in Italien aufgehalten hat, vermisst das knusprige österreichische Schwarzbrot, wer aus mediterranen Regionen kommt, vermisst hier schmerzlich die Auswahl an frischem Fisch. Auch in Nigeria essen wir gerne Fisch – in frischem wie in getrocknetem Zustand, und wenn ich heute an unsere erste ISOP Afro-Nacht im Jahr 1999 denke, muss ich schmunzeln.

Die erste Afro-Nacht in Graz sollte unbedingt etwas ganz Besonderes werden! Ich war bereits seit zehn Jahren in Österreich, und obwohl die Stadt Graz damals schon als „multikulturell" galt, gab es nach wie vor Lokale und Gasthäuser, in die Menschen anderer Hautfarbe oder sonst irgendwie als „Ausländer" identifizierte Gäste entweder erst gar nicht eingelassen oder nicht bedient wurden.

Bei unseren Afro-Nächten würde niemandem der Eintritt verwehrt werden, im Gegenteil – solange man sich „ordentlich" benahm, waren alle willkommen! Alle sollten sich bei uns wohlfühlen können, egal, woher sie kamen, wie sie aussahen oder welcher Konfession sie angehörten, und dazu gehörte auch, dass man sich bei Musik, Tanz und angenehmen Gesprächen auch ordentlich stärken konnte.

Ein interkulturelles Buffet war geplant, und wir hatten Frauen und Männer aus verschiedenen afrikanischen Ländern gebeten, mitzumachen und uns bei der Organisation und der Zubereitung der Speisen zu helfen. Es gab Sitzungen, in denen wir diskutierten, wie das Buffet aussehen sollte, anschließend wurden wahre Großeinkäufe getätigt, und eine große Abordnung von – hauptsächlich – Frauen erklärte sich bereit, möglichst viele verschiedene, „echt afrikanische" Gerichte auf den Buffettisch zu zaubern. Am Ende waren wir alle sehr stolz und zufrieden mit dem, was wir geschafft hatten. Das erste Afro-Fest sollte an einem Samstagabend um 20 Uhr beginnen, aber bereits um 19 Uhr waren alle Eintrittskarten verkauft, und es gab kaum noch Platz zum Stehen. Wir zählten an diesem Abend Menschen aus mehr als 30 Nationen!

Der Anblick der ISOP-„Plauderbar", in der wir unser Buffet angerichtet hatten, erfüllte mich mit Stolz, denn für mich sah alles wunderbar und appetitlich aus. Zumindest bis zu dem Augenblick, als Robert, unser Geschäftsführer, zu mir kam und mir ins Ohr flüsterte: *„Fred bitte, das nächste Mal keine Fischköpfe mehr! Das kommt bei uns nicht so gut an."*

Ich war zunächst etwas überrascht, denn in meinen Augen sah alles perfekt aus. Unsere KöchInnen hatten verschiedene Fischsorten frittiert und neben-

Zehn Jahre IKU: Dom im Berg

einander angerichtet. Obenauf hatten sie liebevoll die Fischköpfe arrangiert, sodass deren Augen direkt auf den Buffetbesucher gerichtet waren. Wir wussten, dass die meisten AfrikanerInnen sich sofort auf die Fischköpfe stürzen würden, was auch tatsächlich so geschah.

Bei den österreichischen BesucherInnen hatte diese Spezialität wohl nicht denselben Anklang gefunden, und wenn ich diese Geschichte heute erzähle oder mich daran erinnere, muss ich unweigerlich lachen und an einen weiteren Vorfall zurückdenken, der sich noch in meiner Zeit in Nigeria ereignete, als mein Vater ausrücken musste, um mitzuhelfen, den Haussegen in einer unserer Nachbarsfamilien wiederherzustellen. Was war passiert?

Die Frau unseres Nachbarn ging zum Markt und kaufte Fisch für einen Eintopf, den sie für ihre Familie zubereiten wollte. Sie ging nach Hause und kochte. Doch als sie ihren Lieben am Abend das fertige Gericht servierte, beging sie den vielleicht größten Fehler ihres bisherigen Lebens: Sie legte ihrem

Ehemann den Schwanz des Fisches obenauf auf seinen Teller! Als der Mann seinen Teller sah, warf er ihn aufgebracht samt dem Essen durch die halbe Wohnung. Die ganze Situation eskalierte in einem Riesenstreit, der Mann weigerte sich eine ganze Woche lang, das Essen seiner Frau auch nur anzurühren, was sie wiederum schwer in ihrer Ehre kränkte. Sie versuchte ihm gut zuzureden, sie bat ihn um Vergebung, doch es half nichts, der Mann blieb hart. Schließlich bat die Frau verzweifelt meinen Vater, mit ihrem Ehemann, der sein Freund war, zu reden.

„Was ist passiert?", fragte mein Vater seinen Freund und Nachbarn. „*Frag doch meine Frau*", sagte der Mann, immer noch beleidigt, „*wer der Kopf und das Oberhaupt dieser Familie ist!*"

Mein Vater befragte also die Frau und die Kinder und bekam als Antwort: „*Ja, er ist unser Vater und der Kopf dieser Familie.*"

„*Warum*", klagte der beleidigte Ehemann, „*kocht meine Frau dann Fisch und ich, der Kopf des Hauses, bekomme den Schwanz? Soll das etwa heißen, dass ich in dieser Familie an letzter Stelle stehe? Was ist mit der Mitte des Fisches und vor allem mit dem Kopf? Wer hat den bekommen?*" Der Streit zog sich noch über mehrere Tage hin, bevor es meinem Vater gelang, den Mann zu besänftigen. Die Frau musste aber versprechen, von nun an dem Kopf der Familie auch den Kopf des Fisches zu servieren.

Der Kopf eines Fisches ist meistens groß und kann, wenn man nicht zu großzügig davon abschneidet, noch einiges an Fleisch beinhalten. Abgesehen von den Kiemen kann man eigentlich alles am Kopf essen, insbesondere die Fischbäckchen, die auch hierzulande als Delikatesse gelten! Wenn ich bei mir zu Hause in Graz Fisch koche, esse ich den Kopf immer als Erstes, mit viel Genuss. Warum musste sich Robert dann bei unserem ersten großen Fest schämen, wo wir doch den „besten" Teil des Fisches ganz oben angerichtet hatten – den Kopf mit den großen Augen und dem lachenden Mund?

Heute sehe ich mit Staunen, dass ich damals, obwohl ich zu diesem Zeitpunkt schon zehn Jahre in Österreich und acht davon mit einer Österreicherin zusammen gelebt hatte, vieles (noch immer) nicht wusste. Der Integrationsprozess ging und geht weiter. Heute verstehe ich vieles besser und bin meinem

Filmpräsentation „Integration Anders" mit Robert Reithofer

Freund und Chef sehr dankbar dafür, dass er mich sofort auf die Fischköpfe aufmerksam gemacht hat, denn, wie man in meiner alten Heimat Nigeria zu sagen pflegt: **„Nur ein Freund kann dir sagen, dass du aus dem Mund riechst."**

Bestimmt haben viele Menschen damals bei der Afro-Nacht einen großen Bogen um die Fischköpfe gemacht oder vielleicht im Vorbeigehen den Kopf geschüttelt. Heute würde ich zwar auf einem Fest keinen Fischkopf mehr ganz oben auf dem Teller platzieren, kann ihn aber zu Hause, in meinen eigenen vier Wänden – wenn meine Frau und meine Kinder nicht dabei sind – noch immer ganz gut genießen.

Der Vollständigkeit halber soll noch erwähnt werden, dass es sich auch mit Hühnerfüßen ähnlich verhält – da kann ich einige AsiatInnen sehr gut verstehen. Wenn wir in Nigeria Hühner schlachteten, was an Sonn- und Feiertagen wie zu Weihnachten, Silvester, Ostern, Igue und am 1. Oktober, dem Unabhängigkeitstag Nigerias, geschah, haben wir uns schon immer darüber gestritten, wer die knusprig gebratenen Füße bekam. Es ist zwar fast kein Fleisch dran, und ich kann nicht einmal genau sagen, was uns Kinder daran so faszinierte, aber trotzdem wollten sie alle in unserer Familie haben, allen voran meine ältere Schwester Lizzy. Für mich war es in den ersten Jahren in Österreich immer eine Enttäuschung, ein ganzes Hendl zu kaufen und zu Hause festzustellen, dass nicht nur kein Kopf, sondern auch keine Füße mehr dran waren!

LEBENSLANG LERNEN

Viele spezifische, aus der eigenen Herkunftskultur mitgebrachte Haltungen und Verhaltensweisen werden einem oft erst bewusst, wenn man sie aus einem neuen Kontext heraus betrachtet und mit anderen kulturellen Normen in Beziehung setzen und vergleichen kann.

Interkulturelle Kompetenz erwerben bedeutet, dass wir mehr und mehr Bewusstsein dafür entwickeln und dafür sensibel werden, was hier oder dort gesellschaftlicher Konsens ist, welches (Kommunikations-)Verhalten wir in einer bestimmten Situation erwarten oder was von uns erwartet wird. Diese Sensibilisierung habe ich mir in meiner Arbeit zur täglichen Aufgabe gemacht, da ich am eigenen Leib erfahren habe, wie wichtig es ist, eigene Standpunkte immer wieder zu überdenken und darauf abzuklopfen, inwieweit sie kritisch reflektiert sind und wo vielleicht ein Anteil an anerzogenem Reflex ist, der aus einer unterschiedlichen kulturellen Sozialisation stammt.

Die Reise von Nigeria nach Europa war für mich also nicht nur eine Veränderung meines geografischen „Standpunktes", es war und ist nach wie vor eine Reise, an deren Ziel ich noch nicht angekommen bin. Manchmal, so scheint es mir, pendle ich zwischen verschiedenen Kulturkreisen hin und her – einmal geht der Pendelausschlag stärke in die eine, dann wieder in die andere Richtung.

Vieles an interkulturellem Wissen habe ich mir selbst erst allmählich angeeignet. So war mir vor meiner Reise nach Europa zum Beispiel auch nicht bewusst, dass etwa ein Zuviel oder Zuwenig an körperlicher Distanz zu Fehldeutungen im interkulturellen Dialog führen kann. Während man in Österreich sehr lange etwa eine Armlänge Abstand zu seinem Gesprächspartner einhält, ist in Nigeria, wie in anderen Ländern, eine Armberührung oder ein Schulterklopfen durchaus auch akzeptabel, wenn man sich noch nicht gut kennt.

Natürlich spielt auch die Religion in vielen Kommunikationssituationen eine wichtige Rolle. So ist es in vielen muslimischen Kulturen nicht erlaubt, Frauen direkt in die Augen zu schauen, weil das als Einladung oder sexuelle Erniedrigung missdeutet werden kann. Oder es ist verboten, ihnen überhaupt oder unter bestimmten Umständen die Hand zu geben. Auch innerhalb Nigerias selbst gibt es immense Kulturunterschiede zwischen dem muslimischen Norden und dem christlichen Süden.

Ich habe einen Freund hier in Graz, den ich schon in Nigeria gekannt habe und der für kurze Zeit bei Ingrid und mir gewohnt hat, ein Freund, den ich mag und respektiere. Er ist Muslim und war es schon, bevor er nach Österreich kam. Er wohnte ein paar Monate bei uns und gab Ingrid immer zur Begrüßung die Hand. Eines Tages aber kam Ingrid nach Hause und streckte ihm wie immer die Hand entgegen, doch er sagte: *„Es tut mir sehr leid, Ingrid, ich kann dir in Zukunft nicht mehr die Hand geben."* Natürlich war meine Frau vor den Kopf gestoßen und irritiert, was ich verstehe und nachvollziehen kann. Es wurde lange darüber diskutiert, aber mein Freund hatte beschlossen, seinen Glauben ernster zu nehmen und blieb bei seiner Haltung. Nach ein paar Jahren heiratete er in Nigeria eine muslimische Frau und brachte sie mit nach Graz. Als ich ihn besuchen wollte, um ihn und seine Frau willkommen zu heißen, kündigte ich meinen Besuch an und fragte ihn, ob ich bei der Begrüßung seiner Frau die Hand geben oder sie sogar umarmen dürfe. „Nein", sagte er. *„Bitte tu das nicht. Das wäre sehr unangenehm für sie."* Ich fuhr zu ihnen, ließ einen Meter Abstand zwischen seiner Frau und mir, und wir unterhielten uns zu dritt über alles Mögliche. Das Religiöse sparten wir aus. Wir sind bis heute gut befreundet, besuchen uns gegenseitig und versuchen, die Wünsche des anderen zu respektieren. Mein Freund bemüht sich inzwischen wieder, dem Wunsch meiner Frau zu entsprechen und reicht ihr die Hand, wenn er kommt, auch wenn es ihm vielleicht schwerfällt.

EINE GESCHICHTE MIT ZWEI ENDEN

Es war Oktober 2014 und Außenminister Sebastian Kurz hatte mich als einer von vielen sogenannten IntegrationsbotschafterInnen zu einem Festakt eingeladen. Ich machte mich – festlich gekleidet – mit dem Auto auf den Weg nach Wien. In der Wiener Innenstadt war ein Stau, und man konnte sich nur im Schritttempo fortbewegen. Als eine Ampel auf Rot schaltete, musste ich bremsen, und durch den Ruck fiel mein Handy vom Beifahrersitz auf den Fahrzeugboden. Ich beugte mich nach unten, um es aufzuheben. Dabei geriet mein Auto unbemerkt ins Rollen und stieß gegen das Auto vor mir. Es wurde Grün, der Mann vor mir fuhr ein paar Meter weiter, parkte sein Auto und kam auf mich zu. Ich parkte direkt hinter ihm, stieg ebenfalls aus und entschuldigte mich höflich. Er lächelte mich an und sagte: *„Auf den ersten Blick kann ich keinen Schaden sehen, aber ich werde zur Kontrolle in die Werkstatt fahren. Geben Sie mir Ihre Visitenkarte und ich rufe Sie an, wenn etwas ist."* Ich schaute ihn verdutzt an! Meine Visitenkarte – woher wollte der nette Mann wissen, dass ich eine hatte? Ich suchte in meiner Geldtasche, konnte aber keine finden. Also gab ich ihm einen Projektfolder von IKU mit meiner Telefonnummer darauf. Er nahm den Folder, schaute ihn nicht einmal an, stieg in sein Auto und wünschte mir einen schönen Tag. Ich blieb in meinem Auto sitzen und konnte es nicht fassen. Was war jetzt gerade passiert? Wieso hatte er mich nicht angeschrien, wie ich es erwartet hatte? Warum vertraute er mir, ohne weitere Fragen zu stellen? Hätte das zwanzig Jahre vorher auch passieren können? Diese Fragen beschäftigten mich noch den ganzen Nachmittag, sodass ich mich bei der Veranstaltung im Ministerium gar nicht mehr auf das Geschehen konzentrieren konnte.

Der nette Herr rief mich fünf Tage später an und sagte: „*Herr Ohenhen*", er sprach meinen Namen fehlerfrei und ohne zu stocken aus, „*ich bin der Mann, in den sie fast hineingefahren sind, ich wollte Ihnen nur mitteilen, dass ich schon in der Werkstatt war. Es ist alles okay und das Auto ist völlig in Ordnung.*" Ich war sehr gerührt. Ich hatte fest damit gerechnet, dass er vielleicht sagen würde, dass er das Auto gleich repariert habe und ob ich das Geld – ohne die Versicherung einzuschalten – gleich überweisen wolle. Er aber wünschte mir viel Glück und legte wieder auf.

Es freute mich wirklich sehr, denn etwa sieben Jahre zuvor war eine ganz ähnliche Geschichte mit einem ganz anderen Ausgang passiert. Wir waren mit unserem IKU-Team wieder einmal seit sechs Uhr früh unterwegs gewesen und zwölf Stunden später, gegen sechs Uhr abends brachte ich noch schnell meinen Kollegen nach Hause und machte mich dann auf den Heimweg. Ich fuhr gerade auf die Kreuzung auf dem Lendplatz zu, die Ampel schaltete auf Rot, ich hielt, aber weil ich in dem Moment niesen musste und nach einem Taschentuch griff, merkte ich nicht, dass der Wagen noch nicht stand, sondern ganz langsam in den Opel vor mir rollte.

Ich spürte die Kollision nicht einmal, aber der Fahrer stieg sofort aus, brüllte, fuchtelte und gestikulierte: Was ich glaube, dass ich tue, könne ich nicht Auto fahren? „*Es tut mir leid, aber Gott sei Dank ist ja gar nichts passiert*", sagte ich zu ihm. „*Was? Bist du blind, hast du mich nicht gesehen?*" Er konnte sich nicht beruhigen. „*Schauen Sie*", versuchte ich es noch einmal höflich, „*dem Auto ist gar nichts passiert, Ihnen auch nicht, und wenn etwas gewesen wäre, hätte ich auch eine Versicherung.*" „*Ja*", sagte er, „*jetzt sieht man nichts, aber wer weiß, ob man in ein paar Tagen nicht doch etwas sieht. Ich habe mein Auto vor einer Woche lackieren lassen und ich möchte nicht, dass in ein paar Tagen da Blasen herauskommen!*"

„*Na gut*", sagte ich. „*Es gibt eine Opel-Werkstätte 300 Meter von hier, fahren wir hin, dann wird man Ihnen bestätigen, dass nichts passiert ist.*" Und so fuhren wir gemeinsam hin, doch zu meinem Pech trafen wir dort einen Bekannten von ihm. „*Du*", sagte er. „*Du weißt eh, dass ich vorige Woche bei euch war und mein Auto habe lackieren lassen.*" „*Ja, ja*", sagte der Mechaniker. „*Ich kann mich noch genau erinnern.*" Da war mir schon klar, dass die Geschichte für mich nicht mehr gut ausgehen würde. *„Was glaubst du"*, sagte der Opelfahrer zum Mechaniker. *„Er ist in mich hineingefahren."* *„Nein"*, korrigierte ich ihn. *„Ich bin nicht hineingefahren, sondern ich bin langsam gerollt."* *„Egal"*, sagte er. *„Also, was meinst du, Walter, kommen da vielleicht in ein paar Tagen Blasen, du weißt eh, das kann immer passieren?"* Walter ging hin, kniete sich neben das Auto, berührte den Lack, stand auf und sagte: *„Es ist nicht auszuschließen! – Was machen wir nun?"*, wandte er sich fragend an mich. Ich schaute von Walter zum Autobesitzer und fragte die beiden: *„Was würde die Reparatur kosten?"* Sie besprachen sich, redeten hin und her und kamen zu einem Entschluss: *„So um die 500 Euro wird das schon kosten!"*, meinten sie. Da wusste ich, dass Verhandeln keinen Sinn hatte. Ich ging zum Auto, holte die 150 Euro, die ich in meiner Geldtasche hatte, hinterließ meinen Führerschein bei den beiden und fuhr zum nächsten Bankomaten, wo ich den Rest behob. Ich drückte ihnen 500 Euro in die Hand, stieg wieder in mein Auto und ließ sie mit offenem Mund zurück.

Was ich mit diesen beiden Geschichten sagen will? Vielleicht war es nur ein Zufall, vielleicht aber auch ein hoffnungsvolles Zeichen, dass sich Dinge langsam verändern. Zwischen den beiden Ereignissen liegen sieben Jahre, und ihr Ausgang könnte unterschiedlicher nicht sein! Wurde ich im ersten Fall gleich geduzt und wie selbstverständlich übers Ohr gehauen, behandelte mich der Mann im zweiten Fall mit so viel Respekt und Höflichkeit, wie ich selbst, wenn ich ganz ehrlich bin, vielleicht in einer solchen Situation gar nicht aufgebracht hätte!

ZWEI WELTEN

MOTHER IS SUPREME

Meine Mutter kam für sechs Wochen auf Besuch nach Graz, und Ingrid, meine Frau, dachte, dass sie meine Mutter beschäftigen müsse und dass sie ihr einen Gefallen täte, wenn sie mit ihr viel unternehmen, Freunde besuchen, Spaziergänge und Ausflüge machen und ihr möglichst viele Eindrücke von der Steiermark vermitteln würde. Zwei Jahre nach ihrem Besuch in Österreich war ich auf Kurzurlaub in Nigeria. Ich saß mit meiner Mutter und mit ein paar von meinen Geschwistern, Nichten und Neffen auf der Bank vor unserem Haus unter dem Mangobaum, und wir ließen einige Ereignisse, unter anderem Mamas Österreichbesuch Revue passieren. Mama hatte in Nigeria von vielen guten Dingen erzählt, die ihr in Österreich widerfahren waren und hatte unter anderem auch ihre Schwiegertochter immer sehr gelobt. Umso

Auf dem Sölkpass mit den Schwiegereltern

Mit Mama und den Brüdern Endurance, Arthur und Joshua

überraschter war ich, als meine Mutter in plötzlicher Erinnerung an die Spaziergänge, die Ingrid mit ihr unternommen hatte, auf einmal händeringend mit gespielter Empörung ausrief: „*Um Gottes Willen, wollte deine Frau mich umbringen? Sie geht und geht und wird nicht müde! In den Wald, durch die Stadt – und das alles mit ihren kurzen Beinen! Wie kann man nur so viel herumrennen?*" Ich schaute meine Mutter an, wir lachten, und dann erzählte ich meine eigenen Geschichten aus meinen „Lehrjahren" in Österreich, wie Ingrid mit mir im Wald spazieren gegangen und ihre Eltern mit mir sogar auf den Sölkpass gestiegen waren, einen fast 2000 Meter hohen Gebirgspass! Ingrid amüsiert sich noch heute darüber, dass sie damals dachte, ich sänge so traurige Lieder, weil ich meine schöne Heimat Nigeria vermisste, während ich in Wirklichkeit nur sang, damit niemand merkte, dass ich kurz vor dem körperlichen Zusammenbruch stand, weil ich so weit und so steil hinauf „klettern" musste. Schließlich lachten wir alle zusammen, denn in Nigeria geht keiner aus Spaß in den „Busch" spazieren, geschweige denn auf einen Berg!

Natürlich hatte meine Mutter ihrer Schwiegertochter das „viel Herumgerenne" nicht übelgenommen, denn sie wusste, dass Ingrid sich bemüht hatte, ihr den Aufenthalt bei uns besonders angenehm und interessant zu machen. Ingrid hatte auch verstanden, was für eine große, wichtige Rolle meine Mutter im Besonderen, aber eine Mutter allgemein in Nigeria spielt, nur Ingrids Auslegung dieser Rolle war nicht immer ganz so gewesen, wie meine Mutter es aus ihrer kulturellen Erfahrung heraus erwartet hatte. Sie wurde zwar bekocht und umsorgt, so wie es sich in Nigeria gehört, aber in Nigeria hätte sie zum Beispiel nicht „stundenlang" gehen müssen, wenn sie ihre Schwiegertochter besucht hätte, sondern sie wäre zu Hause gesessen und man wäre zu ihr gekommen. Sie hätte Besuche empfangen und hätte „Hof gehalten" im Hause ihres Sohnes und ihrer Enkelkinder – was in Österreich natürlich nicht nur aufgrund von Sprachproblemen gar nicht möglich gewesen wäre.

„Mother is supreme", heißt es bei uns, und das kann man nur unzureichend übersetzen mit „die Mutter ist das Höchste und Beste, was wir haben". Wir schätzen ein Leben lang, was sie für uns als Kinder getan hat und schenken ihr dafür Respekt, solange wir leben.

Wir würdigen die Opfer, die eine Mutter für ihre Kinder bringt: Nicht nur in den neun Monaten, die sie das Baby im Bauch trägt, sondern in all den Jahren, die sie ihr Kind während der Arbeit auf dem Rücken trägt, in den vielen durchwachten Nächten, in denen das Kind nicht schlafen kann, weil es Zahnschmerzen oder Bauchweh hat, ist sie immerfort für ihre Kinder da. Vom Beginn ihrer Existenz an begleitet sie sie durch Kindheit und Pubertät bis zum Erwachsenwerden und kümmert sich – zumindest in großen Teilen Nigerias – wieder um ihre Enkelkinder. So sehr wir uns bemühen, unsere Mutter im Alter zu verwöhnen, so selbstverständlich ist es auch, dass sie auf unsere Kinder aufpasst und sie manchmal auch großzieht, wenn die Umstände es erfordern. Ja, deshalb sagen wir, Mama ist „supreme", und sie sollte im Alter nie vergessen oder beleidigt werden. Dass man seine Mutter nur noch ab und zu im Seniorenheim besucht, ist bei uns unvorstellbar. Ebenso undenkbar sind Sätze wie *„Mama, du spinnst!"*, oder *„Ich hasse meine Mutter."* Solche Sätze habe ich in Nigeria noch nie gehört.

Was mich in Österreich auch sehr überrascht hat, war, dass es nicht sehr viele Mütter gibt, die ihre Kinder lange stillen, manche gar nur drei bis sechs Monate. Gründe dafür gibt es natürlich mehrere, sei es, dass sie Probleme beim Stillen haben oder dass sie durch frühzeitiges Abstillen wieder mehr Freiheit haben. Manche müssen dies allerdings tun, weil sie schon bald nach dem Mutterschutz wieder zu arbeiten beginnen, und manche wollen ihre Figur nicht verlieren. Für mich war es jedenfalls überraschend, denn Stillzeiten von bis zu drei Jahren sind bei uns immer schon normal gewesen. Wir haben außerdem von klein auf gelernt und in Büchern, die von EuropäerInnen oder AmerikanerInnen geschrieben wurden, gelesen, dass das Beste, was ein Kind nach der Geburt von seiner Mutter bekommen kann, die Muttermilch ist, weil sie das Kind nährt und schützt. Meine Mutter hat zehn Kinder geboren und jedes Kind mindestens zwei Jahre gestillt! Man muss sich vorstellen, dass diese Frau mindestens zwanzig Jahre ihres Lebens für das Stillen ihrer Kinder „geopfert" hat! So selbstverständlich diese Opfer einerseits sind, so hoch rechnet man sie einer Mutter an, und sobald man dazu in der Lage ist, versucht man, seiner Mutter diese Mühen zu danken und zurückzugeben.

Deshalb hat es mich immer wieder stutzig gemacht zu sehen, dass es hier Menschen gibt, die mit mehr als 30 Jahren noch zu Hause wohnen: Kinder wohnen in Nigeria auch oft lange mit den Eltern im selben Haus, aber vor allem, wenn sie keine Arbeit haben und sich keinen eigenen Haushalt leisten können. Aber hier in Österreich kochen, putzen, waschen und bügeln die Mamas auch noch für die Kinder, wenn sie längst erwachsen und selbstständig sind. Meine Mutter hörte auf, für mich die Wäsche zu waschen als ich zehn Jahre alt wurde. Ich wusch meine Wäsche selbst mit der Hand, und ich und meine Brüder, vor allem aber die Schwestern, mussten für Papa und Mama am Wochenende immer die Wäsche waschen und nicht umgekehrt!

RESPEKT

Autoritäten zu respektieren und diesen Respekt sehr deutlich zu zeigen, ist in Nigeria – wie in vielen anderen afrikanischen Ländern – üblich. Dazu gehört bei uns die Geste, dass man der Respektsperson – einem älteren Menschen aus der Familie oder der Nachbarschaft, aber unter Umständen auch einer Ärztin, einem Arzt, einer Krankenpflegerin oder einem Krankenpfleger – mit beiden (!) Händen seine bzw. ihre rechte Hand schüttelt.

Dazu gehört aber auch, dass man der Respektsperson nicht direkt in die Augen schaut, sondern vielleicht über ihre Schulter an ihrem Gesicht vorbei oder überhaupt in eine ganz andere Richtung. Man wendet die Augen ab, und zwar aus Respekt. Dieses Verhalten wird hierzulande ganz im Gegenteil als Respektlosigkeit, Desinteresse oder gar Unehrlichkeit gedeutet und kann echte Irritationen auf beiden Seiten hervorrufen.

So erinnere ich mich, wie oft ich in meiner ersten Zeit in Österreich freundlich, aber doch etwas ungehalten „ermahnt" wurde, wenn ich zum Beispiel in Gesellschaft – mit Menschen, die älter als ich waren – mit einem Glas Sekt auf etwas anstoßen sollte (ungeachtet der Tatsache, dass ich Alkohol verabscheut und gemieden hatte, bis ich nach Österreich kam). *„Fred, wo schaust du hin, du musst mir schon in die Augen schauen, wenn du ‚prost' sagst!"*

Gravierendere Auswirkungen hatte dieser „kleine Kulturunterschied" im Leben eines Afrikaners – ich habe vergessen, aus welchem Land er stammte –, der in Kärnten lebte. Nach einem Fortbildungsseminar für Polizisten, bei dem ich als Referent zum Thema „Interkulturelle Kommunika-

Arbeit mit der Polizei

tion" eingeladen war, rief ein Polizist aus Kärnten seine Frau an und sagte: *„Stell dir vor, wir hatten gerade ein Seminar mit einem gebürtigen Afrikaner."* Worauf seine Frau, eine Gastwirtin, sagte: *„Na schau, lustig! So ein Zufall, gerade hat sich bei mir auch ein Afrikaner vorgestellt – für die Arbeit als Abwäscher in der Küche."*
„Und?", fragte ihr Mann.
„Ich habe ihn rausgeschmissen."
„Warum das denn?", fragte er weiter, nun ganz gespannt.
„Stell dir vor, der war mehr als eine halbe Stunde bei mir, und während des Gesprächs hat er mir nicht einmal in die Augen geschaut. Sehr eigenartig. Der hat sicher was zu verbergen. Oder hat er mich vielleicht nicht als Chefin respektiert, weil ich eine Frau bin?"
„Nein", sagte ihr Mann. *„Bitte ruf ihn an, wenn er ansonsten für den Job passen würde, denn wir haben gerade gelernt, dass das Gegenteil der Fall ist. Der Blick auf den Boden bedeutet in seiner Kultur Respekt und Anerkennung, weil du ja seine Chefin sein wirst."* Der Mann wurde tatsächlich nochmals angerufen und dann im Gastbetrieb angestellt, wie mir dieser Polizist später erzählte.

DAS ERSTE GEHALT

Was in Nigeria sehr wichtig ist und mir auch heute immer noch gefällt, ist neben dem Respekt, den man älteren Personen entgegenbringt, der starke Zusammenhalt innerhalb einer Familie. Der Familienbegriff erstreckt sich dabei auf alle nahen und ferneren Verwandten, manchmal sogar auf die gesamte Dorfgemeinschaft oder die eines Stadtviertels oder einer Straße. Es geht oder ging in unserer Gesellschaft immer weniger um das „Ich", um die Bedürfnisse und die Selbstverwirklichung eines Individuums, sondern um das Wohl aller nach dem Motto: **„Alle für einen und einer für alle."**

Diesem Leitgedanken folgend gehört das erste Gehalt eines Kindes nicht ihm selbst, sondern wird in einem Umschlag seinem Vater übergeben. Der Vater erstattet dem Kind einen kleinen Teil davon wieder zurück und verteilt den Rest dann unter der Familie – Oma, Opa (väterlicher- wie mütterlicherseits), Geschwister, Onkel, Tanten – egal, wie klein der Betrag auch ausfällt. Dieses Teilen ist ein Symbol der Solidarität und der Zusammengehörigkeit und ein Ausdruck des Dankes vonseiten des Kindes für alles, was es bis dahin von der Familie erhalten hat, denn **„ein Kind wird nicht nur von der Mutter geboren, sondern von der ganzen Familie oder vom ganzen Dorf",** und alle nehmen Anteil am Schicksal und der Entwicklung eines Kindes und ebenso an seiner Erziehung. Deshalb sollen auch alle etwas von seinem ersten Gehalt bekommen. Als ich meinen Kindern einmal sagte, dass ich mich bereits auf ihr erstes Gehalt freue, schauten sie mich nur groß an und meinten: *„Papa, wir sind in Österreich!"* Und obwohl sie es nicht ausgesprochen haben, konnte ich an ihrer Miene gut ablesen, was sie dachten: *„Träum nur weiter, lieber Papa!"*

WEIHNACHTEN UND IGUE

Wie wichtig bei uns in Nigeria und vielleicht besonders in Benin City Weihnachten ist, mag den LeserInnen schon in den vorangegangenen Kapiteln aufgefallen sein. Auf diese Zeit haben wir uns als Kinder immer am meisten gefreut, denn die Feierlichkeiten dauerten um die drei Wochen, vom 20. Dezember bis zum 7. Jänner. Innerhalb dieser Zeit gab es drei große Festtage: das eigentliche Weihnachtsfest am 25. Dezember, dann Silvester beziehungsweise Neujahr, so wie hier, aber zwischen Weihnachten und Silvester hatten wir „Igue", das Weihnachtsfest der Edos – meines „Stammes" in Nigeria. (Der Begriff „Stamm" bezieht sich hier nicht nur auf einen Familienstamm, sondern auf eine ethnische Gruppe mit derselben Sprache und denselben kulturellen Gepflogenheiten. Die Stammeszugehörigkeit zu den Edos, Ibos oder anderen ethnischen Gruppen wurde in früherer Zeit auch durch unterschiedliche, kleine oder größere Hautritzungen im Gesicht, zum Beispiel auf den Wangen, ausgedrückt und erkennbar gemacht.) Meine Großmutter väterlicherseits hatte fünf Kinder, und jedes Jahr kam sie mit ihren Kindern und deren gesamten Familien zwischen dem 23. Dezember und dem 3. Jänner ins Haus meines Vaters nach Benin City, und wir feierten Weihnachten, Igue und Silvester zusammen.

Da der Charakter der Weihnachtszeit in Österreich und Nigeria so unterschiedlich ist – hier ruhig, besinnlich, dort laut und fröhlich – war mein erstes Weihnachten in Wien im Jahr 1989 einerseits sehr schön und emotional, andererseits ein Kulturschock. Mit meiner eigenen Familie, also mit Ingrid und unseren Kindern, feiern wir Weihnachten heute genauso wie hier, am

Heiligen Abend, mit Christbaum, Kerzen, Bescherung und Festmahl, und ich finde das sehr schön und stimmungsvoll. Doch am 25. Dezember überkommt mich heute noch immer wieder das Heimweh, weil ich weiß, was sich an diesem Tag in Nigeria abspielt! Alle Menschen sind auf den Straßen, überall wird viel gekocht – noch viel, viel mehr als in Österreich! Die Menschen tanzen und lachen ausgelassen, essen, trinken und teilen ihr Essen mit den Nachbarn und Verwandten und führen stolz ihre neuen, festlichen Kleider aus. Abends trifft man sich draußen vor den Häusern und in den Innenhöfen, zum Schlafen bleibt kaum Zeit. Am Christtag bin ich heute noch immer sehr früh auf, während meine Frau und die Kinder nach der stressigen Vorweihnachtszeit das erste Mal ausschlafen. Ich bin schlaflos und denke an die Festivitäten in Nigeria, an meine Mutter, an meine Geschwister, an den Wirbel in der Stadt! Hier sitze ich an diesem Tag seit 1991 fast jedes Jahr im Auto, auf dem Weg zu meinen Schwiegereltern in die Obersteiermark. Wir erreichen unser Ziel meist am Nachmittag – dann wird ein bisschen geplaudert, Kaffee getrunken, ein paar Runden mit der Schwiegerfamilie Karten gespielt, und schon ist der große Festtag wieder vorbei. Heute allerdings freue auch ich mich schon auf die Reise nach Mariahof, auf die Weihnachtskekse, die vorzügliche Fleischstrudelsuppe und den köstlichen Rindsbraten meiner Schwiegermutter, die entspannte, gemütliche Atmosphäre in der Familie, und mein Heimweh ist einer leisen Wehmut gewichen.

Ähnlich erging es mir früher immer am ersten Jänner. Silvester ist in Österreich meistens schön, aber irgendwie stressig, der Neujahrstag hingegen ist für mich meist langweilig – alle liegen zu Hause, ermattet oder verkatert von der Nacht, und die ganzen Straßen sind nur schmutzig von den Überbleibseln der Silvesterraketen, vermischt mit Schnee, sofern es überhaupt Schnee gibt.

Völlig unabhängig von allen christlichen Traditionen feierten wir Edos aber immer ein noch viel älteres Fest – „Igue": „The ritual of Head Worship".

Lange bevor die Europäer nach Afrika beziehungsweise nach Nigeria kamen und das Christentum verbreiteten, hatten die Menschen dort ihren eigenen Glauben, und da Nigeria sehr groß und von verschiedensten Ethnien geprägt ist, waren auch die religiösen Vorstellungen im ganzen Land äußerst unterschiedlich. Vor allem im Westen Nigerias glaubte man an die spirituelle Macht des Königs, des Oba, oder im Norden an die des Emir, der der wichtigste Mensch nach Gott, Osalobua, war. Aber es gab nicht nur Osalobua, sondern auch noch andere Götter: den Flussgott Olokun, den Gott des Donners Shango, Ogun, den Gott des Eisens oder Era, den Gott der Ahnen. Vor allem glaubte man in Edo Kingdom (auch Benin Kingdom genannt), dass jeder Mensch seinen eigenen Gott besitze – Ehi, bei dem man sich am Ende des Jahres für seinen Schutz im vergangenen Jahr bedanken muss. Sitz dieses Gottes ist der Kopf des Menschen, deshalb bedankt man sich „bei seinem Kopf", weil man glaubt, dass der Kopf – oder der Gott im Kopf – einen schützt, begleitet und lenkt wie eine Art Schutzengel. Dieser Glaube und die Traditionen rund um diese Vorstellung haben sich zum Teil bis heute gehalten und koexistieren neben den neueren, christlichen Gebräuchen.

So bedeutsam wie für die Christen Weihnachten oder Ostern, für die Juden vielleicht Chanukka oder für die Muslime das Opferfest ist, so wichtig war im ehemaligen Königreich der Edos seit mehr als 500 Jahren Igue.

Igue ist ein Fest der Familie und ein Fest, um „Danke" zu sagen. Man feiert es zwischen Weihnachten und Silvester an einem Tag, den der Oba festlegt. Der Oba ist eine Art König; er ist neben den demokratisch gewählten politischen Repräsentanten bis heute die moralische Autorität einer Region und höchst geachtet. Er wählt den Tag für Igue aus und begeht als Erster sein eigenes Igue-Fest. Fünf Tage danach dürfen sich erst seine Kinder und Geschwister beim „Kopf und den Ahnen" für das abgelaufene Jahr bedanken und für den Schutz im kommenden Jahr beten. Erst nach weiteren fünf Tagen ist es dem (Edo-)Volk gestattet, es ihm nachzutun.

An diesem Tag ist es dann draußen auf den Straßen der Stadt am frühen Abend meist ungewöhnlich ruhig, fast wie am Heiligen Abend hier in Österreich. Die Edo-Familien kommen zusammen, um über das abgelaufene Jahr zu reden, sich zu bedanken und ihre Igue-Zeremonien abzuhalten:

Ein Hahn, eine Ziege oder eine Kuh, je nachdem wie reich die Familie ist, Kolanüsse, Kokosnüsse und Kreide werden vorbereitet, und der oder die Älteste aus der Familie beginnt mit der Zeremonie. In unserem Fall war das immer meine Großmutter. Sie nahm die Opfergaben, berührte sie mit der

Igue-Zeremonie: große Schüssel mit Kokosnuss und Kolanüssen, Kreidekreis und Huhn

einen Hand, mit der anderen ihr Haupt und begann zu beten und sich „bei ihrem Kopf" zu bedanken, wobei sie einmal leise vor sich hinsprach, dann wieder laut „in Zungen" redete, und alle mit „Ise", Amen, antworteten. Danach wiederholte sie die Zeremonie an ihren Kindern, berührte ihre Köpfe und betete, bevor sie sich den Enkelkindern und Urenkeln zuwandte. In der Zeremonie werden anschließend von den Erwachsenen Kolanüsse gebrochen und die Stücke gekaut. Man öffnet die Kokosnüsse und verteilt das weiße Fruchtfleisch, dann werden die Tiere vor Ort geschlachtet und von den jungen Männern zum Kochen vorbereitet. Hier in Österreich singt man am Heiligen Abend Lieder vor dem Christbaum, gibt und empfängt Geschenke, liest vielleicht aus der Bibel und viele gehen vor- oder nachher in die Kirche. Beim Igue-Fest der Edos werden nach der Dankeszeremonie neben christlichen Liedern zu Ehren Gottes auch viele alte, traditionelle Lieder gesungen, in denen der oberste Gott Osalobua, Uhun, der Kopf, Ehi, der Geist des Kopfes, aber auch die Ahnen gepriesen werden. Erst nach dem traditionellen Teil des Festes werden die großen Lautsprecher der Musikanlagen nach draußen gestellt und die neuesten Lieder sehr laut gespielt. Die ganze Straße bebt und

Tante Rebbecca beim Igue-Fest bedankt sich beim Kopf

tanzt. Auch bei den Nachbarn und in der nächsten Straße wird gefeiert, und man kann sich vorstellen, wie laut es in der ganzen Stadt zugeht. Viele Menschen gehen von Haus zu Haus, egal ob sie dort jemanden kennen oder nicht, bleiben kurz bei den „Fremden" sitzen oder stehen, singen und tanzen mit, essen Kola- und Kokosnüsse, trinken mit, es gibt Umarmungen oder Händeschütteln, und dann ziehen sie weiter. Die Frauen des Hauses beginnen nach Mitternacht, gegen drei oder vier Uhr früh, mit dem Kochen, damit das Essen spätestens um zehn Uhr fertig ist. Zeitig in der Früh stehen die Kinder auf und gehen – oft sehr weit – in den Wald, um bestimmte große Blätter – Glücksblätter – zu holen, mit denen sie von Haus zu Haus ziehen, singen, beten und Segenswünsche für die Menschen und Häuser aussprechen. (Ähnliches habe ich hier am „Unschuldigen Kindertag" gesehen, an dem Kinder mit Ruten den Erwachsenen Glück, Gesundheit und Segen wünschen.) Die Hausbewohner bedanken sich, geben den Kindern etwas Geld und bekommen dafür ein Stück von den Glücksblättern, die sie bis zum nächsten Jahr im Haus aufbewahren. Obwohl unsere Blätter ganz anders aussehen, könnte man sie vielleicht mit den vierblättrigen Kleeblättern vergleichen, die man hier zu Silvester als Glücksbringer verschenkt.

Igue wird nach wie vor von den Edos praktiziert, aber in den vergangenen fünfundzwanzig Jahren hat es vor allem in der Stadt an Bedeutung und Flair verloren. Wenn überhaupt, wird es nur noch in den Dörfern „richtig" begangen, weil immer mehr Menschen sich ausschließlich zum Christentum bekennen und keinen Sinn mehr darin sehen, neben den christlichen auch noch die alten Bräuche am Leben zu erhalten. Man möchte nicht einmal mehr wie früher Palmwein oder Guinnessbier an den Festtagen trinken, weil es die nigerianischen Christen als große Sünde ansehen, betrunken zu sein. In meiner Familie in Nigeria wurde Igue lange Zeit nur noch von einer einzigen Tante praktiziert, und wenn ich zur Zeit des Igue-Festes gerade in Nigeria war, fuhr ich zu ihr und sah ihr genüsslich dabei zu, wie sie mit viel Begeisterung und Hingabe dieses Ritual noch zelebrierte. (Leider ist sie im Juli 2015 verstorben.)

In meiner Anfangszeit in Österreich habe ich Ingrid immer so viel von unserem Igue-Fest vorgeschwärmt, dass wir sehr enttäuscht waren, als wir 1994 zum ersten Mal gemeinsam zu Weihnachten nach Nigeria flogen und nur mehr wenige Kinder fanden, die von Haus zu Haus gingen, tanzten und sangen. Im Süden Nigerias hat das Christentum die alten Traditionen mittlerweile fast ganz verdrängt. Die Leute verbringen stattdessen viele Stunden in der Kirche statt auf der Straße und feiern dort, ruhiger und viel mehr nach innen gekehrt als früher, aber verglichen mit einem österreichischen Gottesdienst geht es immer noch laut und lebendig zu.

Das Christentum hat die nigerianische Gesellschaft sehr verändert, und wenn man hier von der Sorge spricht, dass das Abendland islamisiert werden könnte, so denke ich daran, dass man „uns" in Nigeria auch nicht höflich gefragt hat, ob uns das Christentum wohl recht wäre. Heute ist in Nigeria viel vom richtigen Glauben die Rede, es hieß ja immer, wer nicht richtig glaube, komme in die Hölle. Was heißt aber richtig glauben? Viele ÖsterreicherInnen glauben nicht mehr an Jesus, die Auferstehung, den heiligen Geist – sie feiern Ostern, Weihnachten und christliche Feiertage, für die sie oft nicht einmal mehr den Grund kennen und manchmal, wenn ich in der Kirche war und die Hand zum Friedensgruß ausstreckte, konnte es vorkommen, dass man mich „übersah" – und ich bin nicht der einzige dunkelhäutige Christ, der diese Erfahrung machen musste.

DIE AHNEN

Wir denken und dachten auch vor der Christianisierung in Nigeria, dass der Tod nicht endgültig, sondern nur ein vorübergehender Seinszustand ist. Man stirbt nicht, man ist nur „fort". Die Verstorbenen sind immer bei uns und beschützen uns. Deshalb sollte man ihnen hin und wieder Opfer darbringen.

Meine Schwester Clara mit Mann Moses und Nichte Amen

Die Ahnen sind unsere Vorväter und Schutzpatrone und stellvertretend für sie werden stilisierte, kindsgroße oder mannshohe Holzstatuetten geschnitzt und beim ältesten Mann in der Familie aufbewahrt. In meiner Familie wurden die Holzfiguren bei einem Onkel im Dorf verwahrt, und wenn es hieß, die Ahnen sind beleidigt oder fühlen sich vernachlässigt, fuhren wir immer ins Dorf, um sie mit Kolanüssen, einem geschlachteten Hahn oder einer anderen Opfergabe zu besänftigen. Diese Zeremonie darf nur vom ältesten Sohn der Familie durchgeführt werden. Ich habe mich oft gefragt, ob nicht die hölzernen Heiligenstatuen in den Kirchen, vor denen wir uns bekreuzigen, eine ähnliche Symbolik verkörpern?

SO LAUT!

Was meine Frau und zum Teil auch meine Kinder an mir noch immer „typisch nigerianisch" finden, ist die Lautstärke, in der ich mit Familienmitgliedern familiäre Angelegenheiten bespreche, ob Auge in Auge oder am Telefon. Nachdem das immer nicht nur sehr laut, sondern auch sehr wortreich passiert und, wie Ingrid oft neckisch meint, in endlosen Wortkaskaden und -schleifen, sollte man das ihrer Meinung nach eher „Familienangelegenheiten beschreien" oder „palavern" nennen. (Wobei sie „palavern" durchaus im ursprünglichen Wortsinn, nämlich als lange, weitschweifig-ausführliche Verhandlung meint.)

Das laute Durcheinander, das hierzulande von vielen als so störend empfunden wird, macht in Nigeria zum Beispiel auch vor Krankenhäusern nicht halt und erzeugt in Österreich oft Befremden und Verstimmungen, wenn Patienten Besuch bekommen, in deren Herkunftsländern dieser „Lärm" vertraute, beruhigende Normalität ist. In Nigeria etwa sind Besuchszeiten nicht immer klar geregelt, man kommt ins Spital, wenn man Zeit hat und versorgt dort den Patienten oder die Patientin, so gut man kann. Dazu gehört auch, dass man keine Blumen oder vielleicht „nur" Obst als Geschenk mitbringt, sondern Behälter mit warmem Essen, damit es dem Kranken an nichts fehlt, denn die Versorgung in den öffentlichen Spitälern in Nigeria lässt oft zu wünschen übrig, da meist finanzielle Mittel und Personal fehlen. Aufgrund dieser Erfahrungen kann es vorkommen, dass auch in Österreich PatientInnen mit warmen afrikanischen Gerichten im Krankenhaus verpflegt werden, aus Sorge, dass die Krankenhauskost nicht ausreichend ist.

Laut geht es in Nigeria und anderen afrikanischen Ländern auch beim Tod eines nahestehenden Menschen zu. Trauer wird durch Jammern, lautes Weinen und Schreien ausgedrückt. Man muss seinen Gefühlen freien Lauf lassen – man schreit und weint so laut, damit möglichst viele Menschen in der Umgebung mitbekommen, was passiert ist und gleich zum Unglücksort eilen. Man will in dieser emotionalen Ausnahmesituation mit seinem Leid nicht allein sein. Oft rauft man sich auch die Haare oder zerreißt seine Kleidung, um seiner Trauer und seinem Schmerz Ausdruck zu verleihen.

Wenn das Oberhaupt eines Dorfes gestorben ist, müssen sich alle Buben des Dorfes den Kopf kahl rasieren; wenn ein Mann stirbt, schneidet sich seine Frau die Haare ab und verlässt, je nach Region und individuellen Umständen (wie sie das zum Beispiel beruflich regeln kann), bis zu vierzehn Tagen das Haus nicht mehr, außer für die notwendigsten Verrichtungen des Alltags.

Als besonders tragisch empfindet man es, in Nigeria wie überall auf der Welt, wenn ein junger Mensch stirbt, wenn ein Kind noch vor seinen Eltern aus dem Leben scheidet. In vielen Teilen Nigerias dürfen die Eltern dann den Leichnam ihres Kindes gar nicht mehr sehen, sie werden von den Begräbnisfeierlichkeiten ausgeschlossen und verbringen die Zeit, bis alles vorbei ist, bei Verwandten. Alles, was an den jungen Menschen erinnert, wird entfernt, bevor sie wieder nach Hause kommen.

Ich habe diese Tradition nie persönlich miterleben müssen, bis meine Schwester Lizzy völlig unerwartet im Alter von 48 Jahren starb. Meine Mutter sah Lizzy das letzte Mal, als man sie nach drei Tagen Krankheit ins Spital brachte. Als sich dort ihr Gesundheitszustand schlagartig verschlechterte und man eine Heilung für nicht mehr möglich hielt, wurde meine Mutter zu ihrer Schwester gebracht, und für sie war klar, dass sie ihre geliebte Tochter nicht mehr wiedersehen würde. Drei Wochen blieb sie bei ihrer Schwester und kam erst nach Hause, als Lizzy bereits beigesetzt und alle ihre persönlichen Sachen aus dem Haus entfernt worden waren. Am Begräbnis durften nur diejenigen aus der Großfamilie teilnehmen, die jünger waren als sie. Einige ältere Freunde und Bekannte kamen zwar, wollten aber bei der Feier weder etwas trinken noch essen.

Heute, nach so vielen Jahren in Österreich, frage ich mich, was ich tun würde, wenn ich nicht die Möglichkeit hätte, mich von meinem eigenen Kind zu verabschieden. Ich habe diese Vorgangsweise, als ich noch in Benin lebte, nie in Frage gestellt, aber ich habe in Österreich auch das Gegenteil gesehen und erlebt und finde es gut, die eigenen Kinder, auch wenn es unglaublich wehtut, bis an das Grab zu begleiten und sich zu verabschieden.

In gewisser Weise ist die Art, wie man in Nigeria von Verstorbenen Abschied nimmt, für mich heute wie damals rätselhaft: Es wird zwar intensiv getrauert, viel geweint und laut geklagt, gleichzeitig aber wird gegessen, getrunken und gefeiert. Je nachdem, wie alt der Mensch geworden ist oder wie wohlhabend die Familie ist, dauern die Begräbnisfeierlichkeiten zwischen drei Tagen und zwei Wochen. Aber auch hier setzt langsam ein Umdenken ein: Viele Familien wollen heute die Trauerfeier nicht mehr endlos ausdehnen, um den oder die Verstorbene(n) gebührend zu ehren, sondern beginnen mit den Abschiedsfeierlichkeiten am Freitag zu Hause und beenden sie am Sonntag mit einem Gottesdienst in der Kirche.

DAS WIEDERSEHEN

Im Februar 1994 flog ich zum ersten Mal nach meiner Ausreise allein nach Nigeria – ohne Ingrid –, und wusste nicht, was mich erwarten würde: Godwin, der als Einziger von meiner Reise wusste (weil ich meine Mutter und meine Geschwister nicht beunruhigen wollte), schrieb, dass ich stark sein solle, weil sich einiges verändert habe, und ich solle nicht erschrecken, wenn ich meine Mutter sähe ... Und natürlich hatte ich Angst davor, was sich am Flughafen abspielen würde, wenn ich zum ersten Mal nach dem April 1989 wieder einreisen wollte. Ich hatte zwar von der Botschaft in Wien einen neuen Pass bekommen, aber man hörte immer wieder, dass die Beamten am Flughafen wüssten, dass das nicht derselbe Pass sei, wie der, mit dem man ausgereist war.

Was war bloß los zu Hause? War meine Mutter vielleicht krank geworden, gab es vielleicht mehr Todesfälle, als man mir mitgeteilt hatte? Mir schossen viele Fragen durch den Kopf, und je näher die Abreise rückte, desto aufgeregter wurde ich. Ich versuchte mich damit zu trösten, dass Lizzy zwei Jahre zuvor mit Precious bei uns in Graz gewesen war und mir bereits vieles erzählt hatte, aber meine Angst wurde dadurch nicht geringer.

Entgegen aller Befürchtungen verlief am Flughafen alles reibungslos, allerdings nicht, bevor ich einigen Beamten unten dem Tisch Geld zugeschoben hatte, damit sie mich in Ruhe ließen und nicht weiter nachbohrten ...

Godwin war da, um mich zu empfangen und war ganz außer sich. Wir umarmten uns innig und lange und weinten zugleich. Schnell fuhren wir ins Hotel, weil ich die Weiterreise nach Benin City so spätabends nicht mehr wagen wollte. Es konnte bis zu sieben Stunden dauern, bis wir meine Heimatstadt erreichten – nicht, weil die Strecke so lang war, sondern, weil die Straßenverhältnisse schlecht waren, und man außerdem immer Angst vor Wegelagerern und Räubern haben musste, die den spät Reisenden auflauerten.

Im Hotel erzählte mir Godwin, der kurz vor seinem Uniabschluss stand, wie schwierig die ganze Situation in unserer Familie nach dem Tod unseres Vaters war. Ich konnte es kaum erwarten, am nächsten Tag in den Bus zu steigen.

Endlich kamen wir am folgenden Tag in den Mittagsstunden in Benin City an. Viele Menschen saßen draußen auf der Bank vor unserem Haus. Das Taxi hielt an, ich stieg aus und stand meiner Mutter und meinen Geschwistern gegenüber. Sie waren alle da, und obwohl Godwin mich vorgewarnt hatte, dass es eine sehr emotionale Begegnung sein würde, lagen wir einander in den Armen und weinten, als ob jemand gestorben wäre. Meine Mutter sah sehr schlecht aus, ihre Haare waren ganz kurz geschnitten, so wie ich es in meinen 24 Jahren in Nigeria nie gesehen hatte. Mein Vater war am 27. 8. 1989, genau vier Monate nach meiner Abreise gestorben, und mein jüngerer Bruder Dennis am 1. 12. 1991. Man sah, dass meine Mutter noch immer in Trauer war. Meine jüngeren Geschwister, die 1989 noch sehr klein gewesen waren, sahen irgendwie ernster, beinahe schon erwachsen aus. Und obwohl mir immer klar gewesen war, dass ich als erster Sohn der Familie die Rolle des Vaters zu übernehmen hatte, wurde mir das in diesem Augenblick noch viel stärker bewusst, nun, da ich nicht mehr weit weg im Ausland war, sondern mitten unter ihnen. Natürlich wollte ich sofort das Grab meines Vaters sehen. Mit zugeschnürter Kehle stand ich dann zum ersten Mal an seinem Grabmal, und es war für mich, als wäre er eben erst gestorben und nicht schon vor fünf Jahren. Ich verstand sofort meinen Bruder, der mich vorgewarnt hatte, nicht zu erschrecken.

Das Haus sah ohne meinen Vater leer aus, zwei der vier Zimmer, die zur Vermietung gedacht waren, standen leer, weil kein Geld da war, um notwendige Reparaturen vorzunehmen. Ich war zwar nur fünf Jahre weg gewesen, aber es hatte sich vieles verändert. Ich begann die Last zu spüren, die ich als Familienoberhaupt nun tragen musste und wusste, es würde nicht einfach werden. Ich war immer weit weg gewesen, und nun stand ich da und hatte so gut wie kein Konzept mitgebracht. Ich fühlte mich **wie ein Kind auf dem Rücken der Mutter, das nicht weiß, wie weit der Weg eigentlich ist.**

Meine Mutter, ebenso wie die zweite Frau meines Vaters, hatte kein Einkommen, denn die Pension meines Vaters war mit seinem Tode im Jahr 1989 erloschen. Das bedeutete, beide Frauen und ihre Kinder mussten mit den Mieteinnahmen von vier Zimmern auskommen, und Lizzy, unsere „Big Mama", die als Einzige Geld verdiente, tat, was sie konnte. Ich hatte vor meiner ersten Reise nach Nigeria nie Geld nach Hause geschickt. Meine Familie hatte mich nie darum gebeten, weil sie mich nicht belasten wollte. Sie wollten mich in Ruhe lassen. Doch jetzt wurde mir klar, dass ich ab sofort für meine Mutter, die Stiefmutter und die Geschwister da sein musste. In meiner Erziehung hatte es immer geheißen: **Wir werden als Babys von den Eltern geboren, aber im Alter sollten wir die Eltern gebären** und versuchen, ihnen zurückzugeben, was sie für uns geopfert haben.

Es war an der Zeit, zumindest meiner Mutter wenigstens ein bisschen etwas zurückzugeben – aber was kann man einer Mutter überhaupt zurückgeben? Neun Monate hatte sie mich im Bauch getragen, zwei Jahre gestillt ... Und dann all der Ärger, den Mama mit mir und wegen mir hatte! Wenigstens sollte sie im Alter nicht leiden müssen und, wenn es ging, genug Geld zur Verfügung haben. Für meinen Vater konnte ich leider nichts mehr tun, für ihn kam das alles viel zu spät, er konnte von seiner „Saat" nichts mehr ernten.

Mein Bruder war noch an der Uni, und Lizzy war als Lehrerin die Brotverdienerin für die ganze Familie! Mir wurde klar, dass ich, obwohl ich damals noch keine eigenen Kinder hatte, zwei Frauen und bis zu elf Geschwister mitzubetreuen hatte, und ohne Ingrid wüsste ich ehrlich gesagt nicht, wie ich das damals hätte schaffen können. Sie ist zwar keine Afrikanerin, verstand aber, was die Familie für mich bedeutete. Sie verstand, dass Familie im afrikanischen Kontext nicht mit den eigenen Kindern, dem Ehepartner, den Eltern und vielleicht bei den Großeltern endet, und für dieses Verständnis bin ich ihr bis heute sehr, sehr dankbar.

Heute ist alles anders: Meine geliebte Schwester Lizzy ist zwar 2011 verstorben, aber fast alle Geschwister sind inzwischen mit einem Studium fertig, haben eigene Familien, und einige von ihnen sind Gott sei Dank gut situiert. Gemeinsam sorgen wir jetzt für unsere Mutter.

Im Dezember 1994 flog ich zum zweiten Mal nach Nigeria, aber diesmal mit Ingrid, der ebenfalls Tränen in den Augen standen, als sie aus dem Taxi stieg. „Es ist alles bis auf das Detail so, wie du es mir erzählt hast, es ist wie einen Film zum zweiten Mal zu sehen", sagte sie. Ingrid war inzwischen fünf Mal in Nigeria, Idia vier Mal, und mit Alice gemeinsam waren wir bereits drei Mal dort. So Gott will, werden wir schon bald wieder und noch oft gemeinsam fliegen, weil es mir sehr wichtig ist, dass meine Kinder nicht vergessen, dass auch ein Teil von ihnen nigerianisch ist und bleibt und dass sie auch in Nigeria eine Familie haben, die sie liebt und für sie da sein möchte, so wie die Familie meiner Frau und Familie Neuhold, meine Grazer Familie.

Soweit es mir möglich ist, versuche ich zumindest einmal im Jahr meine Mutter und Geschwister in Nigeria zu besuchen, erstens, um mich zu vergewissern, dass es meiner Mutter an nichts fehlt und zweitens, um ihre Nähe und natürlich auch ihr Essen zu genießen, solange es Gott noch zulässt. Diese Reisen sind leider immer auch mit viel Aufwand verbunden, da ich als österreichischer Staatsbürger jedes Jahr ein Visum dafür beantragen muss, das bis zu 150 € kostet, je nachdem, wie oft ich ein- und ausreise. Es ist schade, dass Österreich keine doppelte Staatsbürgerschaft erlaubt, das würde meine Familienbesuche erheblich einfacher machen.

CONCLUSIO

Ich bin inzwischen mehr als 25 Jahre in Österreich, bin „integriert", fühle mich sehr wohl, habe eine wunderbare Familie und liebe Freunde und habe viele schöne und berührende Erlebnisse mit Menschen hier gehabt. Trotzdem frage ich mich, vor allem kurz vor oder nach einer politischen Wahl, auch heute noch manchmal, wo ich wirklich hingehöre. Denn vor allem in Wahlzeiten kam und kommt es immer noch vor, dass man auf der Straße völlig grundlos angepöbelt wird: „*Pass auf, der Haider* (früher) oder *der Strache* (heute) *wird kommen und wird euch alle nach Hause schicken!*" Auf die Idee, dass ich nicht mehr abgeschoben werden kann, weil ich längst Österreicher geworden bin, kommen diese Hetzer und Provokateure gar nicht.

Aber ich werde dann wütend, traurig und nachdenklich. „*Nach Hause?*", denke ich dann oft. „*Wo ist eigentlich mein Zuhause?*" Sicher ist, dass ich eine alte und eine neue Heimat habe, in Nigeria und Österreich. Sicher ist aber auch, dass es noch eine Weile dauern wird, bis man mir meine neue Heimat unwidersprochen als solche zugesteht und dass es auch in der Generation meiner Kinder vielleicht noch Gespräche geben wird wie das, von dem meine Tochter mir einmal erzählt hat:

Eine alte Dame fragte sie freundlich in der Straßenbahn: „*Woher kommst du denn, Mädchen?*"
„*Aus Graz*", sagte Idia wahrheitsgemäß.
„*Nein, ursprünglich, mein ich*", wollte die Frau klarstellen.
„*Na aus Graz. Ich bin Grazerin*", wiederholte Idia höflich und freundlich.
„*Nein, ich meine davor!*"

„Ich bin immer schon Grazerin gewesen", sagte Idia lächelnd.
„Ja, warum bist du denn dann so dunkel?"
„Mein Vater ist dunkelhäutig."
„Ah so ..."

Ich fühle mich hier in Österreich inzwischen sehr heimisch, fühle mich diesem Land und unzähligen Menschen hier sehr verbunden. Mein Herz und mein Lebensmittelpunkt sind längst hier.

Trotzdem vermisse ich, wenn ich längere Zeit nicht nach Nigeria fliegen kann, das befreiende Gefühl, einer unter vielen zu sein. Wenn ich nigerianischen Boden betrete, kann ich laut sein und schreien und lachen, wenn mir danach ist. Ich kann mich völlig frei bewegen, ohne das Gefühl zu haben, dass ich ständig beobachtet werde, ob ich nicht doch vielleicht etwas Falsches tue. Ich genieße das schöne, heiße Wetter, das Essen, mit dem ich aufgewachsen bin, und genieße es, mit meiner nigerianischen Großfamilie zusammenzusitzen.

Bin ich dann aber tatsächlich in Nigeria, vermisse ich oft schon nach einer Woche Österreich und Graz. Ich habe in Nigeria zwar meine – erweiterte – Familie, aber Freunde habe ich dort leider keine mehr, sodass ich mich nach einiger Zeit in Nigeria einsam und ausgeschlossen fühle, wenn der Alltag einkehrt und jeder wieder seinen eigenen Geschäften nachgeht. Dann merke ich auch, wie sehr ich mich an das Leben in Österreich schon gewöhnt habe, und es beginnt mich sogar manchmal zu nerven, wenn Leute zum Beispiel in mein Zimmer platzen, ohne sich vorher anzumelden. Gott sei Dank kann ich mich dann beherrschen und „flippe nicht gleich aus", sonst würde ich in Nigeria viele Menschen beleidigen, und man würde denken, ich sei arrogant geworden, weil ich in Europa lebe. Trotzdem bin ich froh, wenn ich ab und zu die Zeit und die Möglichkeit finde, nach Nigeria zu fliegen, um wieder Kraft zu tanken.

Das Leben in zwei Welten ist oft nicht einfach, aber wenn ich heute Resümee ziehe, bin ich sehr froh und dankbar, dass ich die Chance bekommen habe, in Österreich zu leben, dass ich nicht, wie so lange geträumt, in die USA gegangen bin und dass ich die Chance habe, in meiner Arbeit hier als Vermittler zwischen den Kulturen tätig zu sein.

Wo und was ist also meine Heimat? Es gibt dafür viele Definitionen, aber mir gefällt die Folgende: Heimat ist dort, wo ich mich wohlfühle, wo mein Lebensmittelpunkt ist, wo ich meine Familie, meine Freunde, meine Arbeit habe. Heimat ist der Ort, an dem ich mich heimisch fühle!

Ich bin heute sehr gerne sowohl in Nigeria als auch hier in Österreich und danke Gott und den vielen Menschen, die mein Leben hier mitgestaltet haben und ohne die ich dieses Buch niemals hätte schreiben können.

Zu Gast bei Joshuas Hochzeit mit Familie Reithofer und meiner Familie

DANKSAGUNG

Ich möchte mich bei den vielen Menschen bedanken, die im Laufe meines Lebens eine Rolle gespielt und die mich immer begleitet haben:

Bei meinen Eltern, die mir das größte Geschenk gegeben haben – mein Leben, ihre Erziehung und Bildung – und die mir vor allem Respekt für die Mitmenschen beigebracht haben.

Bei Lizzy, Godwin und meinen anderen Geschwistern, die immer für mich da waren beziehungsweise es noch immer sind.

Bei Familie Metyko, die uns in Altenmarkt besuchte, aber besonders bei Julia und ihrer Mutter Susanne, die sich dafür einsetzte, dass ich ein Visum für Amerika bekam.

Bei Familie Hennefeld, die mich in Wien aufnahm und mit so viel Liebe und Empathie in meiner Altenmarkt-Phase begleitete und ohne die ich Familie Neuhold nicht kennengelernt hätte. Danke Andreas und Thomas für euren brüderlichen Beistand!

Bei Mutti und Vati beziehungsweise Heidi und Fritz Neuhold samt ihren Kindern Erika und Dorit, die mich in ihre Familie aufnahmen, ohne mich gekannt zu haben und mich, meine Frau und meine Kinder heute noch durch das Leben begleiten. Sie haben meinem Leben in Österreich das erste Fundament gegeben, haben mir den Rücken gestärkt, wenn es notwendig war, aber nie versucht, in mein Leben nach ihren Vorstellungen einzugreifen. Sie haben mich zuerst wie einen Freund und dann wie einen Sohn behandelt.

Familie Ofner

Bei Anna und Matthäus Ofner, den Eltern meiner Frau, die mich sofort akzeptierten, auch wenn sie anfangs nicht so recht wussten, wie sie mit mir umgehen sollten, aber mir nie das Gefühl gaben, nicht zur Familie zu gehören. Die heute sehr stolz auf mich sind und seit 1990 vieles für mich getan haben, was in diesem Buch nicht erwähnt ist, weil sie das in ihrer Bescheidenheit nicht wollen (Oma sprang zum Beispiel mir zuliebe über ihren Schatten und gab sogar dem ORF einmal ein Interview, und die Schwiegereltern ließen das Filmteam bei sich zu Hause in Mariahof filmen, obwohl Oma, wie sie sagt, *„kein Mensch für so was ist"*). Und bei Ingrids Schwestern Lisi und Margret, die mich so offen und herzlich in der Familie aufgenommen haben.

Bei meiner Frau Ingrid, die immer zu mir stand und steht und ohne die ich nie so weit gekommen wäre. Sie war und ist immer für mich da, obwohl es lange nicht sicher war, ob ich überhaupt bleiben würde oder nicht, und die viele Beleidigungen auf der Straße ertragen musste. Die trotz allem, was ihre FreundInnen und KollegInnen vielleicht sagten, immer an mich glaubte und ohne die dieses Buch niemals erschienen wäre.

Ich weiß ehrlich gesagt nicht, wo ich heute ohne DICH wäre – *Urose kakabo* – DANKE vielmals. Ich liebe dich sehr! – Ewen ué yé vbén!

Ich danke auch meinen Kindern Idia Luise und Alice Marie für ihre Geduld und ihr Verständnis, wenn sie, auch als sie noch sehr klein waren, sagten: „Papa, wir verstehen, warum du deine Arbeit machst und was deine Arbeit für dich bedeutet. Wir verstehen, dass du die ‚Benin-Oma' und deine Geschwister besuchen musst. Sie sind doch auch deine Familie." Dieses Verständnis hat mir oft mein schlechtes Gewissen erleichtert, wenn ich beruflich lange unterwegs oder wieder einmal auf dem Weg nach Nigeria war.

Ich möchte auch Robert Reithofer danken, der nicht nur mein Chef ist, sondern ein Freund und „Brother" geworden ist.

Ich danke Fritz Uitz, der mich immer ermutigte, meine eigenen Ideen zu verwirklichen und der den Kontakt zu ISOP herstellte.

Weiters bedanke ich mich bei Helmut Strobl, Franz Voves, Frido Hütter, Hans Dobida, Markus Ferschli, Anthony Scholz, Herbert Nichols-Schweiger, Gert Heigl, Thomas Rajakovics, Siegfried Nagl, Detlev Eisel-Eiselsberg, Alfred Stingl, Hans und Ilse Gombotz, Kurt Flecker, Bettina Vollath, Stefan Perschler, Herrn Kaspar, René Spann und Heinz Snobe vom AMS, Dietmar Schreiner, Waltraud Hamah-Said und Christine Reiter-Haas sowie bei Volker, meinem Trauzeugen, Astrid Plank, Andrea Teller-Hörner, Elisabeth, Henriette und vielen, vielen mehr!

Zum Schluss zwei Lebensmottos, die mir gefallen und die mich immer begleitet haben:
„Der Kopf ist rund, damit das Denken seine Richtung ändern kann."
(Francis Picabia, 1879–1953)

und (in Anlehnung an Samuel Beckett): **„Try, fail, try again and fail better!"**

NACHWORT

„Good morning Sir! My name is Friday Ohenhen and I got your name and address from Mrs. Dr. Hennefeld, a lawyer who works in Traiskirchen. I am willing to come to Graz because I am tired of living in Altenmarkt and Dr. Hennefeld said you could probably help me to get settled in Graz and I also got a job offer from a restaurant there. I don't know if you have time to meet me?" Wenn der geneigte Leser spaßhalber versucht, diese Sätze so schnell es ihm irgend möglich ist, laut für sich zu lesen, dann kann er sich ungefähr eine Vorstellung davon machen, wie schwer es für mich, als seit rund 40 Jahren der Schule und daher meinen Englischkenntnissen Entwachsenem gewesen ist, von dem was Friday, noch dazu in „Afrikanischem Englisch" gesagt hatte, etwas zu verstehen. Meine erste Reaktion: „Please, once again, but much more slowly!" Und das musste ich in den späteren Wochen und Monaten immer wieder urgieren, wenn wir miteinander sprachen.

Da stand er also, nach bereits einem Jahr in Österreich, hatte weder eine Arbeit noch die Möglichkeit, Deutsch zu lernen bekommen, in meinem Büro und versuchte, mir den Grund seines Hierseins klar zu machen. Eigentlich betrachtete er anfangs Österreich nur als Zwischenstation in die USA, wo sein, wie er mir berichtete, älterer Bruder schon einige Jahre lebte. Übrigens das erste kulturbedingte Missverständnis, denn wie wir erst viel später herausfanden, bezeichnet „Bruder" in Nigeria nicht nur einen, vom eigenen Elternpaar abstammenden Familienangehörigen, sondern auch Geschwisterkinder und ähnliche nahe Verwandte. Aber wer weiß, wie lange der Aufenthalt in Österreich dauern würde, und wer Friday beziehungsweise Fred kennt, kann sich vorstellen, dass er die Zeit nicht nutzlos verstreichen lassen wollte.

Es war Faschingdienstag, 27. Februar 1990, später Vormittag, halb Graz war auf dem Weg zum traditionellen Faschingsumzug in der Innenstadt. Wo nur sollte ich mit ihm anfangen? Das Wichtigste schien mir: „Friday, you must learn our language!" Leicht gesagt, aber wie? Ich wusste über die Hochschülerschaft, dass es in der Leechgasse die Möglichkeit gab, sich für einen Deutschkurs am Vorstudienlehrgang zu bewerben und dort eine Büroöffnungszeit bis 12:00 Uhr festgelegt war. Es muss etwa 11:40 gewesen sein, als wir von meinem, nicht allzu weit von dort gelegenen Büro aufbrachen, und Punkt 11:55 Uhr standen wir – vor verschlossener Bürotür! Erst nach längerem, beharrlichem Klopfen öffnete ein nicht gerade begeistert wirkender Herr und fragte nach unseren Wünschen. Ja, hier wären wir richtig, aber es sei schon geschlossen und überdies der Kurs bereits völlig ausgebucht. Er gäbe uns gnädigerweise die erforderlichen Formulare mit, und wir sollten in den nächsten Tagen damit wiederkommen. Friday hatte alle seine Papiere zur Hand und innerhalb kurzer Zeit waren die Formulare vor Ort ausgefüllt, dem Herrn in die Hand gedrückt und uns von ihm, zögernd aber doch, beschieden, dass die Einstufungsprüfungen am 1. und 2. März im Gebäude des Kepler-Realgymnasiums stattfinden würden. Friday fuhr noch am Nachmittag zurück nach Altenmarkt, war pünktlich wieder zum Prüfungstermin am 1. März um 14:00 Uhr zur Stelle und – hatte einige Tage später die Nachricht in der Hand, dass er zum Deutschkurs zugelassen sei! Das war wohl der erste und meines Erachtens nach wichtigste Schritt zur Integration! Seine Sprechgeschwindigkeit in Deutsch entsprach schon bald danach jener eingangs erwähnten in Englisch.

Doch, wie war es überhaupt zu dieser Situation gekommen?

Es war eine Zeit, in welcher bereits Flüchtlinge aus verschiedenen Ländern, vor allem aus Osteuropa, aber erst einige wenige Afrikaner in Graz gelandet waren. Meine Frau und ich führten, sowohl beruflich als auch familiär ein ruhiges und geordnetes Leben und hatten uns im Laufe der Zeit, soweit es in unseren Möglichkeiten lag, immer wieder einzelner Hilfsbedürftiger angenommen. Nun boten sich 1989/90 Flüchtlinge besonders an. Da aber der Umgang der öffentlichen Stellen mit der Situation und die tatsächliche Lage der Flüchtlinge uns sehr undurchsichtig erschienen, wollten wir uns selbst in Traiskirchen über die Zustände und Notwendigkeiten informieren. Wir fuhren also hin, aber vorerst vergeblich, wir wurden nicht eingelassen, stattdessen aber an die evangelische Flüchtlingsberatungsstelle gleich neben dem Lager verwiesen. Dort lernten wir eine Frau Dr. Hennefeld kennen, und im Gespräch mit ihr erfuhren wir einiges über ihre Arbeit und die Schwierigkeit, diesen Menschen sinnvolle Hilfestellung zu geben. Wir boten ihr unsere Hilfe an, sie versprach, wenn sich eine passende Situation ergeben würde, uns zu kontaktieren, wir fuhren – nicht gerade euphorisch gestimmt – nach Graz zurück und harrten der Dinge, die da kommen würden.

Nach unseren bisherigen Erfahrungen mit einigen (Wirtschafts-)„Flüchtlingen" aus Europa, die unrealistische Vorstellungen mitgebracht hatten davon, was sie in Österreich zu erwarten hätten, ohne selbst etwas dazutun zu müssen – stand nun also ein Afrikaner vor mir, und ich wusste anfangs überhaupt nicht, wie sich dieser Kontakt weiterentwickeln würde. Wie sollte es jemand schaffen, der aus dem Herzen Afrikas plötzlich mit unserer Kultur, unseren Lebensgewohnheiten und auch unserem Klima so weit von seinen bisherigen Lebenserfahrungen weg sein musste, wie wir es uns kaum vorstellen konnten, hier Boden unter den Füßen zu finden? Andererseits sahen wir zwei, für uns wichtige positive Gemeinsamkeiten beziehungsweise Voraussetzungen: Einmal war er Christ, er glaubte wie wir an den dreieinigen, gütigen Gott, und zweitens sprach er infolge seiner englisch geprägten Bildung eine, und zwar mit den eingangs erwähnten Einschränkungen, aber doch verständliche Sprache. Daneben schien er von hoher Intelligenz und vor allem stellte sich schnell heraus, dass er jede Hilfe nicht nur annahm, sondern auch immer das Seine dazu beitrug, dass der eingeschlagene Weg sinnvoll wurde. Es ergaben sich dabei keine langen und inhaltsschweren Gespräche, aber man konnte sich verständlich machen, und ein knappes Jahr später sah alles anders aus. Dem Vorstudienlehrgang sei Dank!

Eine provisorische Unterkunft fand er vorerst im Keller des Afro-Asiatischen Instituts. Mitte April hatten wir endlich bei einem der wenigen Grazer Vermieter, die damals überhaupt bereit waren, Afrikaner aufzunehmen, ein zwar nur circa 8 m² großes, aber ruhig gelegenes, möbliertes Zimmerchen mit Wasser und Sanitäranlagen am Gang gefunden. Es war wenigstens eine fixe Adresse, und Friday musste ja nicht den ganzen Tag im Zimmer verbringen, sondern sollte möglichst bald eine Arbeit finden, und der Kurs an der Uni hatte ja auch schon begonnen.

Wir versuchten von Anfang an, wohl aus Gewohnheit und weil wir keine diesbezüglichen Erfahrungen hatten, ihn unvoreingenommen wie einen guten Bekannten zu behandeln, und das war, wie sich heute herausstellt, intuitiv der richtige Weg. Allerdings muss ich gleich hinzufügen, dass im Verlauf des Vorstudienlehrganges etwas Unvorhergesehenes und für uns in keiner Weise Geplantes geschah. Folgendes hatte sich ereignet: Zu Ostern 1990, also etwa sechs Wochen nach seinem Eintreffen in Graz wollten wir ihn gerne am Ostermontag im Kreise von Familie und Freunden zu unserer Osterfeier mit Feuer, Liedern und Texten einladen, er aber entschuldigte sich höflich mit dem Hinweis, dass er für diesen Tag schon von seinem „Teacher" die Einladung in eine Disco angenommen habe. Ich war sehr angetan und froh, dass hier ein Lehrer so persönliche Kontakte zu seinen Schülern aufgebaut hatte, dass er ein solches Angebot in seiner Freizeit machte; oder hatte nur Fred einen so guten Eindruck hinterlassen, dass er ihm diesen Einblick in unsere Jugendkultur bieten wollte? Erst einige Zeit später fanden wir heraus, dass es sich bei Freds „Teacher" nicht um einen „Lehrer" sondern um eine „Teacherin", handelte – seine spätere Frau Ingrid! Aha! Und sie hatte am weiteren Fortgang seiner Lebensgeschichte einen riesengroßen, unschätzbaren Anteil!

Fred persönlich banden wir in alle Entscheidungen, die wir für ihn immer wieder treffen mussten oder durften, ein, vermieden aber so weit als möglich, ihn zu bevormunden und ließen ihn, nachdem wir etwas eingefädelt hatten, allein den Weg gehen, um das Beste für sich daraus zu machen. Wir durften bald feststellen, dass ihm keine Arbeit zu minder war, obwohl es ihn – im Nachhinein betrachtet – sicher da und dort Überwindung und viel Durchhaltevermögen gekostet hat, einen vollen Beruf neben dem Deutschkurs zu bewältigen, aber er lernte geduldig erst Geschirr zu waschen und eine Küche zu putzen, dann zu servieren und schließlich auch zu kochen, was für seine Familie in Nigeria sicherlich „shocking" gewesen wäre, hätte er ihnen davon geschrieben. Der Höhepunkt aus unserer Sicht war wohl später, dass er, als seine erste Tochter Idia zur Welt gekommen war, die damals noch völlig neue Möglichkeit der Väterkarenz nutzte, das heißt, daheim das Baby versorgte und den Haushalt führte. Ob seine Verwandtschaft in Nigeria davon je etwas erfahren darf, noch dazu da er nach dem Tod seines Vaters als ältester Sohn zum Familienoberhaupt wurde? Er hat es auf sich genommen.

Wir betrachteten ihn auch sehr bald als den „großen Bruder" unserer beiden Töchter, aber ein nicht vorhersehbarer Vorfall veränderte unser persönliches Verhältnis in ungeahnter Weise: Die Nachricht vom plötzlichen Tod seines Vaters in Nigeria war ein arger Keulenschlag für Fred, noch dazu, als er erst nach der Beerdigung des Vaters davon erfuhr. Gemeinsam feierten wir einen Gedenk-Gottesdienst in der Leechkirche, und danach ergab es sich beinahe logisch, dass er uns als seine „österreichischen Eltern" und wir ihn als unseren „afrikanischen Sohn" quasi „in pectore" adoptierten. Ab da hatten wir einen „afrikanischen Sohn" und er einen „österreichischen Vati" und eine „Mutti", später einen „Nonno" und eine „Nonna". Dass das gute Verhältnis, das uns verband – auch schon mit einem seiner Brüder, der uns immer wieder herzliche Dankeskarten aus Benin City geschrieben hatte – nun ins Familiäre mündete, war für uns alle eine besonders positive Erfahrung, und bis heute hat sich kein einziger unserer Verwandten und Bekannten irgendwie verständnislos, geschockt oder negativ überrascht gezeigt. Wir sind heute sehr glücklich, zufrieden und auch stolz, einen so erfolgreichen, positiven und fröhlichen Sohn mit einer ebenso außerordentlichen Familie geschenkt bekommen zu haben und wünschen allen jenen, die dieses Buch gelesen haben, dass sie von seinem bisherigen Leben ebenso beeindruckt sind wie wir, die wir einiges davon – aber beileibe nicht alles – mitbekommen haben, dies von uns sagen können. Wir wünschen ihm und seiner Familie für die Zukunft viel Glück und Segen für sein weiteres Wirken hier in seiner zweiten Heimat Österreich. Möge sein Schicksal für viele ein positives und motivierendes Beispiel von funktionierender Integration sein.

Graz, Herbst 2015   *Friedrich und Heidemarie Neuhold*

ANHANG

ISOP (http://www.isop.at/)

ISOP – INNOVATIVE SOZIALPROJEKTE GmbH ist eine interkulturelle, parteipolitisch unabhängige Non-Profit-Organisation mit Sitz in Graz und steht seit 1987 für

- Chancengleichheit in der Gesellschaft und am Arbeitsmarkt durch Initiierung und Umsetzung von Sozial-, Bildungs- und Kulturprojekten
- Verteilungsgerechtigkeit und Inklusion durch eine aktive Sozial-, Arbeitsmarkt- und Bildungspolitik
- Menschenrechte und Antidiskriminierung in der Asyl- und Migrationspolitik

ISOP vertritt in ihren Tätigkeitsfeldern Beschäftigung, Bildung, Jugend(sozial)arbeit und Kultur konsequent das Prinzip der Kompetenzorientierung und

ISOP unterstützt

- MigrantInnen und Flüchtlinge
- (Langzeit-)Arbeitslose
- Menschen mit Basisbildungsbedarf

durch Beratung, Bildung und Beschäftigungsprojekte zur Verbesserung der sozialen und beruflichen Teilhabechancen.

ISOP

- engagiert sich mit einem interkulturellen Selbstverständnis in der offenen Jugendarbeit und der bedarfsgerechten Kinder- und Lernbetreuung
- tritt durch Öffentlichkeits-, Kultur- und Netzwerkarbeit gegen Rassismus und Diskriminierung auf
- verfolgt eine konsequente Diversityorientierung

IKU – SPIELEND ERLEBEN

Interkulturelle und antirassistische Bildungsarbeit in Kindergärten und Schulen. Ein Projekt von ISOP (http://www.isop.at/iku/)

Das Projekt **IKU** wurde im Jahr 1999 entwickelt und hat im Bereich der interkulturellen Bildungsarbeit wertvolle Pionierarbeit geleistet. Die Idee war, Kindern schon im frühestmöglichen Alter positive Erfahrungen mit Menschen aus anderen Kulturkreisen zu ermöglichen. Das sollte ihnen später helfen, vorurteils- und angstfrei auf andere zuzugehen und sich etwa bei der Beurteilung von Menschen mit Migrationshintergrund auf ihr eigenes Urteil und ihre eigene Erfahrung zu verlassen.
Um Informationsdefizite abzubauen, Kontaktängste zu nehmen und dem großen Interesse seitens der Bildungseinrichtungen nach interkulturellen Inhalten nachzukommen, bietet das Projekt seit seiner Entstehung speziell für Schulen und Kindergärten einen Schwerpunkt „Afrika" an, da sich rassistisches Verhalten besonders häufig gegen Menschen anderer Hautfarbe, insbesondere gegen dunkelhäutige Menschen richtet.
Aber darüber hinaus geht es darum, Kinder und Jugendliche für die Vielfalt unserer Gesellschaft zu sensibilisieren, damit sie Diversität erkennen und schätzen können und anderen, unabhängig von Alter, Geschlecht, Herkunft, Hautfarbe oder Religion, Akzeptanz und Respekt entgegenbringen.
Derzeit (2015) arbeiten im **IKU-Team** neun Menschen aus sieben Ländern: Ruanda, Österreich, Italien, Turkmenistan, Äthiopien, Nigeria und Kenia. Seit Beginn des Projekts waren MitarbeiterInnen aus mehr als 25 Nationen bei **IKU** beschäftigt.
Auf ganzheitliche, spielerische Art lernen die Kinder andere Kulturen kennen und treten gleichzeitig in einen interkulturellen Lernprozess ein, der prägend für die Abwehr von rassistischen Denkmustern sein kann.
Das Projekt richtet sich aber nicht nur an Kinder und Jugendliche, sondern möchte auch deren Eltern und PädagogInnen einbeziehen, da der Erfolg und die Nachhaltigkeit des Projekts zum Teil auch von der Mitwirkung von MultiplikatorInnen im pädagogischen und sozialen Umfeld abhängen.
IKU ist auch ein Beschäftigungsprojekt und bietet Langzeitarbeitslosen und WiedereinsteigerInnen die Möglichkeit, wieder am Arbeitsmarkt Fuß zu fassen. Die ProjektmitarbeiterInnen, die sowohl aus Österreich als auch aus an-

IKU-Team beim Jubiläum zehn Jahre IKU

deren, unterschiedlichsten Kulturkreisen stammen, haben die Möglichkeit, ihre Kultur sowie ihr Wissen und Können einzubringen und zu vermitteln. So wird durch den Kontakt zu den Jugendlichen und Kindern, deren Eltern, JugendarbeiterInnen, KindergärtnerInnen und LehrerInnen ihre eigene Integration in die Gesellschaft gefördert und ihr Selbstbewusstsein gestärkt.

Unter dem Namen IKU wurden aber ebenso Afro-Nächte und Familienfeste in Graz und einigen steirischen Gemeinden wie Kapfenberg, Feldbach, Trofaiach etc. veranstaltet. Darüber hinaus greift IKU gesellschaftspolitisch relevante Themen wie zum Beispiel Kindersoldaten oder Islamophobie, Inklusion und Diversität im Allgemeinen auf und hat u. a. folgende Veranstaltungen durchgeführt:
Kindersoldaten (Theateraufführung und Podiumsdiskussion mit China K.),
Integrazion – Graz ein buntes Gesicht geben (ein Straßenbahnprojekt mit Holding Graz Linien, Energie Graz und der HTBLA Ortweinschule, wofür ich von den LeserInnen der Kleinen Zeitung zum Grazer des Jahres 2011 in der Kategorie Soziales gewählt wurde)
und eine *Film-Produktion* mit dem Titel „*Integration Anders*".

LEUTE

Nagl, Weitzer, Pfaller, Rücker   FUCHS (11)

Die Nacht der glorreichen Sieben

Über den Dächern der Stadt wurden gestern in der Skybar am Schloßberg die „Grazer des Jahres" gefeiert.

Die Grazer wollen Erfolgsgeschichten lesen. Jeder Art. Der beste Beweis: Mehr als 25.000 entschieden bei der Wahl der sieben „Grazer des Jahres" von G7, der Stadtzeitung der Kleinen Zeitung, per Stimmzettel und online. Gestern wurde in der Skybar über dem urbanen Lichtermeer gefeiert.

„Wenn es um Wahlen geht, bin ich eigentlich ganz schlecht", gestand Bürgermeister Siegfried Nagl. Abseits der Politik lässt er seine Stimme eigentlich nicht so gerne sprechen. Aber: „Ich habe ja meine Frau gewählt." Von einem Ohr zum anderen grinste „Durchstarter" Andreas Gabalier. „Als meine Nominierung bekannt wurde, war ich gerade in Deutschland unterwegs und hatte keine Zeit, im Internet zur Stimmabgabe aufzurufen. Es ist mir eine Ehre, den Preis zu erhalten", erklärte der Sänger.

Aber auch die anderen „Vorzeige-Grazer", Designerin Lena Hoschek, Fußballerin Mariella Rappold, die Rabtaldirndln (waren wegen eines Auftritts in der Schweiz verhindert), Sitzbuchstaben-Designerin Johanna Prechtl, Integrationsfigur Fred Ohenhen und Sturm-Trainer Franco Foda wurden gefeiert. Letzterer sorgte für Szenenapplaus. „Ich kann nicht ausschließen, dass ich meinen Vertrag nicht verlängere", erklärte er auf die derzeit unklare Zukunft der „Blackys" angesprochen.

Glückwünsche gab es jedenfalls im Akkord. Unter den Gratulanten: der ausgezeichnete Vinzi-Pfarrer Wolfgang Pucher, KF-Rektorin Christa Neuper, Kleine-Zeitung-Chefredakteur Hubert Patterer und Geschäftsführerin Helga Schrott, G7-Chef Bernd Hecke, Creative-Industries-Chef Eduard Schrempf, Völkerrechtler Wolfgang Benedek, Joanneumsviertel-Geschäftsführer Wolfgang Muchitsch, Vizebürgermeisterin Lisa Rücker, Sänger Effie, die Stadträte Martina Schröck, Detlev Eisel-Eiselsberg und Mario Eustacchio, Hotel-Boss Florian Weitzer und WM-Architekt Gernot Ritter.

ANDREA STANITZNIG

DIE 7 WAHLSIEGER

Mehr als 25.000 Leser-Stimmen haben entschieden. Die Grazer des Jahres wurden gestern von G7, der Stadtzeitung der Kleinen Zeitung, in sieben Kategorien gekürt.

Franco Foda (45), als Meistermacher von Sturm Graz und erfolgreicher Ex-Kicker der Schwarzen bei den Fans beliebter denn je: Sieger der Kategorie „Macher".

Lena Hoschek (30), erfolgreiche Designerin, die seit 2005 ihr eigenes Modelabel von Graz und Wien aus führt. Sie holte sich den „Wirtschafts"-Titel.

Fred Ohenhen (45), gebürtiger Nigerianer, der mit Integrationsprojekten in Graz seit 1989 für Aufsehen sorgt, wurde zum „Sozialen Gewissen" gekürt.

Mariella Rappold ((24) sorgt im Mittelfeld des Damenfußball-Nationalteams und bei LUV Graz für Furore. Sie ist deshalb die G7-„Sportlerin des Jahres".

Andreas Gabalier (27), Schlagerstar, „Volks-Rock'n-Roller" und 2012 auch auf seiner ersten Solo-Tour zu sehen. Keine Frage: Er ist der „Durchstarter" der Stadt.

Die Projektangebote von IKU werden in der Steiermark und darüber hinaus intensiv genutzt – so werden seit 1999 im Rahmen von IKU jährlich rund 5.000 bis 7.500 Personen erreicht.

Bereits erschienene Publikationen:

Fred Ohenhen
Der schwarze Bär und andere Geschichten & Märchen aus Nigeria

2001, Steirische Verlagsgesellschaft
ISBN-10: 3-85489-050-8
ISBN-13: 978-3-85489-050-8
(48 Seiten)
Bestellung: www.isop.at/iku

Fred Ohenhen
Die Taufe und andere Märchen und Geschichten aus Nigeria

2009, Leykam
ISBN: 978-3-85489-157-4
(64 Seiten)
Bestellung: www.isop.at/iku

Basbusa
Das interkulturelle ISOP Kochbuch
Hrsg. ISOP – Innovative Sozialprojekte

2003, Steirische Verlagsgesellschaft
ISBN: 3-85489-091-5
(48 Seiten)
Bestellung: www.isop.at/iku

CD Different Colours

2006, Lieder aus verschiedenen Ländern.
Gestaltung: MitarbeiterInnen von IKU, SchülerInnen der Musikhauptschule Stallhofen

Bestellung: www.isop.at/iku

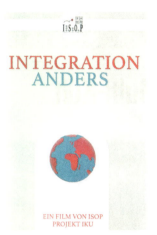

DVD Integration Anders

2013, Regie: Angelika Wonisch
Idee und Projektleitung: Fred Ohenhen
Gestaltung: SchülerInnen der HTBLA Ortweinschule

Bestellung: www.isop.at/iku

CD Stories

2015, CD mit Liedern, Geschichten und Instrumentalmusik
Gestaltung: MitarbeiterInnen von IKU, SchülerInnen der Musikhauptschule Stallhofen

Bestellung: www.isop.at/iku

Kontakt:
IKU – Spielend erleben
Annenstraße 27/1
8020 Graz

Telefon: 0316/72 10 53
Fax: 0316/72 10 53-4
Mail: iku@isop.at
Internet: www.isop.at/iku

Zehn Jahre IKU

Der Ball ist schon Multi-Kult

Fred Ohenhen wurde beim zehnten Multikultiball geehrt.

Fröhlich und bunt wie gewohnt, aber größer denn je, so wurde letzte Nacht von 3400 Besuchern der zehnte Multikultiball in der Karl-Franzens-Universität in Graz gefeiert. Dass Organisatorin **Angelika Vauti-Scheucher** im letzten Moment noch gehörig ins Schwitzen gekommen war, wussten vorerst nur wenige. Erst als statt Schauspieler, Autor und Kulturprojekt-Initiator **Dietmar Schönherr** doch Darsteller **August Schmölzer** die Eröffnungsrede hielt, konnte man die Improvisationskunst Vautis erahnen. Schönherr hatte wegen Krankheit abgesagt, Schmölzer, gerade in Deutschland, reiste aber noch gestern Nachmittag an, um einzuspringen.

Der gebürtige Nigerianer **Fred Ohenhen**, Vorsitzender des Ausländerbeirates, wurde mit der Multikulticard ausgezeichnet. Ein Preis für besonderes Engagement, der zum fünften Mal verliehen wurde und bereits Caritas-Präsident **Franz Küberl** erhalten hat. Unter den Gratulanten: Landeshauptmann-Stellvertreter **Kurt Flecker** und eine Reihe weiterer Vertreter der Landespolitik, **Gerhard Fabisch** von der Steiermärkischen, AVL-Chef **Helmut List** mit seiner **Kathryn**, Verleger **Lojze Wieser**, Uni-Rektor **Alfred Gutschelhofer**, Styria-Boss **Horst Pirker** und Kleine Zeitung-Chefredakteur **Hubert Patterer**.

Bunt und fröhlich war auch die zehnte Auflage des Multikultiballs LEODOLTER (4)

Gewürdigt: Fred Ohenhen bekam die Multiculticard verliehen

Landeshauptmann-Stellvertreter Kurt Flecker mit seiner Frau Helga

Bericht aus der „Kleinen Zeitung", 11. Feb. 2007

SPONSOREN

Fotonachweis:
Seite 3: C. Mavric, Seite 25: Peter Hermes Furian - Fotolia
Alle übrigen Fotos aus dem Archiv von Fred Ohenhen

© Clio Verlag
Großgrabenweg 8, 8010 Graz
www.clio-graz.net

1. Auflage 2015

Das Werk ist urheberrechtlich geschützt. Die dadurch begründeten Rechte, insbesondere das der Übersetzung, des Nachdrucks, der Entnahme von Abbildungen, der Funksendung, der Wiedergabe auf fotomechanischem oder ähnlichem Wege und der Speicherung in Datenverarbeitungsanlagen, bleiben, auch bei nur auszugsweiser Verwendung, vorbehalten.

ISBN 978-3-902542-44-1

Coverfoto: C. Mavric
Lektorat: Ingrid Ofner-Ohenhen / Eva Heizmann / Christine Wiesenhofer
Grafik: Andrea Malek, Malanda-Buchdesign, Graz
Druck & Bindung: Druckerei Theiss, 9431 St. Stefan im Lavanttal